Le gestionnaire et les états financiers

7e ÉDITION

Le gestionnaire et les états financiers

7e ÉDITION

D.-CLAUDE LAROCHE
LOUISE MARTEL
SOPHIE MARMOUSEZ

www.erpi.com/laroche.site

ERPI Éducation ▸ Innovation ▸ Passion

1611, boul. Crémazie Est, 10e étage, Montréal (Québec) H2M 2P2
TÉLÉPHONE : 514 334-2690 TÉLÉCOPIEUR : 514 334-4720 ▸ erpi.com

D.-Claude Laroche (M.B.A., C.A.)
Professeur agrégé, HEC Montréal
Associé universitaire, Mazars Harel Drouin

Louise Martel (M. Sc., F.C.A.)
Professeure titulaire et directrice du Centre international de vigie en information financière, HEC Montréal

Sophie Marmousez (Ph. D. Sc.)
Professeure adjointe, HEC Montréal

Développement de produits
Micheline Laurin

Supervision éditoriale
Liette Beaulieu

Révision linguistique
Emmanuel Dalmenesche

Correction
Julie Robert

Indexation
Monique Dumont

Direction artistique
Hélène Cousineau

Supervision de la production
Muriel Normand

Conception graphique et couverture
Martin Tremblay

Édition électronique
Interscript

Pour la protection des forêts, ce livre est imprimé sur du papier contenant 100 % de fibres recyclées postconsommation, fabriqué au Québec, certifié Éco-Logo, traité avec un procédé sans chlore et fabriqué à partir d'énergie biogaz.

RECYCLÉ
Papier fait à partir de matériaux recyclés
FSC® C103567

Dans cet ouvrage, le générique masculin est utilisé sans aucune discrimination et uniquement pour alléger le texte.

Dépôt légal — Bibliothèque et Archives nationales du Québec, 2011
Dépôt légal — Bibliothèque et Archives Canada, 2011

Imprimé au Canada
ISBN 978-2-7613-3995-7

456789 IG 18 17 16 15
20614 ABCD ENV94

AVANT-PROPOS

Simplifier n'est pas toujours aisé. Pourtant, c'est l'objectif que nous avons cherché à atteindre tout au long de la rédaction de cet ouvrage.

Au cours du processus de prise de décision, le gestionnaire s'appuie, en particulier, sur son expérience, sa compétence, sa formation ainsi que sur de nombreuses données provenant de l'intérieur et de l'extérieur de l'entreprise. Parmi ces données essentielles, on trouve les états financiers et l'information provenant du système comptable.

Les états financiers constituent des tableaux financiers sommaires qui obéissent à certaines règles fondamentales; l'un des buts de ces règles est d'en uniformiser la présentation, pour autant qu'il soit possible de le faire, afin de faciliter la comparaison et l'analyse. Mais un lecteur non averti aura parfois l'impression d'être en présence d'un langage hermétique, que seuls les comptables peuvent comprendre. Sans compter que, si l'on ne connaît pas les principales caractéristiques de cette source d'information, on risque de ne pas prendre les décisions les plus judicieuses.

Ce volume se fonde sur les tout derniers développements en matière de normes comptables en y décrivant les IFRS (*International Financial Reporting Standards*). Ces normes internationales ont été choisies par le Canada, ainsi que par de nombreux pays, comme référentiel comptable obligatoire pour les sociétés ouvertes.

En utilisant cette toile de fond, nous présentons, dans le premier chapitre, la comptabilité dans son contexte économique et social. Après avoir étudié les formes juridiques et économiques des entreprises, puisqu'elles influent sur certains aspects de la présentation de l'information financière, nous nous attardons sur le rôle économique des états financiers. Dans le deuxième chapitre, nous donnons un aperçu du fonctionnement des divers états qui composent un jeu d'états financiers. Dans le troisième chapitre, nous exposons le contexte du développement des normes comptables ainsi que le cadre conceptuel permettant d'en saisir le sens.

Dans les chapitres 4 à 7, nous examinons plus en détail les états financiers de base que sont l'état de la situation financière, l'état du résultat global et l'état des variations des capitaux propres. Nous en présentons les principales composantes ainsi que l'interprétation à donner à chacun des éléments.

Le huitième chapitre est consacré au tableau des flux de trésorerie, dont l'interprétation comporte parfois certaines difficultés. Nous soulignons les liens très étroits entre ce document et les autres états financiers, ainsi que la portée de ce tableau.

Nous abordons, dans le neuvième chapitre, l'analyse des états financiers. Les objectifs principaux de ce chapitre sont de permettre au gestionnaire de comprendre les différents enjeux liés à l'analyse des états financiers et de lui fournir quelques techniques d'analyse.

Le dernier chapitre est consacré à l'étude des états financiers des sociétés à capital fermé, étant donné que le Canada a mis au point un ensemble de normes comptables qui visent à répondre aux besoins particuliers des utilisateurs d'états financiers de ce type de sociétés.

Dans l'appendice, nous présentons de manière plus détaillée la notion de l'identité fondamentale qui se concrétise par le jeu des débits et des crédits.

Au manuel s'ajoute un outil donnant des informations complémentaires, le site Internet www.erpi.com/laroche.site. On y trouvera, par exemple, le didacticiel DÉFI (*Didacticiel d'apprentissage des États Financiers avec exercices Interactifs*) ainsi qu'un chiffrier servant au calcul des ratios financiers.

REMERCIEMENTS

Notre intérêt pour les besoins des personnes qui n'ont pas de formation poussée en comptabilité – en particulier les gestionnaires qui utilisent l'information financière dans l'exercice de leurs fonctions – nous a amenés à organiser des séminaires, à faire des présentations à des associations et à d'autres groupes, ainsi qu'à rédiger des textes. La publication du présent manuel se situe dans la continuité de ces efforts pour aplanir les difficultés qu'éprouvent les gestionnaires face aux états financiers.

Avec les années, cet ouvrage a évolué, et ce, grâce à des collaborateurs chevronnés. Nous désirons donc remercier : pour la première édition, Diane Paul ; pour la deuxième édition, François Richer ; pour la troisième édition, Sylvie Héroux. Marie-France Forgues et Pascale Chevrefils ont également collaboré au matériel complémentaire du site Internet ainsi qu'au développement du cas du chapitre 9. Nous remercions aussi Suzanne Drouin, qui a collaboré à trois éditions et dont les talents de lectrice-réviseure ont été fort appréciés.

Un remerciement particulier revient à Jean-Guy Rousseau pour sa collaboration aux cinq premières éditions de ce livre. Sans lui, un des initiateurs clés du projet, peut-être n'y aurait-il pas eu de livre. Nous avons aussi pu compter sur les réflexions et la contribution substantielle de notre collègue Johanne Turbide, coauteure des quatrième, cinquième et sixième éditions ; nous l'en remercions chaleureusement. Par ailleurs, nous souhaitons la bienvenue à Sophie Marmousez, qui se joint à l'équipe de rédaction.

Nos remerciements vont également à la Direction de HEC Montréal pour son appui financier, aux collègues de l'atelier pédagogique stratégique de HEC Montréal pour leurs précieux commentaires, ainsi qu'à son Service audiovisuel, et tout particulièrement à Sylvain Langevin et à Dominic Besner pour leur apport au didacticiel DÉFI.

Nous remercions nos collègues pour leurs commentaires lors de l'élaboration de la présente édition.

Finalement, un merci tout spécial aux membres de l'équipe d'ERPI pour leur soutien et leur collaboration au cours de ce projet : leur apport compréhensif, expérimenté et d'une grande compétence mérite nos éloges.

TABLE DES MATIÈRES

CHAPITRE 6

CHAPITRE 7

LISTE DES TABLEAUX ET DES FIGURES

Chapitre 1

Chapitre 2

Chapitre 3

Chapitre 4

Chapitre 7

Chapitre 8

Chapitre 9

Chapitre 10

CHAPITRE 1

LA COMPTABILITÉ ET L'ENTREPRISE

SOMMAIRE

La comptabilité constitue le système d'information financière de l'entreprise, c'est-à-dire qu'elle vise à fournir de l'information sur les opérations financières qu'effectue cette entité économique.

Dans le présent chapitre, nous étudierons la manière dont ce système traduit les opérations économiques de l'entreprise (l'entité économique) sous forme d'information financière. Par ailleurs, comme l'entreprise peut prendre différentes formes juridiques et économiques, nous examinerons les caractéristiques des formes d'entreprises les plus courantes.

Nous essaierons de situer également le rôle que joue l'information financière dans l'entreprise et dans l'économie en général, en décrivant succinctement le processus de reddition de comptes et les principes de gouvernance de l'entreprise.

Le présent volume couvrira les principales entités commerciales présentes dans l'économie canadienne, mais s'attardera particulièrement à la réalité économique et comptable des sociétés par actions, qui ont l'obligation publique de rendre des comptes, c'est-à-dire celles qui échangent leurs actions sur les marchés boursiers. À compter de 2011, celles-ci ont l'obligation de présenter leurs états financiers selon les normes IFRS (*International Financial Reporting Standards,* ou normes internationales d'information financière).

Nous comprendrons plus loin pourquoi les normalisateurs ont fait ce choix pour les sociétés ayant l'obligation publique de rendre des comptes et, au chapitre 10, nous verrons comment les autres types de sociétés pourront composer avec ce choix.

1.1 LA COMPTABILITÉ : UN SYSTÈME D'INFORMATION FINANCIÈRE

L'entreprise effectue diverses opérations à caractère commercial : elle achète et vend des biens ou des services, elle contracte des emprunts, elle paie ses employés pour le travail qu'ils accomplissent, etc. Pour mener à bien toutes ces opérations, elle entretient des relations avec les divers intervenants que sont les employés, les clients, les fournisseurs, les banques, les gouvernements et toute autre partie prenante. Dans ce cadre, la comptabilité constitue un système d'information qui sert à traduire toutes ces opérations en un langage codifié et compréhensible, permettant aux utilisateurs avertis de se renseigner sur les activités de l'entreprise. Pour ce faire, la comptabilité doit tout d'abord déterminer les informations à communiquer. Ensuite, elle doit s'assurer de les recueillir et de les préparer minutieusement afin de pouvoir les transmettre clairement.

En somme, la comptabilité est essentiellement un processus de transformation de l'information financière qui vise à saisir, à mesurer et à présenter les activités économiques de l'entreprise dans une forme utile à la prise de décision, afin de répondre aux besoins des différents intervenants avec qui celle-ci fait affaire. La **figure 1.1** illustre l'interaction entre l'entreprise, la comptabilité et les utilisateurs de l'information financière.

figure 1.1 La comptabilité : un système d'information financière

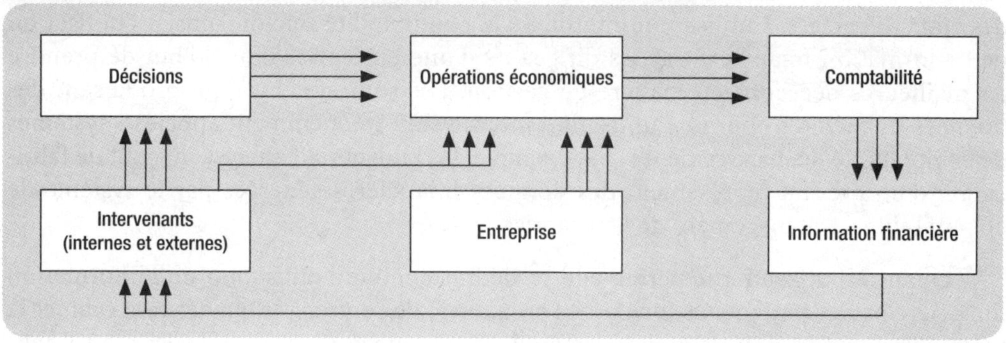

Tout processus de transformation comporte au moins trois éléments : un intrant (une donnée d'entrée), le traitement (les procédés et les règles à suivre pour transformer cette donnée) et un extrant (la donnée sous sa forme finale). La **figure 1.2** répertorie les éléments du processus comptable.

figure 1.2 Le processus comptable

Intrant ·····►	**Traitement** ·····►	**Extrant**
Opération économique (achat, vente, emprunt, etc.)	Saisie Regroupement Enregistrement Mesure Classement Présentation	Information financière (états financiers)

1.1.1 L'utilisation de l'information financière

La direction et les partenaires de l'entreprise ont besoin de renseignements sur sa situation financière et sur les résultats de son exploitation. Par exemple, les gestionnaires et les membres du conseil d'administration s'appuient sur ces renseignements pour estimer la position concurrentielle de l'entreprise ou prendre des décisions concernant l'achat de biens ou de services, la réalisation d'investissements, l'approbation de demandes de crédit, l'embauche de personnel ou la diversification des activités. Placés au sein même de l'entreprise, les dirigeants disposent souvent de beaucoup plus de renseignements ou bénéficient d'informations plus détaillées que ne peuvent en trouver les autres lecteurs des états financiers. L'utilisation interne de la comptabilité renvoie ainsi à l'utilisation de l'information financière par les dirigeants d'une entreprise dans le but de prendre les meilleures décisions en matière de gestion. Les sous-systèmes qui produisent des données financières pour une utilisation interne sont fréquemment appelés « systèmes de comptabilité de management ». Par exemple, les budgets et l'analyse du coût de fabrication d'un produit représentent des données financières générées par le système de comptabilité de management de l'entreprise.

Quant à l'utilisation externe, elle se définit comme l'utilisation de l'information financière par les partenaires (ou parties prenantes) de l'entreprise qui désirent évaluer la rentabilité, la solvabilité, la croissance ou d'autres aspects. Par exemple, les états financiers annuels et les tableaux annexés au rapport annuel sont des données financières produites par le système de comptabilité externe, aussi appelé « système de comptabilité financière » de l'entreprise. Ces états financiers visent à répondre aux besoins de tous les partenaires externes, mais eu égard à l'importance de leur rôle, ils s'adressent particulièrement aux actionnaires et aux créanciers. Cet ouvrage portera principalement sur l'utilisation externe de l'information financière, notamment sur l'information contenue dans les états financiers annuels de la société par actions.

De nombreux utilisateurs externes s'intéressent de près aux états financiers. Parmi eux, mentionnons d'abord les actionnaires, c'est-à-dire les personnes physiques ou morales qui ont confié des fonds à l'entreprise pour qu'elle puisse réaliser ses opérations. Les actionnaires actuels et potentiels analysent les renseignements contenus dans les états financiers afin de porter un jugement sur la façon dont les dirigeants de l'entreprise utilisent cet argent. Autrement dit, les investisseurs désirent être en mesure d'évaluer la rentabilité de leur placement et de décider s'ils doivent acheter des actions ou vendre celles qu'ils détiennent.

Les employés, de même que les syndicats, s'appuient sur les états financiers pour négocier les salaires et les conditions de travail ; les gouvernements s'en servent pour percevoir les impôts et verser des subventions, tandis que les fournisseurs et les autres créanciers les analysent pour fixer les conditions de crédit et évaluer la sécurité de leurs créances. Quant aux clients, ils souhaitent s'assurer d'un approvisionnement constant et du respect des garanties.

La **figure 1.3** résume les relations d'affaires que l'entreprise entretient avec ses partenaires.

figure 1.3 L'entité économique

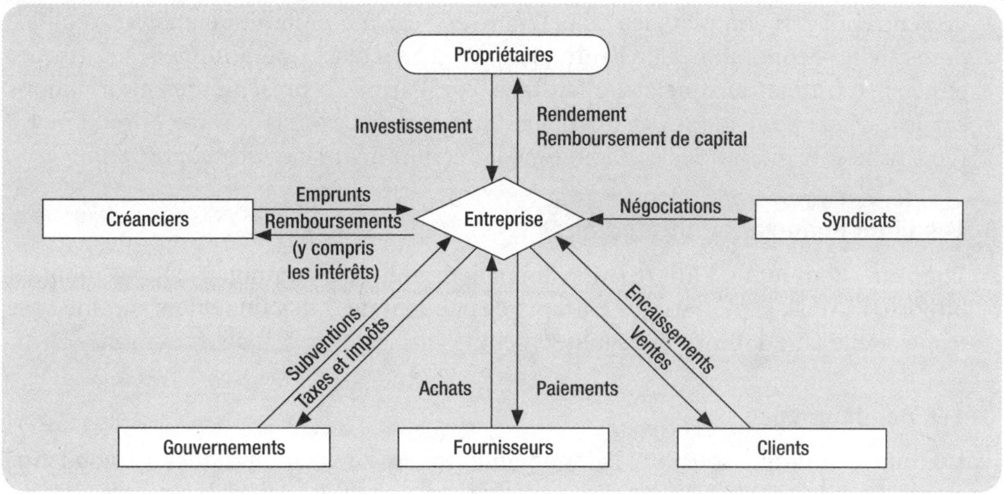

Bien que les états financiers soient utiles, voire indispensables, pour prendre des décisions, ces documents s'inscrivent dans un processus de reddition de comptes ou d'information continue beaucoup plus complet. En effet, pour les sociétés cotées, ce processus comprend le rapport annuel, les états financiers intermédiaires et les communiqués de presse ou de résultats.

A Le rapport annuel

Le rapport annuel est un document d'information publié par les administrateurs et les dirigeants d'une entreprise afin d'informer les personnes intéressées, principalement les investisseurs actuels et potentiels. Il contient généralement une description de la société, un message aux actionnaires, une analyse de la direction, également intitulée « rapport de gestion », ainsi qu'une section financière comprenant le rapport de la direction relativement aux états financiers, le rapport de l'auditeur (vérificateur) et les états financiers proprement dits. Il arrive aussi que le rapport annuel contienne une section portant sur le conseil d'administration et la gouvernance.

La description de l'entreprise permet aux lecteurs de connaître le secteur dans lequel œuvre l'entreprise, les produits ou les services qu'elle fournit, son marché, sa main-d'œuvre, ses projets ou toute autre information que la direction juge utile de communiquer.

Signé par le président du conseil d'administration et par le président de l'entreprise, le message aux actionnaires expose succinctement ce que l'entreprise a accompli au cours de la dernière année et ce qu'elle entend faire à l'avenir.

Le rapport de gestion constitue une partie importante du rapport annuel. Il sert à expliquer le point de vue de la direction sur les performances passées et futures de l'entreprise. Il complète les états financiers, car il contient une analyse détaillée des activités économiques de l'entreprise, de ses secteurs opérationnels, des risques et des incertitudes auxquels elle fait face, etc. Parfois, il présente des informations sur les enjeux stratégiques et financiers du prochain exercice. Dans la section 1.2 (voir page suivante), nous expliquerons la section financière du rapport annuel.

B Les états financiers intermédiaires

Pour être pertinente, l'information financière doit être communiquée au moment opportun. Ainsi, la plupart des entreprises publient des états financiers sur une base trimestrielle afin d'informer régulièrement les utilisateurs de leur évolution.

C Les communiqués

L'entreprise informe souvent le grand public par voie de communiqués. Ces bulletins résument l'information financière relative aux résultats de l'exercice récemment terminé ou à ceux du trimestre qui vient de s'écouler. Les communiqués de presse servent également à informer le public de toute nouvelle susceptible d'intéresser les utilisateurs désireux de prendre certaines décisions.

1.1.2 La lecture des états financiers

La comptabilité est un langage en soi dont les règles sont souvent complexes. On ne peut donc écarter la possibilité que des gens les comprennent erronément, ou qu'ils cherchent à les interpréter à leur avantage, que ce soit au détriment de tierces personnes ou non. À ce propos, citons le professeur Yuji Ijiri : « Les règles [comptables] sont destinées à servir les gens, mais ceux-ci doivent les accepter comme contraintes. Le public est le maître et, en même temps, le serviteur de la comptabilité. La comptabilité doit donc assumer une responsabilité sociale[1]. »

On constate l'importance de se familiariser avec la comptabilité, pas forcément pour devenir spécialiste en la matière, mais pour mieux comprendre le langage des experts et être en mesure de poser des questions pertinentes. D'ailleurs, comment peut-on sérieusement interpréter l'information comptable si l'on ne connaît pas les principales règles sur lesquelles elle repose ? Comment analyser des états financiers si l'on ignore la façon dont ils ont été préparés ?

---

1. Yuji JIRI, « Logic and Sanctions in Accounting », dans Robert R. TERLING et William F. ENTZ (dir.), *Accounting in Perspective,* Cincinnati, South-Western Publishing, 1971, p. 3. Traduction libre.

Pour se convaincre de l'importance de la comptabilité, il suffit de songer aux conséquences d'une comptabilité inadéquate : pertes économiques et sociales, non-respect de clauses contractuelles, erreurs dans le calcul de loyers en fonction du chiffre d'affaires ou dans l'octroi de subventions, interruption imprévue des activités d'une entreprise, etc. Cette notion d'importance de l'information comptable nous mène d'ailleurs tout droit à l'examen des états financiers et de leur utilité.

1.2 LES ÉTATS FINANCIERS, LEUR UTILITÉ ET LE PROCESSUS INHÉRENT À LEUR PUBLICATION

1.2.1 La présentation des états financiers

L'information provenant du système comptable prend la forme de tableaux appelés « états financiers ». Les principaux d'entre eux, à savoir l'état de la situation financière, le compte de résultat, l'état des variations des capitaux propres et le tableau des flux de trésorerie, seront étudiés dans les chapitres suivants pour les trois premiers, alors que le tableau des flux de trésorerie fera l'objet du chapitre 8.

Des notes complémentaires accompagnent les états financiers afin de renseigner le lecteur sur un certain nombre de points. Celles-ci indiquent, par exemple, les principales conventions comptables suivies par l'entreprise (méthode de comptabilisation des divers types de revenus, modes d'amortissement des immobilisations, etc.). Elles apportent des précisions au sujet de certains postes (Stocks, Tableau des immobilisations, Détails sur les créances en cours), ce qui permet d'en alléger la présentation dans l'état de la situation financière. Elles fournissent également au lecteur les informations requises par les règles ou normes comptables, mais qui ne sont pas comptabilisées dans les états financiers (par exemple, certains passifs et événements postérieurs à la période de *reporting*[2]). Ces notes complémentaires font partie intégrante des états financiers.

La présentation générale des états financiers, tout en demeurant sensiblement la même, variera en fonction du contexte d'affaires de l'entité et des attentes de ses utilisateurs. Récemment, les normalisateurs comptables ont choisi de se référer à plus d'un référentiel comptable selon que l'entité a l'obligation publique de rendre des comptes ou non. Voyons brièvement les motifs qui ont mené à ce choix.

A Les sociétés ouvertes

Lorsqu'on parle d'une société qui a l'obligation publique de rendre des comptes, on évoque généralement une société qui négocie ses actions sur les marchés boursiers.

2. Le terme « période de *reporting* » renvoie à la période qui se termine à la fin de l'exercice financier.

Ces sociétés, encore appelées « sociétés ouvertes », ont connu un essor important au cours des dernières années grâce à la mondialisation des marchés des capitaux. Les multinationales s'installent sur tous les continents, et il n'est pas rare qu'un investisseur canadien négocie en temps réel avec, par exemple, des entités de la Chine, de l'Inde ou de l'Australie. Cette nouvelle façon de faire des affaires a créé chez les investisseurs et les créanciers de ces grandes sociétés un besoin accru d'informations financières comparables, c'est-à-dire basées sur un même référentiel comptable.

C'est en 2001 qu'a été créé l'International Accounting Standards Board (IASB), dont l'objectif est de définir les normes comptables internationales utilisées par plus d'une centaine de pays, dont l'ensemble des membres de l'Union européenne. En 2007, le Canada décidait de rendre obligatoire l'application des IFRS pour toutes les sociétés ayant l'obligation publique de rendre des comptes pour les exercices financiers ouverts à partir du 1er janvier 2011.

B Les sociétés fermées

Le contexte d'affaires et les besoins des utilisateurs étant fort différents au sein des sociétés qui appartiennent à des intérêts privés, l'Institut canadien des comptables agréés (ICCA) a élaboré des règles comptables canadiennes pour les sociétés à capital fermé, soit les entreprises dont les actions ne sont pas négociées en Bourse. Ce référentiel, qui sera étudié au chapitre 10, a été publié au début de l'année 2010 et est entré en vigueur pour les exercices débutant le 1er janvier 2011.

1.2.2 L'utilité des états financiers

Les règles comptables sont souvent complexes, notamment celles qui concernent le moment où doivent être constatés les revenus, ou encore celles qui déterminent la façon dont sont comptabilisés les outils de financement complexes comme les contrats à terme ou les placements. Leur sophistication risque de donner lieu à des situations anormales dans les états financiers par suite d'interprétations erronées, illégales ou frauduleuses. Dès lors, on comprend la nécessité de disposer de principes supérieurs pour en chapeauter la comptabilisation. D'ordre moral et déontologique, ces principes font appel au jugement professionnel et commandent une formation adéquate.

1.2.3 Le processus de publication et ses intervenants

Les entreprises exercent leurs activités grâce à des capitaux fournis par des tierces parties ou par des actionnaires. Ces bailleurs de fonds n'étant pas forcément à leur emploi, ils ont besoin de données pertinentes et fiables pour évaluer l'utilisation de leur argent. C'est notamment par la publication des états financiers que la direction d'une entreprise rend compte de ses décisions et de ses actes. Les états financiers sont même fréquemment considérés comme l'élément le plus important de la reddition de comptes. La transparence et la responsabilité à l'égard de l'information financière sont ainsi primordiales.

La préparation des états financiers et leur publication sont le fruit d'un processus faisant intervenir diverses parties prenantes. Celui-ci s'amorce à la tête de l'entreprise, à qui incombe justement la responsabilité des états financiers. Le conseil d'administration, qui représente les actionnaires ou les membres (selon la forme juridique de l'entreprise), prend ensuite le relais. Il confie les travaux à un comité d'audit qu'il aura lui-même nommé, lequel collabore avec les auditeurs externes, mandatés en raison de l'indépendance dont ils jouissent par rapport à l'entreprise.

La **figure 1.4** résume la relation qui unit les différents intervenants du processus de publication des états financiers.

figure 1.4 Le processus de publication des états financiers[3]

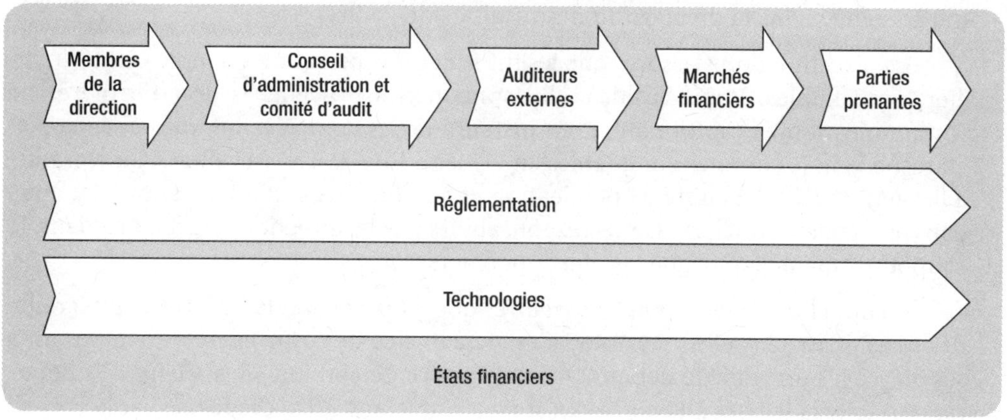

A La direction et sa responsabilité à l'égard des états financiers

La responsabilité des états financiers revient à la direction de l'entreprise. La direction, ou « management », est formée de l'ensemble des personnes qui disposent du pouvoir et de la responsabilité de gérer une entreprise ou un organisme. Toutefois, particulièrement dans les textes de loi, le terme *direction* fait généralement référence au chef de la direction (directeur général) et au responsable des finances (directeur financier).

Au sein des sociétés ouvertes, soit celles qui échangent leurs actions sur les marchés, le président et chef de la direction ainsi que le responsable des services financiers sont soumis à d'importantes obligations. Ces dernières résultent des dispositions législatives publiées en janvier 2004 au Canada par les Autorités canadiennes

3. Inspirée d'Andrée AFORTUNE et Louise ARTEL, « Rétablir la confiance : les enjeux auxquels font face les acteurs de l'information financière », *La Revue du financier*, janvier 2003, p. 91-98.

en valeurs mobilières ; elles sont similaires à celles de l'article 302 de la loi Sarbanes-Oxley adoptée aux États-Unis sous le nom de *Corporate Responsibility for Financial Reports.* En effet, avant de signer les états financiers intermédiaires et annuels, le chef de la direction et le responsable des services financiers doivent attester qu'ils les ont examinés et qu'ils les estiment fiables et raisonnablement représentatifs de la situation financière et des résultats d'exploitation de la société qu'ils dirigent.

Le rôle du gestionnaire s'en est trouvé élargi, puisqu'il comprend maintenant tout ce qui relève de la qualité, de la pertinence et de l'intégralité de l'information utile à la prise de décision. Certes, les administrateurs sont responsables de la reddition de comptes, mais on reconnaît qu'ils doivent en même temps se fier à l'information fournie par les gestionnaires. Ces derniers doivent notamment se montrer extrêmement rigoureux dans le choix des traitements comptables, et faire preuve de transparence dans la divulgation des résultats de l'entreprise.

La direction doit s'assurer que les informations présentées dans les états financiers sont fiables. Pour ce faire, elle conçoit des procédures de contrôle et de communication de l'information, en instaurant des contrôles internes adéquats et en respectant les normes comptables en vigueur. Elle doit aussi veiller à l'intégralité, à l'exactitude, à la rapidité de publication et à la fiabilité de l'information contenue dans les états financiers. Cette responsabilité de la direction est décrite dans le « rapport » qui accompagne les états financiers.

La direction y mentionne entre autres que, pour assurer la fidélité et l'intégralité des états financiers, elle s'est dotée d'un mécanisme de contrôle interne imposant à ses employés un code de déontologie en matière de conduite des affaires. Enfin, ce rapport fait également allusion à l'existence d'un comité d'audit, formé par le conseil d'administration, et dont les fonctions en font un organe important en ce qui touche notamment le contrôle interne, le travail des auditeurs et la qualité des échanges entre eux et la direction.

B Le conseil d'administration

Notons que les attestations ne sont pas la seule responsabilité du chef de la direction et du responsable des finances. En effet, le conseil d'administration[4], qui représente officiellement les actionnaires, et le comité d'audit ont aussi un rôle à jouer quant à la fiabilité des états financiers et à l'efficacité des contrôles internes relatifs à l'information financière. Les membres de ces instances doivent s'assurer que les sommes investies par les actionnaires sont utilisées de manière efficiente et rentable. Étant donné que le conseil d'administration assume la gouvernance de l'entreprise, ses responsabilités englobent la supervision du processus de reddition de comptes

4. Selon Louis Ménard, le conseil d'administration désigne l' « ensemble des personnes élues par les associés, les actionnaires ou les membres d'une entreprise [...] pour en gérer les affaires ». *Dictionnaire de la comptabilité et de la gestion financière*, Institut canadien des comptables agréés, 2e édition, Montréal, ERPI, 2004.

et de l'efficacité des contrôles internes, l'évaluation et la gestion des risques propres aux états financiers, la surveillance de la conformité des états financiers aux principes éthiques et juridiques, ainsi que la surveillance de la compétence et l'indépendance des auditeurs.

C Le comité d'audit

C'est souvent au comité d'audit, qui est un comité du conseil d'administration, au même titre que le comité de rémunération ou le comité de nomination, qu'est déléguée la responsabilité de s'assurer que les états financiers représentent fidèlement la situation financière de l'entreprise. En effet, dans le cadre de son rôle de surveillance du processus d'audit de l'information financière, ce comité s'intéresse plus particulièrement à l'intégrité des systèmes et aux risques qu'ils comportent. Il doit, en outre, approuver le rapport de gestion préparé par la direction.

D L'auditeur externe

L'auditeur externe est un professionnel indépendant, expert de la comptabilité, qui est en mesure de donner aux utilisateurs son opinion sur la fiabilité des états financiers produits par la direction. En effet, les actionnaires et leurs représentants (c'est-à-dire les membres du conseil d'administration) ne peuvent s'assurer personnellement de la fiabilité des renseignements transmis par la direction dans les états financiers, d'abord parce qu'ils ne participent pas aux activités quotidiennes de l'entreprise, ensuite parce que la direction, qui est la première responsable de la préparation des états financiers, rend compte d'activités qu'elle a elle-même réalisées.

Le rôle de l'auditeur est d'ajouter de la crédibilité aux états financiers. Au terme de son travail, qu'il effectue conformément aux Normes canadiennes d'audit (NCA), reconnues par la profession, cet expert présente aux actionnaires un rapport dans lequel il exprime son opinion sur le fait que les états financiers donnent, à tous les égards importants, une image fidèle de la situation financière de l'entreprise ainsi que des résultats de son exploitation selon les normes comptables internationales.

E Les marchés financiers et les parties prenantes

La présence des marchés financiers facilite l'échange de ressources limitées entre les entreprises et les investisseurs. Ceux-ci s'en remettent, en bonne partie, aux données financières pour éclairer leurs décisions en matière de placement. C'est en publiant de l'information sur leur situation financière que les entreprises peuvent obtenir le financement nécessaire à leur exploitation. Dans ce contexte, on ne peut nier l'utilité de l'information financière pour les deux parties.

1.2.4 La technologie comme support de publication

La technologie est le véhicule utilisé pour faciliter le processus de diffusion de l'information. Elle permet de transmettre rapidement un maximum d'informations au plus grand nombre de personnes intéressées. Elle favorise ce qu'il convient d'appeler l'« information continue ».

L'émergence de nouveaux langages informatiques laisse entrevoir des occasions de normalisation des états financiers en ligne, dotés de gabarits d'analyse financière et de calculs de ratios qui faciliteront la comparaison des informations fournies par les entreprises. Ainsi, le langage XBRL, présenté comme le « langage numérique par excellence de la communication d'information de l'entreprise[5] », permettrait d'échanger des données de façon plus efficace et à moindre coût.

1.2.5 Ce que les états financiers ne sont pas

Précisons que les états financiers n'ont pas pour objectif de mesurer la valeur de l'entreprise, sauf dans des cas particuliers, comme une liquidation éventuelle. Si les états financiers avaient pour fonction de mesurer la valeur d'une entreprise, ils seraient coûteux, subjectifs et incomplets (en raison des éléments impossibles à mesurer), et risqueraient de perdre en partie de leur utilité, surtout si l'on tient compte des nombreuses méthodes d'évaluation (pour un bien immobilier par exemple) d'un même actif ou du fait que certains éléments clés d'une entreprise, comme le capital humain, ne peuvent pas être comptabilisés.

L'interprétation des états financiers ne saurait être prise à la légère ; elle exige de l'utilisateur des états financiers un certain niveau de connaissance de la comptabilité, que les prochains chapitres visent à transmettre.

1.3 LES TYPES ET LES FORMES D'ENTREPRISES

Comme nous l'avons vu plus haut, le référentiel comptable varie selon le statut de l'entité. Les normes internationales s'appliquent aux sociétés par actions ouvertes. Quant aux sociétés fermées, elles ont le choix entre les IFRS et le référentiel élaboré pour les sociétés fermées. On peut aussi catégoriser les formes d'entreprises selon les produits qu'elles offrent, ce qui renvoie à la forme économique de l'entité : entreprise industrielle (produits fabriqués et vendus), entreprise commerciale (produits vendus) ou entreprise de services (services rendus). Les informations présentées dans les états financiers sont tributaires du secteur d'activité de l'entité et du type de biens qu'elle

5. « The Digital Language of Business Reporting », dans Charles OFFMAN et Carolyn

vend, selon ce qui s'avère le plus utile à la prise de décision par les utilisateurs. Enfin, une entité possède l'un ou l'autre des divers statuts juridiques.

1.3.1 Les types d'entreprises

Dans cette section, nous présentons brièvement les principales caractéristiques des différentes formes d'entreprises.

A Les organismes à but non lucratif

Les organismes à but non lucratif (OBNL), également appelés « organismes sans but lucratif » (OSBL), sont constitués à des fins sociales, éducatives, religieuses, professionnelles, philanthropiques ou de santé. Ces organismes n'émettent pas de titres de propriété transférables et ne procurent aucun rendement financier direct aux pourvoyeurs de fonds. La plupart du temps, ils sont financés par des dons et des subventions. Ils doivent, par ailleurs, pour rendre des comptes, produire des états financiers selon les normes comptables pour les organismes à but non lucratif.

B Les entités publiques

Les entités publiques sont constituées par les gouvernements ou en relèvent. Ces entités, par exemple les ministères, les organismes gouvernementaux, les sociétés d'État et les entreprises de services publics de l'État, produisent des états financiers selon des règles différentes de celles qui s'appliquent aux autres entreprises. Ces règles sont issues des recommandations comptables destinées au secteur public.

C Les entreprises à but lucratif

Au Canada, d'un point de vue juridique, une entreprise à but lucratif peut prendre l'une des quatre formes principales qui suivent :

- l'entreprise personnelle (à propriétaire unique) ;
- la société de personnes ;
- la société par actions ;
- la coopérative.

La principale mission de ces quatre formes juridiques est de réaliser un bénéfice qui pourra être distribué aux propriétaires (ou aux membres, dans le cas de la coopérative) ou réinvesti dans les avoirs de l'entreprise pour en assurer la croissance. Comme l'illustre le **tableau 1.1,** ces différentes formes juridiques se caractérisent principalement par le degré de responsabilité juridique dévolu à leurs propriétaires. L'annexe 1.1 analyse ces différences.

tableau 1.1 Les formes juridiques de l'entreprise

Forme	L'entreprise personnelle	La société de personnes				La société par actions		La coopérative
Propriété	Propriétaire unique	Au moins deux propriétaires appelés *associés*				Un ou plusieurs propriétaires appelés *actionnaires*		Au moins trois propriétaires appelés *membres* ou *coopérateurs*
Catégorie		Société en nom collectif	Société en commandite		Société en participation	Société ouverte	Société fermée	
			Associés commanditaires	Associés commandités				
Responsabilité légale des propriétaires	Illimitée	Illimitée, conjointe et solidaire	Limitée à leur mise de fonds	Illimitée, conjointe et solidaire	Illimitée, conjointe et solidaire	Limitée au paiement du prix de leurs actions	Limitée au paiement du prix de leurs actions	Limitée au paiement du prix de leurs parts sociales

1.3.2 Les formes économiques de l'entreprise à but lucratif

A Les secteurs d'activité

L'activité économique se répartit en trois grands secteurs: le secteur primaire, le secteur secondaire et le secteur tertiaire. Le secteur primaire regroupe, d'une part, les activités productrices de matières non transformées, comme l'agriculture, la pêche et la sylviculture et, d'autre part, les industries extractives comme l'exploitation minière et l'extraction de pétrole ou de gaz naturel. Le secteur secondaire comprend les activités productrices de matières transformées en biens de production ou de consommation. On y trouve notamment les industries métallurgiques, manufacturières et de raffinage du pétrole. Enfin, le commerce de produits et la prestation de services, comme l'administration, la vente et les transports, constituent les activités du secteur tertiaire.

Notons qu'une industrie peut fort bien couvrir ces trois secteurs d'activité. L'industrie pétrolière en est un bon exemple: l'extraction du pétrole brut relève du secteur primaire, le raffinage et la transformation du brut en combustible, en lubrifiants, en carburants ou en matières premières pour l'industrie chimique font partie du secteur secondaire, tandis que le transport, la distribution et la vente des produits appartiennent au secteur tertiaire. Ces activités peuvent être assurées par une seule et même entreprise, soit directement, soit par l'intermédiaire de sociétés affiliées.

Dans une perspective comptable, il est également possible de distinguer trois grandes catégories d'entreprises : les entreprises industrielles, les entreprises commerciales et les entreprises de services. Le **tableau 1.2** illustre le lien comptable qui unit la forme économique des entreprises et le secteur d'activité auquel elles se rattachent. Comme on peut le constater, les principaux éléments déterminants de la forme économique d'une entreprise sont la nature de ses activités, la prédominance de son capital physique ou de sa main-d'œuvre, le degré de contrôle qu'elle requiert et la complexité de son système d'information financière.

tableau 1.2 Les formes économiques de l'entreprise

Secteurs d'activité économique	**Primaire**	**Secondaire**	**Tertiaire**	
	Production de matières premières	Transformation de matières premières	Commerce de produits	Prestation de services
Formes économiques	**Entreprise industrielle**		**Entreprise commerciale**	**Entreprise de services**
Nature des activités	• Extraction de ressources naturelles • Transformation de matières premières • Fabrication (en usine)		Vente de produits	Prestation de services
Prédominance du capital physique ou de la main-d'œuvre	• Inventaire de biens à différents stades de transformation • Installations de production (industrie capitalistique)		Inventaire de produits	Ressources humaines (industrie travaillistique)
Degré de contrôle requis	• Contrôle des actifs immobilisés et de l'activité de production • Recherche et développement		Contrôle des mouvements de produits en stock	Contrôle des ressources humaines
Complexité du système d'information financière	• Contrôle des coûts de production, de recherche et développement, d'exploration et de mise en valeur • Évaluation des ressources humaines • Évaluation des stocks : matières premières, produits semi-finis, produits finis, sous-produits		• Contrôle des coûts d'approvisionnement, d'entreposage, de manutention, d'expédition • Évaluation des stocks	Contrôle de la masse salariale

B La nature des activités

Comme son nom l'indique, l'entreprise de services offre des services au public. Ces services peuvent être d'ordre professionnel (services juridiques ou comptables, conseils en gestion, courtage immobilier, etc.), d'ordre technique (traitement de données, entretien mécanique, installation électronique, etc.), d'ordre matériel (télécommunications, transport, etc.) ou d'ordre financier (services de placement, courtage de valeurs, etc.).

L'entreprise commerciale se livre au commerce de produits. Elle est en quelque sorte un intermédiaire entre le fabricant et le consommateur. Que ce soit en qualité de grossiste ou de détaillant, sa fonction est de distribuer des produits.

L'entreprise industrielle concentre ses activités dans l'extraction (mines, pétrole, pêcheries, etc.), l'exploitation (agriculture, forêts, etc.), la transformation (cuir, métaux, bois, pétrole, etc.) et la fabrication (textiles, automobiles, produits chimiques, construction, etc.).

C La prédominance du capital physique ou de la main-d'œuvre

Selon son activité économique, une entreprise peut reposer principalement sur du capital physique (stocks de produits, matériel et installations de production) ou sur de la main-d'œuvre.

Quoique cruciales pour toutes les formes économiques d'entreprises, les ressources humaines occupent une place prépondérante dans l'entreprise de services et constituent généralement sa principale source de coûts. Dès lors, on dit de cette entreprise qu'elle est « travaillistique ».

Pour sa part, l'entreprise commerciale doit maintenir un stock de biens suffisant pour répondre à la demande. Le commerce de produits nécessite l'investissement de ressources et la mise en place de contrôles visant d'abord l'approvisionnement en biens ainsi que l'entreposage, la manutention et l'expédition de ceux-ci ; ces mesures s'ajoutent à celles qui sont liées aux ressources humaines et aux coûts. La direction doit pouvoir connaître les coûts inhérents à chaque activité ; ce besoin complexifie le système comptable de l'entreprise. Enfin, l'entreprise commerciale calcule et indique la valeur des produits en stock dans ses états financiers.

De son côté, l'entreprise industrielle investit notamment des capitaux permanents dans ses installations de production, dans la recherche et le développement de nouveaux produits et procédés, ainsi que dans l'exploration et la mise en valeur des ressources naturelles. En raison de la prédominance du capital, ce type d'industrie est dit « capitalistique ». En outre, les stocks de l'entreprise industrielle comprennent des biens parvenus à différents stades de transformation. La comptabilisation de ces éléments au coût de fabrication et de transformation, de même que l'évaluation des stocks, requièrent un système d'information financière sophistiqué et des méthodes de contrôle pointues.

Ces différentes caractéristiques ne se limitent pas à une seule forme d'entreprise. Prenons le cas d'une société de transport. Bien qu'appartenant à la catégorie des entreprises de services, elle doit investir de fortes sommes dans le matériel nécessaire pour assurer le transport des marchandises ou des personnes. L'importance de l'investissement varie selon le volume des affaires et le mode de transport. Il suffit de penser à des entreprises comme Canadien Pacifique ou Air Canada pour se convaincre de l'ampleur des sommes investies.

Par ailleurs, une entreprise commerciale peut fort bien n'avoir besoin que d'un minimum de main-d'œuvre. Le fameux concept suédois implanté au Canada par IKEA fournit un excellent exemple d'entreprise à la fois industrielle et commerciale, puisque le consommateur se sert directement dans l'entrepôt et assemble lui-même les meubles qu'il a achetés en prêts-à-monter.

CONCLUSION

Ces dernières années, tant au Canada qu'ailleurs dans le monde, la profession comptable a manifesté fermement sa volonté de regagner la confiance du public et de prendre les dispositions nécessaires pour protéger les intérêts de celui-ci. En outre, sous l'impulsion de la mondialisation, l'abolition graduelle des barrières commerciales entre les pays tend à stimuler l'uniformisation des normes comptables internationales. Le Canada a choisi cette voie, et nous assistons à l'adoption des IFRS pour les sociétés ayant l'obligation publique de rendre des comptes. Nous souhaitons familiariser les utilisateurs des états financiers des sociétés ouvertes à ce nouveau référentiel comptable.

Quant au référentiel sur les sociétés fermées, il fera l'objet d'une étude spécifique au chapitre 10.

ANNEXE 1.1

Les formes juridiques de l'entreprise à but lucratif

Selon la forme juridique qu'elle revêt, l'entreprise à but lucratif est assujettie à des conditions qui régissent notamment sa création, sa structure interne, le partage de ses bénéfices, la formule d'imposition de son revenu et la responsabilité de ses propriétaires. Voyons brièvement chacune d'entre elles.

A L'entreprise personnelle

La première forme juridique d'entreprise à but lucratif est l'entreprise personnelle ou à propriétaire unique. Le propriétaire d'une entreprise personnelle est pleinement responsable des actes accomplis dans le cadre de l'exploitation de son entreprise et des conséquences de ces actes (il peut notamment s'agir du paiement ou du non-paiement de dettes de l'entreprise en question). Il découle de cette responsabilité que, en cas de liquidation, les biens de l'entreprise et ceux de son propriétaire se confondent, de sorte que les créanciers peuvent saisir les biens de l'un comme de l'autre. Elle suppose que le propriétaire qui calcule son impôt personnel doit ajouter le bénéfice de son entreprise à ses autres sources de revenus. L'entreprise à propriétaire unique peut être convertie en société par actions si son propriétaire exploitant choisit de modifier sa forme juridique pour profiter des avantages de la société par actions, que nous décrirons plus loin.

B La société de personnes

La deuxième forme juridique d'une entreprise à but lucratif est la société de personnes. Celle-ci présente des caractéristiques juridiques similaires à celles de l'entreprise personnelle, à la différence qu'on y compte plusieurs propriétaires appelés « associés », dont la responsabilité est illimitée. La société de personnes peut prendre l'une des formes suivantes :

- société en nom collectif (SENC) ;
- société en participation ;
- société en commandite.

En vertu du *Code civil du Québec* (C.c.Q.), la responsabilité des associés d'une société en nom collectif (SENC) est illimitée, conjointe et solidaire, c'est-à-dire que les associés sont tous tenus responsables envers leurs créanciers (notons que cette responsabilité diffère légèrement du cas dont il est question ci-dessous, dans la sous-section E). En ce qui concerne la société en participation, le *Code civil du Québec* prévoit que la responsabilité des associés est illimitée, conjointe et solidaire. Par responsabilité solidaire, on entend que la responsabilité n'est pas divisée entre les divers associés. Chaque associé peut donc, en dernier ressort, être reconnu responsable de la totalité des dettes de la société en participation. La loi confère un statut particulier à la société en commandite, qui est généralement constituée pour atteindre un but précis durant une période limitée. La société en commandite distingue deux catégories d'associés :

- les « commanditaires », dont la responsabilité est limitée à leur mise de fonds ;
- les « commandités », dont la responsabilité est illimitée, conjointe et solidaire, car ils administrent la société.

C La société par actions

La troisième forme juridique d'entreprise à but lucratif est la société par actions, couramment appelée « compagnie » ou « société ». La société par actions est la forme la plus usuelle, car elle limite la responsabilité juridique des propriétaires, appelés ici « actionnaires », au paiement du prix de leurs actions (les titres de propriété indivise des sociétés par actions), sans égard aux actes accomplis par la société ou aux réclamations dont elle fait l'objet (l'étendue de cette responsabilité diffère toutefois dans le cas que nous verrons plus loin, dans la sous-section E).

Au sens de la loi, la société par actions constitue une personne morale distincte des actionnaires, ayant les mêmes droits et devoirs civils qu'un citoyen. Elle doit, par exemple, respecter les lois et payer des impôts sur son revenu. La société par actions est cependant assujettie à des règles particulières en matière d'impôts sur le revenu. Le fait qu'elle bénéficie de taux d'imposition inférieurs à ceux des particuliers explique le nombre important d'entreprises personnelles et de sociétés commerciales constituées en sociétés par actions.

Une société par actions peut être ouverte ou fermée. La société ouverte émet des actions ou des titres de créance (par exemple, des obligations) sur le marché public (la Bourse), alors que la société fermée n'a pas le droit de faire appel à l'épargne publique. Au sein des sociétés ouvertes, les actionnaires élisent des « administrateurs ». La loi confère aux administrateurs certains pouvoirs et devoirs pour qu'ils servent au mieux les intérêts de l'entreprise, des actionnaires et des tiers. Bien que les administrateurs des sociétés ouvertes puissent aussi être actionnaires, ils proviennent généralement de l'extérieur de l'entreprise[6], c'est-à-dire qu'ils ne sont ni employés ni dirigeants. Le fait de ne pas participer à la gestion quotidienne de l'entreprise donne au conseil d'administration une certaine indépendance par rapport à la direction, ce qui lui permet de remplir ses fonctions avec plus d'impartialité. Précisons que la direction de l'entreprise englobe tous les gestionnaires (dirigeants) chargés de prendre les décisions en matière d'exploitation de l'entreprise. Si, au départ, les dirigeants peuvent aussi être les fondateurs de l'entreprise, des personnes engagées par le conseil d'administration peuvent se joindre à eux par la suite.

---

6. Édilex, « Le Maître des contrats d'affaires – 2003 », Guide sur l'exercice de la profession de CA en société, mai 2003.

D La coopérative

La quatrième forme juridique d'entreprise à but lucratif est la coopérative. La création d'une coopérative répond normalement à un besoin précis de ses propriétaires, appelés « membres » ou « coopérateurs », et relève de la *Loi sur les coopératives* du Québec. La coopérative est astreinte aux mêmes droits et devoirs civils que tout citoyen. Le but premier de la création d'une coopérative est de subvenir à un besoin des membres (sous forme de biens ou de services) au moindre coût possible. Les membres se verront octroyer soit des rabais à l'achat des biens vendus, soit une ristourne sur les trop-perçus de l'année.

Comme dans le cas de la société par actions, la responsabilité des coopérateurs est limitée. Ceux-ci sont responsables jusqu'à concurrence du montant des parts sociales qu'ils ont souscrites. Contrairement à la société par actions, la coopérative peut fixer par règlement interne le nombre minimal de parts sociales que doit détenir une personne pour devenir coopératrice. De plus, le montant de ces parts sociales est déterminé par la *Loi sur les coopératives*.

Enfin, la coopérative est dirigée par un conseil d'administration composé d'au moins cinq personnes (à l'exception des coopératives de travailleurs). Ces administrateurs doivent généralement être membres de la coopérative.

E Les formes d'entreprises s'offrant aux professionnels

Avant le 21 juin 2001, les membres (au moins deux) d'un ordre professionnel voulant exercer leur profession en association devaient, à quelques exceptions près, le faire au sein d'une société en nom collectif (SENC) ou d'une société en participation. L'entrée en vigueur de la *Loi modifiant le Code des professions et d'autres dispositions législatives concernant l'exercice des activités professionnelles au sein d'une société* leur permet désormais d'exercer leurs activités professionnelles au sein d'une société en nom collectif à responsabilité limitée (SENCRL) ou d'une société par actions.

La SENCRL est une variante de la société en nom collectif. En effet, lorsqu'un professionnel exerce ses activités au sein d'une société en nom collectif, la loi prévoit que les actes qu'il y accomplit lient la société, et que chacun des associés a une responsabilité solidaire envers les dettes découlant de ces actes. Dans le cadre d'une SENCRL, la responsabilité des membres se limite à leurs propres actes professionnels ou à ceux des personnes qu'ils contrôlent. Les professionnels n'assument donc plus solidairement la responsabilité des actes professionnels de leurs associés s'ils n'y ont pas participé. Toutefois, la limitation de responsabilité ne s'applique qu'aux activités professionnelles.

Par ailleurs, au sein d'une société par actions regroupant des professionnels, qui est une personne morale, les actionnaires sont responsables des actes de la société ou des réclamations déposées contre elle seulement jusqu'à concurrence de la mise de fonds qu'ils ont investie. Le *Code des professions* a toutefois modifié en partie cette définition, puisque la responsabilité de la société peut désormais être engagée au même titre que celle du professionnel. En effet, si le professionnel demeure responsable de sa faute ou de celle de personnes placées sous son contrôle, la société, en sa qualité d'employeur ou de mandant, peut également être tenue responsable des actes fautifs commis par ses employés ou par les mandataires qui agissent en son nom.

En outre, la société par actions doit se conformer aux lois et règlements qui en encadrent la constitution et l'organisation. En effet, elle doit d'abord adopter le libellé de la loi constitutive choisie, soit la *Loi sur les compagnies* du Québec (LCQ) ou la *Loi canadienne sur les sociétés par actions* (LCSA), puis respecter les différents règlements promulgués par les ordres professionnels qui régissent ses activités professionnelles.

CHAPITRE 2

LES ÉTATS FINANCIERS – UN APERÇU

SOMMAIRE

Ce chapitre présente un aperçu des états financiers. Il permet de situer le contenu des chapitres qui suivront dans le volume. Nous y discutons à la fois de l'état de la situation financière, de l'état du résultat global, de l'état des variations des capitaux propres ainsi que de l'identité fondamentale à la base de ces états financiers.

2.1 INTRODUCTION

Comme nous l'avons mentionné dans le chapitre 1, les états financiers servent à transmettre aux utilisateurs des informations sur la situation et la performance financières d'une entreprise. Publiées périodiquement, celles-ci les aident à prendre des décisions éclairées. Les utilisateurs souhaitent être renseignés sur le patrimoine et la rentabilité de l'entreprise. En d'autres mots, ils veulent connaître les avoirs qu'elle possède, savoir si elle a contracté des dettes pour les acquérir et si elle a accumulé des surplus au cours de l'exercice faisant l'objet du rapport. De plus, ils veulent analyser les mouvements de trésorerie de l'entreprise pour mieux comprendre comment elle a utilisé les ressources financières mises à sa disposition. Le **tableau 2.1** montre ce que chaque état financier est censé révéler.

tableau 2.1 Les différents états financiers et ce qu'ils révèlent

État financier	Objectif pour l'utilisateur
État de la situation financière	Évaluation de la situation financière
État du résultat global	Évaluation de la performance
État des variations des capitaux propres	Suivi des fonds investis par les propriétaires
Tableau des flux de trésorerie	Mouvements des flux de trésorerie d'une période à l'autre

Les états financiers peuvent être préparés mensuellement, trimestriellement, annuellement ou à tout moment marquant la fin d'un cycle financier pour une entreprise. Le choix de la date de fin d'exercice (habituellement, une période de 12 mois) dépend de la volonté de chaque société. Afin de prendre une telle décision, les dirigeants tiennent compte des facteurs tels que la fiscalité, les périodes de pointe ou de ralentissement des activités de la société, la date de fin d'exercice des sociétés du secteur d'activité, etc. La **figure 2.1** situe chaque état financier dans le cycle d'exploitation d'une entreprise.

figure 2.1 Les états financiers et le cycle comptable

Début du cycle	Période visée par un cycle donné	Fin de cycle
• État de la situation financière	• État du résultat global • État des variations des capitaux propres	• État de la situation financière
À une date précise	Pour une période donnée selon des dates précises	À une date précise
Exemple : au 1er janvier 2011	Exemple : du 1er janvier 2011 au 31 décembre 2011	Exemple : au 31 décembre 2011

Pour bien saisir le fonctionnement des états financiers, nous aurons recours au processus comptable appelé « identité fondamentale ». Celui-ci permet de traduire directement les opérations financières de l'entreprise dans les états financiers et de déceler les liens qui unissent l'état de la situation financière, l'état du résultat global et l'état des variations des capitaux propres[1]. Nous traiterons d'abord de l'état de la situation financière et de l'identité fondamentale.

2.2 L'ÉTAT DE LA SITUATION FINANCIÈRE ET L'IDENTITÉ FONDAMENTALE

L'état de la situation financière exprime la position financière de l'entreprise à une date donnée, habituellement la date à laquelle l'exercice financier se termine. La situation financière est constituée des deux éléments suivants, toujours égaux :

- les ressources que l'entreprise utilise pour tenter d'atteindre ses objectifs commerciaux ;
- les sources de financement obtenues pour financer ces ressources.

Les ressources que l'entreprise a investies sous forme de biens corporels ou incorporels constituent le premier aspect de sa situation financière. Ces biens peuvent comprendre les espèces déposées en banque, les stocks, les immeubles ou le matériel. Ils sont présentés dans la partie de l'état de la situation financière appelée « Actif ».

À moins que les propriétaires de l'entreprise ne fournissent la totalité des ressources nécessaires à l'exploitation, l'entreprise a recours à d'autres sources de financement.

1. Afin de souligner la nature particulière du tableau des flux de trésorerie, nous lui consacrerons le chapitre 8.

Par exemple, elle peut contracter un emprunt auprès d'une institution financière ou obtenir du crédit de ses fournisseurs. L'entreprise fait donc appel à des sources de financement internes (propriétaires) ou externes (tiers). Ces sources de financement constituent la seconde partie de l'état de la situation financière, qui se subdivise en deux sections. La section des *capitaux propres,* qui regroupe les sources internes, notamment la mise de fonds des propriétaires, et la section *passif,* qui représente les moyens de financement provenant de tiers.

L'état de la situation financière peut être présenté sous la forme d'un tableau à deux colonnes, où l'on inscrit l'actif dans la colonne de gauche et les capitaux propres et le passif dans la colonne de droite (voir le **tableau 2.2**). L'état de la situation financière peut aussi être présenté en une seule colonne, l'actif y figurant d'abord, suivi des capitaux propres et du passif.

tableau 2.2 L'état de la situation financière

Ressources	Sources de financement
■ Nécessaires à l'exploitation et autres → L'ACTIF	■ Internes → LES CAPITAUX PROPRES
	■ Externes → LE PASSIF

Dans l'état de la situation financière, on trouvera une adéquation entre les ressources de l'entreprise (ses actifs) et les sources de financement obtenues pour financer ces ressources (capitaux propres et passif) sous la forme suivante :

$$\text{Actif} = \text{Capitaux propres} + \text{Passif}$$

Expliquons cette équation à l'aide des exemples suivants.

Exemple 1

Création d'une entreprise

Vous décidez de fonder une entreprise de consultation en gestion et choisissez de constituer une société par actions. Pour mener votre affaire à bien, il vous suffit de louer un local et d'acheter du mobilier de bureau pour un montant de 10 000 $. Vous investissez dans le capital-actions de votre société une somme de 3 000 $, dont vous gardez 1 000 $ en liquidités pour payer les charges d'exploitation. Vous empruntez donc à la banque 8 000 $ pour financer l'achat du mobilier (10 000 $ – 2 000 $).

À la date d'ouverture de votre entreprise, soit le 1er janvier 2011, l'état de la situation financière se présente comme suit :

ACTIF		**CAPITAUX PROPRES**	
Mobilier	10 000 $	Capital-actions	3 000 $
Trésorerie	1 000 $		
		PASSIF	
		Emprunt bancaire	8 000 $
	11 000 $		11 000 $

Durant son existence, l'entreprise effectuera des opérations qui viendront modifier son profil. L'état de la situation financière est en quelque sorte l'outil qui permet d'en suivre l'évolution au fil du temps. Les exemples qui suivent illustrent de quelle manière le processus comptable traduit la substance économique des opérations dans l'état de la situation financière. Nous étudierons d'abord les opérations qui ont pour effet de modifier uniquement l'actif et le passif de l'entreprise, puis nous aborderons celles qui se répercutent sur ses capitaux propres.

Les données financières de l'exemple 1 permettent de dresser le bilan d'ouverture. Nous constatons que le total de l'actif (11 000 $) est égal au total des capitaux propres (3 000 $) et du passif (8 000 $). Il en sera toujours ainsi, car les biens d'une entreprise proviennent de l'utilisation des sources de financement dont elle dispose. Cet équilibre des biens et du financement (interne et externe) constitue le fondement du processus comptable appelé « identité fondamentale ». C'est l'équation de base en comptabilité.

Actif	=	Capitaux propres	+	Passif
11 000 $	=	3 000 $	+	8 000 $

Exemple 2

Emprunt bancaire additionnel

Vous avez un urgent besoin de liquidités pour exploiter votre entreprise. Vous obtenez de la banque un prêt additionnel de 20 000 $. Après cette opération, l'état de la situation financière de votre entreprise est le suivant :

ACTIF		**CAPITAUX PROPRES**	
Mobilier	10 000 $	Capital-actions	3 000 $
Trésorerie	21 000 $		
		PASSIF	
		Emprunt bancaire	28 000 $
	31 000 $		31 000 $

L'équilibre des ressources et des sources de financement est préservé puisqu'en augmentant l'actif de 20 000 $ on a également augmenté le passif de 20 000 $.

Actif	=	Capitaux propres	+	Passif
11 000 $	=	3 000 $	+	8 000 $
+ 20 000 $			+	20 000 $
31 000 $	=	3 000 $	+	28 000 $

Exemple 3

Achat de matériel informatique

Vous achetez au comptant un ordinateur dont le coût est de 7 000 $. Voici l'état de la situation financière de votre entreprise après cette acquisition :

ACTIF		**CAPITAUX PROPRES**	
Mobilier	10 000 $	Capital-actions	3 000 $
Matériel informatique	7 000 $		
Trésorerie	14 000 $		
		PASSIF	
		Emprunt bancaire	28 000 $
	31 000 $		31 000 $

Cette opération n'a pas modifié le total de l'actif, ni le total des capitaux propres et du passif, puisqu'un actif (l'argent déposé en banque) a servi à l'acquisition d'un autre actif (le matériel informatique).

Actif	=	Capitaux propres	+	Passif
31 000 $	=	3 000 $	+	28 000 $
– 7 000 $				
+ 7 000 $				
31 000 $	=	3 000 $	+	28 000 $

Exemple 4

Remboursement de l'emprunt bancaire

Disposant d'un excédent de trésorerie, vous remboursez une partie de votre emprunt, soit 5 000 $. L'état de la situation financière devient le suivant :

ACTIF		**CAPITAUX PROPRES**	
Mobilier	10 000 $	Capital-actions	3 000 $
Matériel informatique	7 000 $		
Trésorerie	9 000 $		
		PASSIF	
		Emprunt bancaire	23 000 $
	26 000 $		26 000 $

Cette opération a pour effet de réduire l'actif de 5 000 $ et, d'un montant équivalent, le passif.

Actif	=	Capitaux propres	+	Passif
31 000 $	=	3 000 $	+	28 000 $
– 5 000 $				– 5 000 $
26 000 $	=	3 000 $	+	23 000 $

Pour le moment, les opérations ont seulement touché deux éléments de l'identité fondamentale, soit l'actif et le passif. Nous pouvons maintenant faire une autre constatation : les capitaux propres représentent la différence entre l'actif et le passif, c'est-à-dire ce qui reviendrait aux actionnaires si l'on vendait les biens de l'entreprise (à leur valeur indiquée dans les états financiers), après paiement des dettes. C'est pour cette raison que les capitaux propres sont souvent désignés par l'expression « actif net ». De ce constat, on déduit que toute variation qui ne s'équilibre pas à l'intérieur des blocs actif ou passif (ou les deux à la fois) modifiera le total des capitaux propres. Illustrons ce principe.

Exemple 5

Encaissement d'honoraires

Vous encaissez 30 000 $ d'honoraires pour des services de consultation. Comme cette opération ne donne pas lieu à une augmentation du passif ni à une diminution de l'actif, on peut dire que l'entreprise s'enrichit de 30 000 $.

ACTIF		**CAPITAUX PROPRES**	
Mobilier	10 000 $	Capital-actions	3 000 $
Matériel informatique	7 000 $	Résultats non distribués	30 000 $
Trésorerie	39 000 $		
		PASSIF	
		Emprunt bancaire	23 000 $
	56 000 $		56 000 $

L'augmentation des capitaux propres correspond alors à l'augmentation de l'actif.

Actif	=	**Capitaux propres**	+	**Passif**
26 000 $	=	3 000 $	+	23 000 $
+ 30 000 $		+ 30 000 $		
56 000 $	=	33 000 $	+	23 000 $

Notons que cette augmentation est inscrite à un poste distinct des capitaux propres, nommé « Résultats non distribués ». Les résultats non distribués représentent les bénéfices que l'entreprise n'a pas distribués aux actionnaires sous forme de dividendes.

Pour sa part, le capital-actions représente les montants encaissés par l'entreprise lors de l'émission des actions, soit l'investissement de l'actionnaire en contrepartie duquel la société émet des titres de propriété.

On peut donc subdiviser l'identité fondamentale de la manière suivante :

Actif	=	Capitaux propres	+	Passif
Actif	=	Capital-actions + Résultats non distribués	+	Passif

L'exemple 5 montre que l'entreprise s'est enrichie de 30 000 $, somme ajoutée aux résultats non distribués et à la trésorerie. Cependant, l'entreprise a dû engager des frais pour percevoir ces honoraires, de sorte que son bénéfice réel est inférieur à 30 000 $. L'exemple 6 traite de cette question.

Exemple 6

Paiements divers en espèces

Supposons que vous effectuez les paiements suivants :

Fournitures diverses	800 $
Intérêts bancaires	1 500 $
Salaire de votre adjointe	1 000 $
Votre salaire	3 800 $
	7 100 $

Ces paiements font diminuer la trésorerie, mais également le bénéfice réalisé sur les services de consultation précédemment rendus.

L'état de la situation financière devient le suivant :

ACTIF		**CAPITAUX PROPRES**	
Mobilier	10 000 $	Capital-actions	3 000 $
Matériel informatique	7 000 $	Résultats non distribués	22 900 $
Trésorerie	31 900 $		25 900 $
		PASSIF	
		Emprunt bancaire	23 000 $
	48 900 $		48 900 $

Nous observons que les capitaux propres ont diminué de 7 100 $, diminution équivalente à celle de l'actif.

Actif	=	**Capitaux propres**	+	**Passif**
56 000 $	=	33 000 $	+	23 000 $
– 7 100 $		– 7 100 $		
48 900 $	=	25 900 $	+	23 000 $

Dans les faits, les produits tirés de la prestation de services (les honoraires) et les charges (les salaires et les autres frais) ne sont pas directement inscrits dans le poste « Résultats non distribués ». C'est dans le compte de résultat qu'on retrouve la vente de services et les charges, et c'est le solde net obtenu en soustrayant les charges des ventes qui correspond au résultat net. Le terme *produits* est recommandé pour désigner les revenus, et le terme *charges,* pour les frais engagés pour réaliser les revenus ; dorénavant, nous utiliserons donc ces deux termes.

Nous pouvons, une fois de plus, subdiviser l'identité fondamentale de la manière suivante :

Actif = Capitaux propres + Passif

Actif = Capital-actions + Résultats non distribués + Passif

Actif = Capital-actions + Compte de résultat + Passif

(Produits – Charges)

Résultat net

Dans les exemples 5 et 6 précédents, l'identité fondamentale se présenterait alors comme suit :

Actif					=	Capitaux propres					+	Passif
Mobilier	+	Matériel	+	Trésorerie	=	Capital-actions	+	Produits	–	Charges	+	Emprunt bancaire
10 000 $	+	7 000 $	+	31 900 $	=	3 000 $	+	(30 000 $	–	7 100 $)	+	23 000 $
48 900 $					=	25 900 $					+	23 000 $

Exemple 7

Acquisition d'un placement

Vous constatez que votre entreprise n'aura pas besoin de toutes ces liquidités pour au moins quelques années. Vous décidez donc d'acheter des actions dans une société prometteuse pour un montant de 5 000 $.

Cette opération ne modifie pas le total de l'actif ni le total des capitaux propres et du passif puisque encore ici un actif (l'argent) a servi à l'acquisition d'un placement.

Actif	=	Capitaux propres	+	Passif
48 900 $				
– 5 000 $				
+ 5 000 $				
48 900 $	=	25 900 $	+	23 000 $

Où l'actif se présente ainsi :

Mobilier	10 000 $
Matériel informatique	7 000 $
Placement disponible à la vente	5 000 $
Trésorerie	26 900 $
	48 900 $

L'exemple suivant montre l'effet du changement de valeur de ce placement sur la situation financière de l'entreprise.

Exemple 8

Changement de valeur du placement disponible à la vente

Le placement détenu par la société (que nous appellerons « placement disponible à la vente ») vaut 4 000 $ sur le marché boursier.

Cette situation (perte de valeur boursière) se reflétera dans les capitaux propres et sera également présentée comme une des composantes dans l'état des variations des capitaux propres, nommée « perte latente sur placement disponible à la vente ».

Actif	=	Capitaux propres	+	Passif
48 900 $	=	25 900 $	+	23 000 $
– 1 000 $		– 1 000 $		
47 900 $	=	24 900 $	+	23 000 $

Pour terminer, nous pouvons alors décomposer l'identité fondamentale en chacun des postes figurant dans les états financiers, de manière à refléter la substance particulière de cette dernière transaction.

Actif	=	Capitaux propres				+ Passif
Actif	=	Capital-actions +	Résultats non distribués	+	Cumul des gains/pertes latents sur placement disponible à la vente	
			↓		↓	
			Produits – Charges	+	Perte latente sur placement disponible à la vente	
47 900 $	=	3 000 $ +	(30 000 $ – 7 100 $)	–	1 000 $	+ 23 000 $

L'état de la situation financière devient le suivant :

ACTIF		**CAPITAUX PROPRES**	
Mobilier	10 000 $	Capital-actions	3 000 $
Matériel informatique	7 000 $	Résultats non distribués	22 900 $
Placement disponible à la vente	4 000 $	Cumul des gains/pertes latents sur placement disponible à la vente	– 1 000 $
Trésorerie	26 900 $		
			24 900 $
		PASSIF	
		Emprunt bancaire	23 000 $
	47 900 $		47 900 $

Exemple 9

Distribution des résultats

Vous décidez de distribuer un dividende de 15 000 $.

Il convient ici de faire une distinction entre cette opération et les précédentes. Le versement d'un dividende de 15 000 $ constitue une distribution partielle du résultat dégagé à la suite des opérations précédentes. On le présentera comme une des composantes d'un état financier appelé « état des variations des capitaux propres ». En effet, lorsque l'entreprise distribue une partie de ses résultats, elle déclare des « dividendes ». Ceux-ci peuvent être versés en espèces, en biens, en services ou en actions. La diminution de l'actif est ici accompagnée d'une diminution des capitaux propres.

Actif	=	Capitaux propres	+	Passif
47 900 $	=	24 900 $	+	23 000 $
– 15 000 $		– 15 000 $		
32 900 $	=	9 900 $	+	23 000 $

En appliquant cette équation à ce dernier exemple, nous obtenons les montants suivants :

Actif	=	Capital-actions	+	(Produits	–	Charges	–	Perte latente sur placement disponible à la vente)	–	Dividendes	+	Passif
32 900 $	=	3 000 $	+	(30 000 $	–	7 100 $	–	1 000 $)	–	15 000 $	+	23 000 $

Il est maintenant possible de dresser un état de la situation financière. Celle-ci apparaît à la dernière colonne du **tableau 2.3.** On y montre l'actif, les capitaux propres et le passif. Il est également possible de distinguer les détails des capitaux propres. Ceux-ci apparaissent dans la deuxième colonne du tableau. Finalement, on peut aussi établir les composantes de ce que nous appellerons l'état du résultat global (première colonne). Ces éléments additionnels proviennent tous des soldes de l'état de la situation financière. Donnons maintenant certains commentaires sur ces éléments.

tableau 2.3 Présentation des états financiers à la suite de ces opérations

État du résultat global		État des variations des capitaux propres		État de la situation financière	
Produits	30 000	Capital-actions, au début	0	Actif	
		Émission capital-actions	3 000		
– Charges	7 100	**Capital-actions, à la fin**	**3 000**	Mobilier	10 000
				Matériel informatique	7 000
		Résultat non distribué au début	0	Placement disponible à la vente	4 000
		+ Résultat net	22 900		
Résultat net	**22 900**	– Dividendes	15 000	Trésorerie	11 900
		Résultat non distribué, à la fin	**7 900**		**32 900**
– Perte latente de l'exercice sur placement disponible à la vente*	**– 1 000**	Cumul des gains/pertes latents sur placement disponible à la vente, au début	0	Capitaux propres	9 900
		– Perte latente de l'exercice disponible à la vente	– 1 000		
				Passif	
		Cumul des gains/pertes latents sur placement disponible à la vente, à la fin	**– 1 000**	Emprunt bancaire	23 000
= Résultat global	21 900	**TOTAL**	**9 900**		**32 900**

* Il s'agit ici de la variation de la « juste valeur » du placement disponible à la vente de l'exemple 8.

2.3 L'ÉTAT DU RÉSULTAT GLOBAL

Les diverses opérations que nous avons présentées dans les exemples précédents nous amènent à l'établissement des éléments permettant de mesurer la performance de l'entreprise. Ces éléments sont connus sous l'appellation d'« état du résultat global ». Celui-ci se compose de cinq éléments principaux, regroupés en deux grandes catégories.

A La *première catégorie* présente le résultat de l'exploitation de l'entreprise au cours d'une période donnée. Généralement appelée « compte de résultat », elle regroupe les éléments suivants :

- les **produits** (appelés « ventes », « revenus » ou « chiffre d'affaires »), qui représentent ce que gagne l'entreprise en contrepartie de l'activité qu'elle exerce dans le cadre de son exploitation normale ;
- les **charges** (parfois nommées « dépenses »), qui représentent les coûts relatifs à la consommation des biens ou des services nécessaires à cette exploitation ;
- le **résultat net,** qui correspond à la différence entre les produits et les charges. Si les produits sont supérieurs aux charges, l'entreprise a réalisé un « bénéfice net ». Dans le cas inverse, elle a subi une « perte nette ».

B La *deuxième catégorie* présente l'effet des transactions non matérialisées au cours de la période, mais qui ont tout de même un effet sur le résultat global de cette dernière. Souvent appelée « autres éléments du résultat global », elle comprend les gains ou pertes « latents » découlant principalement des éléments suivants :

- les variations de la juste valeur des actifs financiers disponibles à la vente ;
- la conversion de monnaies des états financiers de certains établissements étrangers.

Le **résultat global** combine : a) le **résultat net** des opérations commerciales de l'entreprise et b) les **autres éléments du résultat global.**

Les exemples 5 et 6 présentés aux pages 30 à 32 constituent des opérations ayant donné lieu à des produits ou à des charges permettant de dégager le résultat net, tandis que l'exemple 8 (page 34) illustre un autre élément du résultat global. Présentons l'état du résultat global de notre entreprise de consultation.

Exemple 10

État du résultat global

État du résultat global

Produits		
Honoraires de consultation		30 000 $
Charges		
Fournitures diverses	800 $	
Intérêts bancaires	1 500 $	
Salaire de l'adjointe	1 000 $	
Salaire du président	3 800 $	7 100 $
Résultat net		**22 900 $**
Autres éléments du résultat global		
Perte latente sur placement disponible à la vente		(1 000 $)
Résultat global		**21 900 $**

2.4 L'ÉTAT DES VARIATIONS DES CAPITAUX PROPRES

Certaines opérations présentées dans les exemples précédents touchent les capitaux propres. Celles-ci sont alors présentées dans un état appelé « état des variations des capitaux propres ». Il s'agit d'un état financier qui établit le rapprochement des capitaux propres à deux dates différentes, généralement celle du début de l'exercice et celle de la fin. Il existe plusieurs types d'opérations susceptibles d'influer sur les capitaux propres, dont les principales concernent le capital-actions, les résultats non distribués et les autres éléments du résultat global. L'état des variations des capitaux propres présente donc les variations imputables à ces opérations. Dans nos exemples, nous aurions les éléments suivants :

État des variations des capitaux propres

	Capital-actions	Résultats non distribués	Cumul de la variation de la juste valeur du placement disponible à la vente	TOTAL
Solde au 1er janvier	– $	– $	– $	– $
Émission de capital-actions	3 000			3 000
Résultat net de la période		22 900		22 900
Perte latente sur placement			(1 000)	(1 000)
Dividendes	–	(15 000)	–	(15 000)
Variation de l'exercice	3 000	7 900	(1 000)	9 900
Solde au 31 décembre	3 000 $	7 900 $	(1 000 $)	9 900 $

CONCLUSION

L'objet de ce chapitre était de donner un aperçu des divers états financiers afin de présenter la logique qui existe entre chacun des états financiers, dont on peut maintenant approfondir le contenu. Mais auparavant, il importe de comprendre de quelle manière ce contenu est influencé par le cadre conceptuel des états financiers. Nous le présentons au chapitre 3, lequel sera suivi d'une analyse détaillée des composantes de chacun des états financiers.

CHAPITRE 3

LE PROCESSUS DE NORMALISATION INTERNATIONALE ET LE CADRE CONCEPTUEL

SOMMAIRE

Dans une logique de mondialisation des marchés des capitaux, les IFRS aideront les sociétés canadiennes à demeurer concurrentielles.
– Paul Cherry, président du Conseil des normes comptables du Canada, avril 2008[1]

Pour que les états financiers remplissent leurs objectifs, le milieu des affaires, les gouvernements et la profession comptable reconnaissent qu'il faut recourir à des règles communes pour les établir. La normalisation comptable vise à généraliser les méthodes de traitement et de présentation de l'information financière. Le présent chapitre traite de la raison d'être des normes comptables internationales et du cadre conceptuel permettant l'élaboration de ces normes.

3.1 LA RAISON D'ÊTRE DES NORMES COMPTABLES INTERNATIONALES

Introduites au Canada en 2011, les normes internationales d'information financière (*International Financial Reporting Standards* – les IFRS) constituent le référentiel comptable que doivent obligatoirement appliquer toutes les sociétés ouvertes canadiennes. Les enjeux que soulève l'introduction de telles normes suscitent deux questions liées à leur existence ainsi qu'à leur origine.

Pourquoi des normes comptables internationales?

Une des explications tient à la mondialisation des affaires et des marchés financiers. En effet, sur ces marchés, les analystes doivent pouvoir faire des comparaisons et des analyses entachées du moins de perturbations et de distorsions possible. Grâce à la clarté de la clé d'interprétation des données financières, le suivi des analyses menées avant de prendre des décisions d'investissement sera ainsi plus aisé. De plus, de quelque pays qu'ils proviennent, les utilisateurs de l'information financière suivront un même ensemble de normes comptables, d'où une pertinence accrue de cette information d'un pays à l'autre.

Dans un article publié en 2008 dans le *Financial Post* et abondamment cité, Paul Cherry, président du Conseil des normes comptables du Canada, exposait les raisons justifiant le passage aux IFRS au Canada. Parmi les arguments invoqués figuraient notamment les éléments exposés dans le **tableau 3.1**.

1. Cité dans Christian BELLAVANCE, « IFRS : à vos marques, prêts, partez ! », *CA magazine*, avril 2008, p. 3.

tableau 3.1 Arguments pour l'adoption des IFRS au Canada

Arguments pour l'adoption des IFRS	Cherry (2008), extraits[2]
1. L'adhésion mondiale aux IFRS	« Le Canada ne peut rester à l'écart du mouvement d'acceptation grandissante d'une langue d'information financière commune. Le Canada ne représente même pas 4 % d'un marché financier devenu mondial. »
2. Les coûts d'accès aux marchés des capitaux	« Les investisseurs ont du mal à comparer les sociétés entre elles, et ce sont eux finalement qui supportent le coût de la traduction. Avoir une langue comptable mondiale est la meilleure solution pour les sociétés ouvertes et les investisseurs. » « Les IFRS multiplieront les opportunités pour les entreprises canadiennes et leurs investisseurs, en abaissant le coût du capital, en facilitant l'accès aux marchés financiers internationaux et en éliminant la nécessité coûteuse des rapprochements. »
3. Des normes comptables canadiennes jusqu'alors « ni blanches ni noires »... et la validité des IFRS	« Nombre d'acteurs des marchés financiers canadiens étaient gênés des normes canadiennes ni blanches ni noires, c'est-à-dire ni conformes aux IFRS, ni conformes aux PCGR[3] américains, mais composées d'un mélange des deux. » « Ainsi, l'Organisation internationale des commissions de valeurs a jugé que les IFRS étaient "exhaustives, polyvalentes et susceptibles d'une interprétation et d'une application uniformes". » « [...] les IFRS constituent un mélange équilibré de principes généraux et de modalités d'application précises. »
4. Au diapason d'une centaine de pays pour la prise de décision sur toile de fond mondiale	« À l'heure où les entreprises prennent de plus en plus leurs décisions sur une toile de fond mondiale, le passage aux IFRS mettra le Canada au diapason d'une bonne centaine de pays, dont notamment ceux de l'Union européenne (à commencer par le Royaume-Uni) et l'Australie, ainsi que le Japon, la Chine, l'Inde, le Brésil, la Corée du Sud et Israël. »
5. Une « approbation » des IFRS par la Securities and Exchange Commission (SEC, États-Unis) pour les émetteurs étrangers	« À la fin de 2007, la Securities and Exchange Commission (SEC) a décidé de permettre aux émetteurs privés étrangers de déposer des états financiers établis selon les IFRS, au même titre que s'ils étaient établis selon les PCGR américains. Cela signifie que les sociétés canadiennes qui établiront leurs états financiers selon les IFRS ne seront plus tenues de rapprocher leurs états financiers des PCGR américains : une économie appréciable. »

2. Paul CHERRY, « Time for Common Accounting Standards », *Financial Post,* 30 janvier 2008 ; traduction : « Il est temps d'adopter des normes comptables communes », *CA magazine,* avril 2008, p. 16-17.

3. PCGR = principes comptables généralement reconnus

D'où proviennent les normes internationales?

Le passage aux IFRS résulte d'un long processus au cours duquel divers courants d'influence se sont affrontés à propos de l'élaboration des normes comptables nationales de chaque pays et de leur contenu. Ainsi, dans les années 1980, différentes recherches[4] ont permis de distinguer les pays et de les classer en fonction de leurs différences « comptables ». Parmi ces recherches, le schéma élaboré par Nobes (1983)[5] permet de regrouper les pays selon qu'ils suivent une approche reposant sur la microéconomie ou la macroéconomie uniforme (voir la **figure 3.1**).

figure 3.1 Classement des pays selon l'approche comptable préconisée[6]

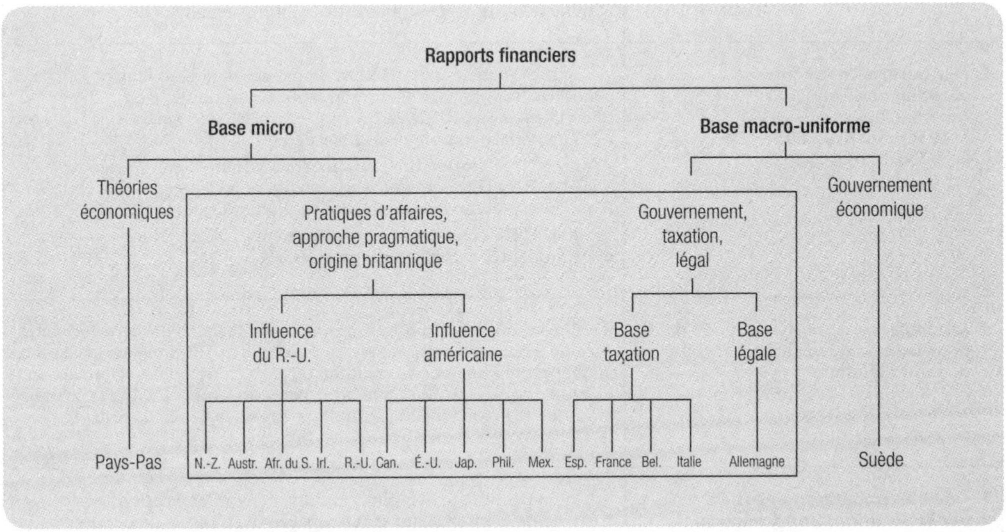

Ce schéma permet d'opposer deux grands modèles : le modèle franco-allemand (base macro-uniforme) et le modèle anglo-saxon (basé sur les pratiques d'affaires et l'approche pragmatique). Dans le modèle franco-allemand, le système comptable sert des objectifs économiques nationaux et contribue à l'élaboration de politiques nationales ; il se caractérise par une présentation de l'information très uniforme, à des fins de compilation de statistiques, et un cadre juridique imposant un format standard de

4. Voir notamment D.-Claude LAROCHE, « La comptabilité financière, la normalisation, les valeurs et l'État », *Actes du colloque : Le comptable contemporain, professionnel de valeurs,* Montréal, HEC, 1985.
5. C. W. NOBES, « A Judgemental International Classification of Financial Reporting Practices », *Journal of Business Finance & Accounting,* vol. 10, n° 1, 1983, p. 1-19.
6. Dans F. D. S. CHOI et G. G. MUELLER, *International Accounting,* Prentice-Hall, 1984.

comptes et de règles (avec incidences fiscales). Le modèle anglo-saxon, en revanche, suit une approche microéconomique : l'accent est mis sur les entreprises, on privilégie l'élaboration de normes au cas par cas (pragmatisme) et les propriétaires d'entreprise sont considérés comme les principaux destinataires des rapports. En raison de la primauté accordée aux besoins d'accès aux marchés des capitaux, les IFRS se sont développées dans un cadre influencé par le modèle anglo-saxon.

Actuellement, les IFRS sont élaborées par l'International Accounting Standards Board (IASB), un organisme indépendant dont la vocation est de « fournir aux marchés mondiaux des capitaux un langage commun pour le *reporting* de l'information financière[7] ». L'IASB se compose de 14 membres provenant de divers domaines d'expertise et pays. L'International Accounting Standards Committee Foundation (IASC Foundation) nomme les membres de l'IASB et assure son financement.

Au Canada, le passage aux IFRS s'est effectué à partir du 1er janvier 2011 pour les entreprises qui ont une obligation publique de reddition de comptes. L'introduction des IFRS se traduit par un nouveau langage ou référentiel comptable, qui est constitué des règles utilisées à la fois pour produire les états financiers et pour les interpréter. Jusqu'en 2011, il n'y avait implicitement qu'un seul référentiel au Canada (les PCGR canadiens). Aujourd'hui, il y en a plusieurs (notamment pour les sociétés ouvertes, pour les organismes à but non lucratif ou pour les sociétés fermées). Les IFRS constituent le référentiel pour les entités canadiennes ayant une obligation publique de rendre des comptes : sociétés cotées, certaines coopératives, institutions financières, maisons de courtage.

Le cadre des IFRS définit les normes minimales à respecter, tout en laissant une certaine liberté quant à la présentation des états financiers. En vertu de certaines « traditions » ou « préférences culturelles », la forme des états financiers pourrait varier.

3.2 LE CADRE CONCEPTUEL INTERNATIONAL

Compte tenu de la diversité des ressources, des modes de financement et des échanges économiques possibles, il n'est pas simple de rendre compte de la réalité économique des entreprises aux utilisateurs des états financiers, d'autant qu'il existe plusieurs façons de présenter cette réalité et que les besoins diffèrent selon les divers groupes d'utilisateurs. Il a donc fallu faire des choix, notamment parmi les informations à fournir, les méthodes de mesure des échanges économiques et les modes de présentation de l'information financière à adopter.

Dans la présente section, nous décrivons le cadre dans lequel s'inscrivent les normes comptables. Soulignons que, dans un contexte où leur analyse nécessite un fréquent

7. Notre traduction. Voir International Accounting Standards Board (IASB), *Who We Are and What We Do*, www.iasb.org/NR/rdonlyres/95C54002-7796-4E23-A327-28D23D2F55EA/0/April09 Whoweareandwhatwedo.pdf

figure 3.2 Le cadre conceptuel international (2010)[8]

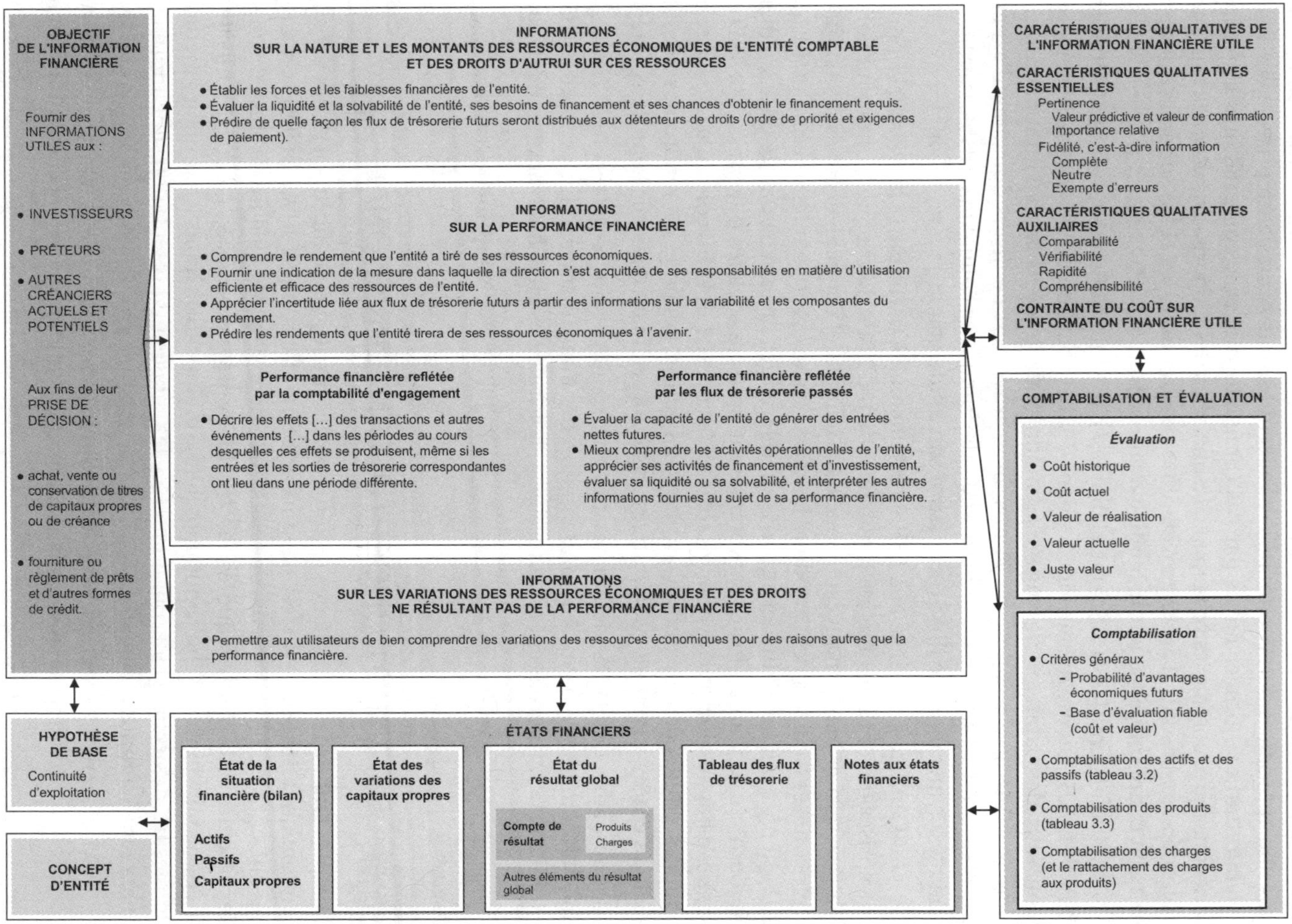

8. Source : Cadre conceptuel de l'information financière de l'IASB (janvier 2011), www.knotia.ca

exercice du jugement, ce cadre est important pour les préparateurs comme pour les lecteurs des états financiers. Les divers éléments de ce cadre conceptuel servent principalement à identifier les états financiers et leurs composantes, et à définir la qualité de l'information ainsi que les notions d'évaluation (ou de mesure) et de comptabilisation (ou de constatation). Le gestionnaire, qui a la responsabilité de préparer les états financiers, est particulièrement soucieux de ces notions, car elles le guident dans des situations nouvelles et complexes où il se doit d'exercer son jugement. Le cadre conceptuel, rappelons-le, est non seulement particulièrement utile pour comprendre et appliquer les règles actuelles, mais aussi pour mieux cerner les règles qui voient le jour.

L'IASB a initialement élaboré son cadre conceptuel en 1989. Par la suite, certaines parties ont été mises à jour, notamment les caractéristiques qualitatives en 2010. À cause de l'évolution des besoins des utilisateurs des états financiers et de l'évolution de l'économie en général, le cadre international actuel continue de faire l'objet de discussions. L'IASB, en collaboration avec le normalisateur américain, le Financial Accounting Standards Board (FASB), mène actuellement un projet visant à étayer le cadre actuel et à en préciser certains éléments.

Nous discuterons du cadre conceptuel (voir la **figure 3.2**) en traitant des aspects suivants :

- les objectifs ;
- le concept d'entité et l'hypothèse de la continuité de l'exploitation ;
- les caractéristiques qualitatives ;
- la contrainte du coût ;
- l'évaluation ;
- la comptabilisation.

3.3 LES OBJECTIFS

Afin de fixer les objectifs de la publication de l'information financière, l'IASB a, en premier lieu, cerné les utilisateurs prioritaires de cette information – les investisseurs, les prêteurs et les autres créanciers actuels et futurs –, tout en reconnaissant qu'elle peut également être **utile** à d'autres utilisateurs.

En conséquence, l'information produite devrait être utile à la prise de décision pour les investisseurs, les prêteurs ou d'autres créanciers en ce qui a trait, notamment, à l'achat ou à la vente de titres de capitaux ou de créances, ou à l'octroi d'un prêt à une entité.

Dans cette optique, trois catégories d'informations sont présentes :

- **Les informations sur la nature et les montants des ressources économiques de l'entité et des droits d'autrui sur ces ressources.** Les prêteurs ou les investisseurs ont besoin de connaître les ressources économiques dont dispose l'entité ainsi que les droits qui peuvent affecter ces ressources. Autrement dit, ils doivent savoir quels sont les « actifs » de l'entité et quelles sont les dettes (droits sur les ressources) qui les grèvent. Cette information est particulièrement utile pour établir la santé financière de l'entité (forces, faiblesses, liquidité, solvabilité). Les utilisateurs de l'information peuvent se servir de cette information en vue de prédire, par exemple, quels seront les paiements sur les dettes de l'entité. Cette information apparaît en partie dans l'état de la situation financière (bilan) ainsi que dans les notes qui l'accompagnent.

- **Les informations sur la performance financière.** Les utilisateurs de l'information financière doivent également pouvoir déterminer la performance financière de l'entité. Le rendement de l'entité servira à comprendre l'utilisation qu'elle fait de ses ressources et l'efficience et l'efficacité dont elle fait preuve. Il importe également de connaître les différents éléments du rendement (par exemple, les ventes et les charges) et leur variabilité (par exemple, d'une période à l'autre). La performance financière est appréhendée de deux manières.
  - D'une part, on applique la **comptabilité d'engagement** dans la préparation du compte de résultat. Conformément à cette méthode, les diverses transactions ne sont pas prises en compte selon les mouvements de trésorerie (encaissements, décaissements), mais au moment où elles se produisent.
  - D'autre part, les **flux de trésorerie passés** sont présentés dans le tableau des flux de trésorerie. Bien qu'on l'utilise pour produire l'information financière, à elle seule, la comptabilité d'engagement ne permet pas de satisfaire les besoins des utilisateurs de cette information. Il est donc également utile de présenter la capacité de l'entité à générer des flux de trésorerie à partir de ses activités opérationnelles, ses activités de financement et d'investissement.
- **D'autres informations ne résultant pas de la performance financière.** Les variations des ressources économiques de l'entité ne relèvent pas toujours de sa performance financière (comme lors d'une émission de capital-actions). Ce type de transactions ne résultant pas de la performance financière, il sera présenté distinctement dans l'état des variations des capitaux propres. Cela permet aux utilisateurs de l'information financière de discerner ce qui relève de la performance financière de ce qui n'en relève pas.

En somme, le cadre conceptuel vise d'abord à préciser l'objectif auquel doit contribuer l'information financière. En particulier, pour être utile aux investisseurs, prêteurs et autres créanciers qui en font usage, cette information doit les aider à évaluer les perspectives de dividendes, d'intérêts, de remboursement de capital ou encore la valeur de marché de certains titres. Tel est le but des informations sur les ressources économiques, les droits sur ces ressources et la performance financière de l'entité. Habituellement, les utilisateurs ont besoin non seulement de l'information produite selon la comptabilité d'engagement, mais aussi de celle produite selon les flux de trésorerie.

Une fois les objectifs fixés, il est nécessaire de préciser la notion d'entité comptable et l'hypothèse de la continuité de l'exploitation, les caractéristiques qualitatives de l'information financière **utile**, ainsi que les méthodes d'évaluation des éléments des états financiers et de leur comptabilisation.

3.4 À LA BASE DES ÉTATS FINANCIERS : LE CONCEPT D'ENTITÉ ET L'HYPOTHÈSE DE LA CONTINUITÉ DE L'EXPLOITATION

Deux notions sont à la base des états financiers : le concept d'entité et l'hypothèse de la continuité de l'exploitation.

3.4.1 Le concept d'entité

Au chapitre 1, nous avons indiqué que le propriétaire d'une entreprise individuelle est légalement responsable de son exploitation. Par ailleurs, il détient un droit sur les biens de l'entreprise, biens dont il peut disposer à sa guise. En conséquence, on peut dire que le propriétaire et son entreprise forment, d'un côté, une seule et même entité.

D'un autre côté, si l'on adopte le point de vue du propriétaire, on peut estimer que son capital constitue une source de financement pour l'entreprise, au même titre que les emprunts, de sorte qu'il est en droit d'exiger un rendement de son investissement. Ce rendement est exprimé par le résultat net de l'entreprise. Par conséquent, on peut dire que l'entreprise, quelle que soit sa forme juridique, est en fait une entité économique distincte de son propriétaire.

Le concept d'entité (ou de personnalité de l'entité) s'inscrit dans un courant de pensée qui favorise l'intérêt des propriétaires (actuels et futurs) de l'entité. Ceux-ci ont besoin d'une information financière qui les aide à juger de l'efficacité de la direction et à évaluer le rendement qu'ils obtiendront de leur investissement.

Pour répondre à ce besoin, il fallait fixer les limites de l'entreprise, c'est-à-dire déterminer où commencent ses activités et où elles s'arrêtent. Cette démarcation se traduit de la manière suivante dans les états financiers : seuls les actifs et les passifs de l'entreprise figurent dans l'état de la situation financière, quelle que soit la forme juridique de l'entreprise. De la même façon, le concept d'entité exclut les charges et les produits personnels des propriétaires du compte de résultat, qui doit rendre compte exclusivement des produits et des charges de l'entité dans le cadre de son exploitation.

3.4.2 L'hypothèse de la continuité de l'exploitation

À une époque, l'état de la situation financière visait à rendre compte des valeurs de réalisation aux créanciers de l'entreprise. On insistait donc, dans sa présentation, sur la valeur de réalisation des actifs à une date donnée.

Le recours de plus en plus fréquent à des capitaux apportés par des investisseurs et l'importance de cet apport ont eu pour conséquence de modifier l'objectif des états financiers. Au début des années 1930, dans les pays anglo-saxons, l'accent a été mis sur l'information nécessaire aux investisseurs et aux actionnaires, lesquels sont principalement intéressés par le rendement que procure l'exploitation de l'entreprise, plutôt que par le montant qu'ils pourraient tirer de sa liquidation. Par conséquent, l'hypothèse a émergé que l'exploitation de l'entreprise puisse se poursuivre indéfiniment.

Cette hypothèse a eu de nombreuses retombées en matière de comptabilité. Elle a modifié considérablement la vision comptable des ressources appartenant à l'entreprise. C'est notamment en vertu de cette hypothèse qu'on établit l'état de la situation financière en supposant que l'entreprise conservera indéfiniment ses ressources, celles-ci étant essentielles à l'exploitation.

Il arrive que la pérennité d'une entreprise soit menacée. Certains facteurs peuvent être un indice de son incapacité à réaliser ses actifs à leur valeur comptable, à s'acquitter de ses dettes à l'échéance ou à poursuivre son exploitation. Ces facteurs sont notamment l'incapacité de l'entreprise à payer ou à financer ses dettes courantes, un déficit accumulé important ou une forte probabilité de pertes. Néanmoins, de tels facteurs ne l'empêchent pas nécessairement de poursuivre son exploitation. À moins que les problèmes ne soient très graves et que l'entreprise ne soit déjà sous séquestre ou en faillite, l'hypothèse de continuité de l'exploitation continue de prévaloir, et les états financiers sont établis en conséquence. Cependant, la direction et l'auditeur externe, s'il y a lieu, devront veiller au fond et à la forme des états financiers, afin de s'assurer qu'ils mentionnent tous les renseignements relatifs à ces facteurs et qu'on attire explicitement l'attention des utilisateurs sur la possibilité que l'entité cesse ses activités[9].

La notion d'exercice financier

Selon l'hypothèse de la continuité de l'exploitation, la vie de l'entreprise est illimitée. Cependant, pour répondre aux besoins des utilisateurs des états financiers, on la divise en périodes d'égale longueur, l'état de la situation financière étant présenté à la date de clôture et le résultat net étant calculé à la fin de chaque période. Par convention, cette période étalon, fixée à un an, s'appelle l'« exercice ». À la fin de chaque exercice, l'entreprise doit présenter des états financiers. Soulignons qu'elle est libre de choisir la date à laquelle son exercice se termine, de sorte que la fin de l'exercice ne coïncide pas nécessairement avec la fin de l'année civile. Cependant, pour que la comparaison entre

9. En cas de liquidation, on renonce évidemment à l'hypothèse de la continuité de l'exploitation. On peut alors présenter les éléments de l'état de la situation financière à leur valeur de liquidation.

les exercices soit possible (voir le point 3.5.2 – A.), cette date ne peut être modifiée une fois qu'elle a été arrêtée, sauf si la situation le justifie. Chaque exercice doit également répondre à un principe d'indépendance (on parle de spécialisation des exercices). Nous savons que le résultat net représente l'excédent des produits sur les charges, soit le résultat des opérations effectuées durant un exercice. Afin d'obtenir un résultat qui traduise réellement le résultat net d'un exercice donné, il faut isoler les charges et les produits liés aux opérations de cet exercice de ceux des autres exercices. L'enjeu est alors d'établir le moment où les produits et les charges seront reconnus, ce que permet la comptabilité d'engagement (voir les points 3.3 et 3.8).

3.5 LES CARACTÉRISTIQUES QUALITATIVES DE L'INFORMATION FINANCIÈRE UTILE

Le cadre conceptuel des états financiers sert notamment à décrire les caractéristiques de l'information apparaissant dans les états financiers afin qu'ils présentent des informations utiles pour les utilisateurs. Ces caractéristiques se divisent en caractéristiques essentielles et caractéristiques auxiliaires.

3.5.1 Les caractéristiques qualitatives essentielles

L'objectif des états financiers étant d'informer les investisseurs, les prêteurs ou autres créanciers, l'information doit être pertinente et fidèle.

A La pertinence

On dit que l'information est pertinente si elle est utile pour le lecteur des états financiers dans son processus de prise de décision. Ce concept sert de balise aux normalisateurs, qui élaborent de nouvelles règles, et aux entités, qui doivent déterminer l'information à fournir dans les états financiers. Qu'il s'agisse d'évaluer la gestion d'une entité ou d'établir des prévisions, les états financiers doivent, autant que possible, répondre aux besoins des lecteurs. (Ils n'y répondent toutefois que partiellement : en effet, avant de prendre la décision d'investir, l'actionnaire potentiel analysera en profondeur les états financiers de l'entité, mais devra aussi évaluer les risques liés à l'économie en général et au secteur dans lequel l'entité exerce ses activités.)

Il arrive que les utilisateurs des états financiers s'interrogent sur la concordance entre les chiffres figurant dans les états financiers et ceux publiés à des fins fiscales. Pour répondre à cette question, il faut revenir aux objectifs des normes comptables et des règles fiscales, ainsi qu'à leur pertinence. Les normes comptables mettent l'accent sur l'utilisation des états financiers par les créanciers et les investisseurs dans leur processus de prise de décision. C'est notamment le cas des règles qui président à la présentation de l'information sur les secteurs opérationnels. Par ailleurs, le législateur modifie les règles fiscales en fonction de considérations économiques ou sociales, notamment dans le but de stimuler les investissements dans un secteur d'activité précis. Le législateur peut ainsi autoriser un mode d'amortissement accéléré pour certains actifs, même si cela ne correspond pas à l'utilisation économique du bien; cette méthode rapide vise à permettre une économie d'impôt, du moins à court terme.

Dans le cadre normatif international de la comptabilité, le concept de pertinence comporte deux dimensions: la valeur prédictive et de confirmation, et l'importance relative.

LA VALEUR PRÉDICTIVE ET LA VALEUR DE CONFIRMATION DE L'INFORMATION FINANCIÈRE

La valeur prédictive des états financiers permet de répondre, en partie, aux préoccupations des investisseurs et des créanciers. En effet, les états financiers doivent faciliter les prévisions: la structure du compte de résultat, entre autres, répond à cette exigence. Il présente séparément les éléments inhabituels et les activités abandonnées, ce qui permet aux investisseurs de distinguer les éléments non récurrents et les activités ordinaires de l'entité, leur offrant ainsi la possibilité d'établir plus aisément des prévisions.

La valeur de confirmation de l'information financière se manifeste en particulier lorsque l'on confronte les résultats publiés aux prévisions du marché financier. Parmi ces dernières, le résultat par action[10] constitue un élément de premier plan. En effet, la normalisation du résultat par action permet de comparer le résultat publié et le résultat attendu. Quand on sait l'importance que le marché attache à cette notion, les états financiers remplissent leur rôle en favorisant ce rapprochement.

L'IMPORTANCE RELATIVE

Lorsque l'on convertit les activités économiques d'une entreprise en information financière, on obtient une quantité très importante de données qui ne sont pas toutes significatives pour les utilisateurs. La qualité première des états financiers résidant dans leur utilité, il ne sert à rien de submerger les utilisateurs sous une masse de renseignements qu'ils doivent analyser pour ne garder que ceux qu'ils jugent importants.

Il revient donc à l'entreprise de regrouper les renseignements afin de ne retenir que ceux dont l'importance relative est grande pour les utilisateurs. Mais comment distinguer ce qui est important pour les utilisateurs de ce qui ne l'est pas?

---

10. Le résultat par action fait l'objet de brèves explications aux chapitres 6 et 9.

Généralement, le concept d'importance relative est un critère de choix: une information est considérée comme essentielle si sa publication dans les états financiers est en mesure d'influencer les décisions des utilisateurs, particulièrement les investisseurs, prêteurs et autres créanciers. En outre, dans sa norme comptable sur la *Présentation des états financiers* (IAS 1), l'IASB mentionne que l'appréciation de l'importance relative dépend de la taille, mais aussi de la nature de ce qui pourrait alors être une omission ou une inexactitude.

B La fidélité

Les états financiers constituent une forme de représentation de la réalité économique et ils doivent en donner une image fidèle.

Pour ce faire, on intègre les opérations aux états financiers en fonction de leur réalité économique plutôt que de leur forme juridique[11]. Certaines opérations ont une forme juridique fort différente de leur réalité économique. Or, les états financiers doivent présenter l'essence économique de l'opération. Par exemple, dans le cas des contrats de location-financement, on comptabilise le bien, objet du contrat de location, dans l'actif de l'état de la situation financière même si l'entreprise n'en est pas légalement propriétaire. La substance économique de l'opération (acquisition financée par bail) l'emporte sur sa forme juridique (location du bien).

La consolidation des états financiers illustre également ce principe: elle consiste à regrouper les états financiers de différentes entreprises dans des états financiers communs, comme si ces entreprises ne faisaient qu'une, alors qu'il s'agit d'entités juridiquement indépendantes. Chacune des filiales possède ses propres statuts, paie ses propres impôts et dispose d'un statut juridique distinct. Mais, aux fins de présentation des états financiers, on rassemble leurs actifs, passifs, produits et charges avec ceux de la société mère ou participante, c'est-à-dire celle qui détient le contrôle économique.

Le concept de fidélité des opérations joue donc un rôle de «décodeur»: il permet de transformer l'information juridique brute en information financière, et de donner ainsi au lecteur des états financiers une image claire de la réalité économique de l'entreprise.

Le cadre conceptuel définit la fidélité des informations décrites à l'aide des notions plus précises que sont l'information complète, l'information neutre et l'information exempte d'erreurs.

11. Dans d'autres cadres conceptuels, ce principe est appelé «prééminence de la substance sur la forme». De l'avis de l'IASB, ce principe est compris dans le concept de fidélité et ne constitue donc pas un concept distinct (source: *Basis for Conclusions on Qualitative Characteristics*, IASB, 2010).

L'INFORMATION COMPLÈTE

Omettre des informations peut avoir un effet majeur sur l'interprétation que le lecteur fait des états financiers et, par conséquent, sur les décisions qu'il est amené à prendre. On dit que l'information est complète si elle lui permet d'avoir toutes les explications et descriptions dont il a besoin.

L'INFORMATION NEUTRE

On dit que l'information est neutre lorsque les choix comptables échappent à toute influence et sont effectués avec le souci de ne pas induire les utilisateurs en erreur. La confiance du public envers les états financiers repose en grande partie sur la reconnaissance de ces qualités. Aucun préparateur ou utilisateur des états financiers n'est infaillible, mais il ne faut pas perdre de vue que la responsabilité de la reddition des comptes incombe à la direction de l'entreprise. C'est elle qui impose les mécanismes de contrôle lui permettant de s'assurer que les chiffres figurant dans les états financiers reflètent la réalité économique.

Lorsqu'il s'agit de déterminer s'il faut ou non divulguer une information ou d'opter pour un traitement comptable ou un mode de présentation particulier, le choix ne doit pas reposer sur une idée préconçue[12].

Selon certains, la comptabilité n'est pas neutre, car les états financiers s'adressent particulièrement aux actionnaires (actuels et potentiels) et aux créanciers. En effet, pourquoi mettre l'accent sur la valeur résiduelle qui revient aux actionnaires (les capitaux propres) dans l'état de la situation financière ? Pourquoi ne pas considérer les impôts comme des distributions du résultat plutôt que comme des charges ? Dans notre économie, la notion de résultat est avant tout déterminée par les besoins de ceux qui apportent les capitaux. En conséquence, les principes et les conventions comptables doivent être interprétés en fonction des avantages qu'ils procurent aux investisseurs et aux créanciers. Dans cette optique, la neutralité fait donc référence à l'absence de parti pris.

Bien entendu, il est possible de s'interroger sur le degré d'objectivité de la direction d'une entreprise à l'égard des états financiers qu'elle produit. Sans mettre en doute l'honnêteté des dirigeants, on conçoit aisément qu'ils sont conscients des conflits d'intérêts potentiels lorsqu'ils rendent compte de leurs actes. Par conséquent, l'éthique du dirigeant constitue un fondement essentiel de l'élaboration des états financiers. De plus, lorsqu'on rend compte des activités économiques d'une entreprise, on recourt à de nombreuses estimations (comme la provision pour créances douteuses, la dépréciation des actifs ou la durée d'utilité probable des

12. Plusieurs référentiels comptables font référence au concept de la **prudence** (ou « conservatisme »), qui consiste à éviter que les états financiers ne soient faussés par des estimations trop optimistes dans des situations d'incertitude. Compte tenu notamment du fait que cette notion pourrait permettre de cautionner une sous-évaluation délibérée des actifs ou une surévaluation des passifs, l'IASB a progressivement fait disparaître ce concept, inconciliable avec le concept de neutralité, de son cadre conceptuel.

immobilisations corporelles) qui ne permettent pas d'atteindre une exactitude parfaite (voir le point suivant).

L'INFORMATION EXEMPTE D'ERREURS

Pour être fidèle, l'information doit être exempte d'erreurs ou d'omissions. Cela vaut autant pour la description de l'information que pour l'ensemble du processus suivi pour l'accumuler et la produire. Fidélité n'est cependant pas synonyme d'exactitude. Ainsi, lorsqu'on estime la provision pour créances douteuses, il est difficile d'arriver à un montant parfaitement exact. La notion d'information exempte d'erreurs est respectée pour autant que le processus menant à cette évaluation est appliqué sans erreur et que cette information est correctement décrite comme étant une estimation.

3.5.2 Les caractéristiques qualitatives auxiliaires

Afin de renforcer son utilité, l'information doit non seulement être pertinente et fidèle, mais aussi présenter des caractéristiques qualitatives auxiliaires: la comparabilité, la vérifiabilité, la rapidité et la compréhensibilité.

A La comparabilité

Lorsqu'il veut choisir entre plusieurs possibilités d'investissement, l'investisseur doit pouvoir comparer la performance et la situation financière de différentes entreprises. De plus, l'analyse des états financiers sur plusieurs périodes doit permettre de dégager des tendances afin d'évaluer les risques et le rendement liés à l'investissement dans une entreprise donnée. Cette analyse n'est valable que si les données financières sont comparables d'un exercice à l'autre.

En soi, la normalisation comptable assure une certaine comparabilité, puisqu'elle fixe les règles de traitement et de présentation de l'information financière. Cependant, il s'agit de règles flexibles qui débouchent souvent sur plusieurs méthodes acceptables. Une fois choisies par l'entreprise, les méthodes doivent être spécifiées et décrites dans les notes aux états financiers, puis maintenues afin que le lecteur puisse comparer un exercice à un autre.

En effet, la comparabilité entre les exercices n'est possible que si les traitements comptables employés et le mode de présentation sont identiques d'un exercice à l'autre. La comparabilité implique donc une permanence dans le choix et dans l'application des méthodes comptables: cela signifie qu'une entreprise qui choisit une méthode (supposons l'amortissement linéaire) la conserve d'un exercice à l'autre.

Bien entendu, cette règle n'oblige pas l'entreprise à conserver une méthode comptable devenue inappropriée. Lorsqu'il est nécessaire de changer de méthode pour rendre les états financiers conformes à la réalité économique, la modification doit être expliquée dans une note jointe aux états financiers afin d'en informer les utilisateurs. S'il y a lieu, le changement de méthode sera appliqué de façon rétrospective : les états financiers antérieurs seront alors traités de nouveau afin que les données demeurent comparables.

B La vérifiabilité

Les utilisateurs des états financiers prennent des décisions économiques en se fondant sur l'information qu'ils reçoivent ; ils doivent donc pouvoir s'y fier. Une information financière fiable repose sur des faits vérifiables. On dit que l'information est vérifiable lorsque les éléments probants débouchent sur un consensus, quelle que soit la personne qui les examine.

Comme nous l'avons mentionné, en raison des nombreuses estimations nécessaires à leur préparation, les états financiers sont inévitablement empreints d'une certaine subjectivité, laquelle doit être encadrée. Les choix comptables doivent ainsi être faits conformément aux critères suivants : on doit pouvoir fournir des preuves à l'appui des montants et des informations inscrits dans les états financiers, et on doit s'appuyer sur des estimations aussi objectives que possible.

Cela signifie-t-il pour autant qu'on peut intégrer dans les états financiers tout élément ayant une base rationnelle ? Par exemple, la façon dont les dirigeants gèrent leur entreprise constitue généralement un élément clé de son succès ou de son échec. Le succès dépend notamment de la compétence et de l'expérience des dirigeants. Pourtant, alors qu'elle constitue une valeur pour l'entité, la qualité de ses dirigeants n'apparaît pas dans les états financiers. Cela tient à ce qu'il est difficile de mesurer et de vérifier la valeur d'une personne. Quel point de référence permettrait de le faire ? Bien sûr, il serait intéressant pour les utilisateurs de pouvoir l'apprécier, mais il n'en est pas moins hasardeux de vouloir établir formellement la valeur de l'équipe de dirigeants, car cette opération peut donner des résultats difficiles à vérifier et susceptibles de varier d'une personne à l'autre. Une telle évaluation sera possible dans le cas où l'entreprise est mise en vente. En effet, si l'équipe de dirigeants permet à l'entreprise de se démarquer de ses concurrents et d'être ainsi vendue à un prix plus élevé, le prix obtenu prend en compte la « valeur » de cette équipe de dirigeants.

C La rapidité

L'objet principal des états financiers étant d'aider les utilisateurs à prendre des décisions, on s'accorde généralement à penser que celles-ci doivent reposer sur l'information la plus récente, d'où l'importance de la rapidité de sa publication. Cette rapidité ne doit toutefois pas aller à l'encontre d'autres caractéristiques telles que la fidélité et la vérifiabilité de l'information. À l'inverse, une information parfaitement vérifiable est peu utile pour les utilisateurs si elle leur est transmise tardivement, car les états financiers perdent alors de leur pertinence.

D La compréhensibilité

L'une des qualités exigées des états financiers est leur compréhensibilité. Pour que les états financiers remplissent leurs fonctions, le lecteur doit être en mesure d'en comprendre le sens. Cependant, le langage des affaires et celui de la comptabilité comportent leur lot de termes particuliers. Dès lors, faut-il rédiger des états financiers dans une forme pouvant être interprétée même par ceux qui n'ont aucune connaissance du monde des affaires et de la comptabilité ? La réponse est non. Les termes employés s'adressent aux utilisateurs qui ont une connaissance raisonnable du monde des affaires et de la comptabilité. Les états financiers contiennent ainsi des termes qui n'y sont pas définis et qu'un lecteur averti est en mesure de décoder. Il arrive cependant qu'une entreprise présente des situations particulières qui l'amènent à donner plus d'explications. Dans ce cas, c'est à l'entité de choisir les termes et le niveau de langue permettant au lecteur averti de s'y retrouver.

3.6 LA CONTRAINTE DU COÛT

La notion de rapport coûts-avantages renvoie ici principalement au coût de production de l'information financière relativement à sa valeur. Cependant, cette analyse peut se révéler difficile pour les préparateurs d'états financiers puisqu'il n'est pas aisé d'établir la valeur de l'information, laquelle diffère probablement pour chacun des utilisateurs potentiels. Cette analyse est d'autant plus difficile à faire que c'est l'entreprise qui assume le coût de l'information financière, alors que ce sont principalement les utilisateurs qui en tirent des avantages. Les normalisateurs ont toutefois pris en compte cet aspect dans l'élaboration des normes[13].

3.7 L'ÉVALUATION

La comptabilité, on l'a vu, vise à traduire les activités économiques de l'entreprise sous forme de données compréhensibles par tous les utilisateurs. Elle a pour fonction principale de quantifier – c'est-à-dire de mesurer – en unités monétaires les échanges économiques qui ont lieu entre l'entreprise et ses parties prenantes. En fonction notamment de leur pertinence, les différentes bases de mesure qui suivent peuvent être utilisées.

13. Au chapitre 10, nous discuterons notamment de cet aspect en ce qui a trait aux normes pour les entités à capital fermé.

3.7.1 Le coût historique

Le concept de coût historique signifie que les actifs sont inscrits dans les états financiers à leur coût d'acquisition. Cette convention d'évaluation a longtemps été la référence pour établir les états financiers. L'intérêt du coût historique est qu'il constitue une valeur étayée par des preuves concrètes et objectives, ce coût correspondant à une opération survenue entre deux parties indépendantes. Présenter les actifs à leur coût historique offre donc l'avantage d'une grande vérifiabilité. Toutefois, lorsqu'on envisage l'évaluation sous l'angle de la pertinence, le coût historique n'est pas toujours la méthode d'évaluation appropriée pour rendre compte aux utilisateurs d'une valeur aux états financiers. C'est pourquoi, au fil du temps, d'autres conventions d'évaluation ont acquis une place croissante. Elles sont présentées ci-dessous.

3.7.2 Le coût actuel

Selon cette convention d'évaluation, l'actif est évalué au coût qu'il serait nécessaire de débourser aujourd'hui pour le remplacer dans son état actuel, d'où l'expression synonyme de méthode du coût de remplacement. Un tel cas de figure se présente notamment lorsque l'entreprise décide de réévaluer ses immobilisations corporelles : elle peut recourir au coût de remplacement, en prenant soin d'en déduire l'amortissement cumulé afin de prendre en compte l'utilisation du bien par l'entité. On parlera alors du coût de remplacement net d'amortissement.

3.7.3 La valeur de réalisation

La valeur de réalisation renvoie au montant que l'entité peut tirer de la vente d'un actif dans un marché « ordonné ». Il ne s'agit donc pas d'une valeur de liquidation rapide. Cette méthode d'évaluation est notamment utilisée pour dévaluer des stocks dont la valeur de vente sur le marché diminue.

3.7.4 La valeur actuelle

Cette notion, qu'il importe de bien distinguer de celle du coût actuel, fait référence à la valeur qu'a, au moment présent, l'argent qui sera reçu (ou versé) dans le futur. Comme la valeur de l'argent change en fonction du temps, on recourt à un taux d'actualisation pour exprimer en dollars d'aujourd'hui les sommes d'argent futures. Cette méthode sert notamment à évaluer le coût d'un actif loué, pour lequel on exprime les sommes à verser au titre des loyers futurs dans leur valeur d'aujourd'hui.

3.7.5 La juste valeur

La notion de juste valeur n'apparaît pas comme telle dans le cadre conceptuel. Cependant, les normes y font très souvent référence. Ainsi, dans l'IAS 39, qui traite des instruments financiers, on la définit comme le montant pour lequel un actif « pourrait être échangé entre parties bien informées, consentantes et agissant dans des conditions de concurrence normale ». Dans le cas de placements détenus à des fins de transaction, la juste valeur des placements serait le prix coté sur le marché, soit le cours pour l'acheteur.

3.7.6 Que conclure de ces diverses méthodes ?

Bien qu'on dise encore que les états financiers reposent sur le coût historique, force est de constater que les valeurs apparaissant dans les états financiers sont de plus en plus hybrides. Comment s'assurer de bien comprendre sur quelles bases reposent les montants présentés ? Le lecteur des états financiers doit se familiariser avec les différentes conventions d'évaluation et lire attentivement les notes accompagnant les états financiers. Les conventions d'évaluation autres que le coût historique peuvent l'amener à s'interroger sur la plausibilité des données présentées. Cependant, comme la vérifiabilité constitue notamment une caractéristique importante de l'information financière, l'entreprise doit *a priori* prendre soin d'étayer et d'expliquer dans les états financiers ses choix en matière d'évaluation.

3.8 LA COMPTABILISATION

La comptabilisation correspond au moment où une opération doit être enregistrée dans les états financiers. Elle touche autant les actifs et les passifs que les produits et les charges.

3.8.1 Les critères généraux

La comptabilisation doit respecter deux critères généraux :

1. la probabilité qu'il existe des avantages économiques futurs qui reviendront à l'entité ou qui en sortiront ;
2. une base d'évaluation fiable (coût ou valeur).

Le premier critère correspond à la probabilité (ou non) d'avantages économiques. Par exemple, comme le souligne l'IASB, la comptabilisation des créances à recevoir des clients (les débiteurs) à titre d'actif suppose qu'il est probable que l'entité encaisse ces sommes. Par ailleurs, une incertitude quant à l'encaissement entraîne l'enregistrement d'une dépréciation qui réduit le montant net des clients et l'inscription d'une charge de créances douteuses.

Quant au deuxième critère, l'existence d'une base d'évaluation fiable, il signifie que, même si les états financiers utilisent plusieurs conventions d'évaluation, il est constamment nécessaire de s'interroger sur leur fiabilité. Ainsi, aucun passif n'apparaîtra dans le cas d'une poursuite pouvant amener l'entité à devoir verser un montant, si l'on ne dispose pas d'une estimation fiable de ce montant au moment de la préparation des états financiers. Dans ce cas, l'information apparaîtra en note.

Voyons plus précisément certains aspects liés aux actifs et passifs ainsi qu'aux produits et aux charges.

3.8.2 Les actifs et les passifs

Pour qu'un actif ou un passif puisse être inclus dans les états financiers, il doit à la fois respecter les critères généraux de comptabilisation (voir le point 3.8.1) et présenter les caractéristiques d'un actif ou d'un passif. Le **tableau 3.2** présente ces dernières de manière plus précise.

tableau 3.2 Les caractéristiques d'un actif et d'un passif

Un actif	→ Procure des **avantages économiques futurs** (par exemple, une immobilisation).
	→ Nécessite que l'entité puisse **exercer un contrôle sur cet actif** pour pouvoir bénéficier de ses avantages économiques (ce qui implique qu'elle a un droit de propriété, ou un contrat de location lui permettant de jouir de cet actif et donc de l'enregistrer à titre d'actif).
	→ Résulte **d'opérations ou d'événements passés** (ainsi, l'intention d'acheter une immobilisation n'est pas une condition suffisante pour enregistrer un actif).
Un passif	→ Prend la forme **d'une obligation** (par exemple, la dette liée à la réception de stocks de fournisseurs exigeant un paiement ultérieur).
	→ Cette obligation est de **nature irrévocable** (par exemple, le respect de clauses de garantie offertes à des clients).
	→ Résulte **d'opérations ou d'événements passés** (par exemple, la signature d'un contrat d'emprunt).

3.8.3 Les produits

La comptabilisation des produits obéit également aux critères généraux de comptabilisation : il est probable que l'entité en tire des avantages économiques futurs (encaissements) et on peut les évaluer de façon fiable. Plus précisément, l'IAS 18 donne des règles concernant la comptabilisation de différents types de produits (nous verrons ici seulement la vente de biens et la prestation de services).

Le **tableau 3.3** de la page suivante présente ces règles. Quelques commentaires s'imposent. Rappelons que, selon la comptabilité d'engagement, un produit doit être comptabilisé dans l'exercice au cours duquel il est réalisé. Puisque l'activité commerciale est un processus continu qui ne prend pas fin avec l'exercice, il est parfois difficile d'isoler les produits provenant d'efforts accomplis au cours d'un exercice donné de ceux qui sont engagés au cours d'un autre exercice. Le **tableau 3.4** illustre le processus de génération des produits à l'intérieur du cycle d'exploitation.

tableau 3.3 Les critères de l'IAS 18

IAS 18	Critères généraux	Critères spécifiques
(A) La vente de biens	■ Il est probable que des avantages économiques associés à la transaction aillent à l'entité. ■ Le montant des produits peut être évalué de façon fiable.	■ L'entité a transféré à l'acheteur les risques et avantages importants inhérents à la propriété des biens. ■ L'entité cesse d'être impliquée dans la gestion, telle qu'elle incombe normalement au propriétaire, et dans le contrôle effectif des biens cédés. ■ Les coûts encourus ou à encourir concernant la transaction peuvent être évalués de façon fiable.
(B) La prestation de services		■ Le degré d'avancement de la transaction à la fin de la période de *reporting* peut être évalué de façon fiable. ■ Les coûts encourus pour la transaction et les coûts pour achever la transaction peuvent être évalués de façon fiable.

Le problème est le suivant : à quel moment du processus peut-on dire que le produit est réalisé ? Comme chaque étape du cycle d'exploitation comporte des efforts de réalisation du produit, on pourrait être tenté de comptabiliser la partie du produit total correspondant à chaque étape. Toutefois, il faut considérer un moment du processus où l'on sait que le produit se matérialisera, tout en réduisant l'incertitude. Par ailleurs, il faut tenir compte de la fiabilité de la méthode d'évaluation. Par conséquent, pour comptabiliser un produit, on doit attendre le moment où de telles preuves sont disponibles.

tableau 3.4 Le cycle d'exploitation

1. Commande de marchandises (ou de matières premières)
2. Réception de marchandises (ou de matières premières)
3. Production (entreprise industrielle)
4. Entreposage
5. Efforts de vente
6. Commande de la part du client
7. Expédition de marchandises
8. Facturation
9. Encaissement ou retour de marchandises

Voici deux situations illustrant le moment auquel une entreprise peut comptabiliser ses produits.

A La vente de biens

Dans le cas de la vente d'un bien, c'est généralement au moment du transfert de propriété du vendeur à l'acheteur qu'on a le plus de certitude quant à la réalisation du produit. Ce transfert survient habituellement lors de la livraison de la marchandise. Dès lors, le vendeur est en droit d'exiger la contrepartie de l'acheteur, c'est-à-dire le prix de vente, et donc de comptabiliser le produit. Les avantages et les risques liés au droit de propriété sont alors transférés du vendeur à l'acheteur. Cependant, on doit aussi s'assurer que les coûts associés à cette transaction sont évalués de façon fiable (voir le point 3.8.4), ce qui permet aussi de rattacher les coûts aux produits.

Toutefois, on doit également se demander si le vendeur du bien continue à être impliqué dans sa gestion. Ainsi, dans le cas d'un bien mis en consignation, le consignataire a la garde du bien sans en être le propriétaire : le consignateur lui a transféré la marchandise pour qu'il la vende, mais il conserve un droit de gérance sur ce bien. Dans ce cas, il ne peut y avoir réalisation du produit pour le consignateur.

Il arrive que le transfert de propriété n'apporte pas une certitude suffisante pour la comptabilisation d'un produit. Certains biens spécialisés nécessitent des travaux d'installation complexes que le vendeur est tenu d'exécuter (par exemple, un logiciel dont le fonctionnement exige des travaux d'installation personnalisés), de sorte que, même si le transfert de propriété a eu lieu, le vendeur ne peut exiger sa contrepartie tant que l'acheteur n'est pas en mesure d'utiliser le bien qu'il a acquis. Dans ce cas, le moment le plus important du processus survient après l'installation.

De même, si une vente comporte une clause exigeant le respect de critères de rendement propres à un client et que le non-respect de cette clause lui permet de retourner le bien fabriqué, on considère que le vendeur conserve une partie substantielle des risques inhérents à la propriété même si le transfert a eu lieu. Le produit ne peut alors être comptabilisé que lorsque ces critères sont respectés.

B La prestation de services

Pour les entreprises offrant des services, dont la nature est généralement déterminée par contrat, il est possible d'employer une méthode reflétant les efforts déployés. Dans ce cas, on peut considérer que l'entité est en droit de comptabiliser le produit correspondant à mesure que le service est rendu.

Imaginons une entreprise de construction qui effectue, pour un client donné, des travaux de longue durée pour lesquels il existe une formule de détermination du prix. Que se passe-t-il si l'on attend la fin des travaux ? Pendant toute leur durée, les résultats d'exploitation sont sous-évalués, alors que ceux de l'exercice où prennent fin les travaux sont surévalués. Peut-on dire que, en soi, ces travaux donnent une certitude suffisante que le produit est gagné progressivement ? On peut répondre par l'affirmative, car il existe un contrat signé avec un client (élément probant objectif), et l'engagement de l'entrepreneur est attesté par les travaux effectués. Ceux-ci constituent des efforts propres à un contrat donné qu'on peut reconnaître en comptabilisant les produits à mesure que progressent les travaux.

Exemple 1

La prestation de services

Une entreprise de consultation s'est engagée à exécuter un contrat d'une valeur de 1 000 000 $ sur une durée de deux ans, du 1er mars 2011 au 28 février 2013. L'exercice de l'entreprise se termine le 31 décembre. Le 31 décembre 2011, une expertise révèle que 25 % des prestations ont été exécutées pendant l'exercice. L'entreprise peut donc comptabiliser 25 % du produit total, soit 250 000 $, pour l'exercice 2011. Au 31 décembre 2012, 95 % des prestations sont terminées. Par conséquent, l'entreprise a gagné 70 % du produit total durant l'exercice 2012 (95 % au total, moins 25 % en 2011) et peut comptabiliser 700 000 $ à titre de produit pour l'exercice se terminant le 31 décembre 2012. Finalement, pour l'exercice 2013, marquant la fin du contrat, l'entreprise enregistrera un produit de 50 000 $.

Supposons que les coûts de l'entreprise sont respectivement de 175 000 $, 490 000 $ et 35 000 $ pour les exercices 2011, 2012, 2013. Pour chacun des exercices, les montants se présenteront comme suit :

	2011 $	**2012** $	**2013** $	**Total** $
Produits	250 000	700 000	50 000	1 000 000
Coût	175 000	490 000	35 000	700 000
Marge brute	75 000	210 000	15 000	300 000

Cependant, si en cours de route on se rend compte que le degré d'avancement doit être révisé, on effectuera l'ajustement dans l'exercice où ce constat a été fait.

Cette méthode de comptabilisation en fonction de l'avancement des travaux[14] ne peut être adoptée que si le prix de vente est déterminé. Par conséquent, le contrat doit énoncer clairement les obligations de chacune des parties et les modalités de fixation du prix exigé par le prestataire. De plus, on doit pouvoir estimer le degré d'avancement des travaux de façon fiable. Enfin, on doit tenir compte des modalités du contrat aux fins de comptabilisation des produits.

Tout comme dans le cas de la vente d'un bien, on doit également être en mesure de déterminer les coûts liés aux travaux effectués.

14. Basé sur l'avancement des coûts.

C Les incertitudes

Jusqu'ici, nous avons étudié des situations où les éléments prédominants étaient fiables. Analysons maintenant une autre situation. Supposons que, après avoir conclu une vente, le vendeur ne soit pas sûr de pouvoir recouvrer en totalité les sommes payables par l'acheteur. En raison de la très grande incertitude relative à l'encaissement de la vente, l'entreprise se voit alors dans l'obligation (rare) de ne comptabiliser le produit qu'au moment de l'encaissement. Toutefois, si l'incertitude quant au recouvrement final ne survient qu'après la vente, le vendeur doit constituer une provision pour créances douteuses.

Prenons l'exemple d'un acheteur qui a le loisir de retourner les biens vendus. Lorsque le vendeur est en mesure de déterminer avec une certitude suffisante la somme totale des biens pouvant lui être rendus, il peut comptabiliser le produit de la vente immédiatement. En contrepartie, il lui faut constituer une provision (passif) pour les retours prévus. En revanche, s'il est impossible de prévoir le montant des retours, il ne peut pas comptabiliser le produit de la vente : il doit attendre la date à laquelle le droit de retour de l'acheteur expire. C'est le cas d'une maison d'édition, qui s'engage à reprendre aux libraires tous les livres invendus. En leur offrant ainsi une forme de garantie (soit ils écoulent le stock, soit on le leur reprend), l'éditeur conserve les risques et les avantages inhérents aux livres. Comme il lui est difficile d'évaluer les invendus, l'éditeur ne comptabilisera les ventes de livres qu'au moment où ils sont effectivement vendus par les libraires.

3.8.4 Les charges (et le rattachement des charges aux produits)

Une charge représente le coût lié aux efforts nécessaires pour obtenir un produit. En règle générale, les charges doivent être comptabilisées dans l'exercice où les produits correspondants ont été gagnés ou dans celui où les biens ont été utilisés. Lorsque les charges résultent de l'obtention de services, on doit les comptabiliser dans l'exercice durant lequel ces services ont été reçus.

Plus précisément, la charge représente l'avantage économique qui a été consommé. Ainsi, un stock, qui se définit comme un actif, devient une charge lorsqu'il génère un produit, au moment où l'avantage économique de ce bien a été réalisé (c'est-à-dire au moment où il est consommé ou vendu).

Il en va de même pour d'autres types de charges. Ainsi, les frais de vente d'une marchandise comprennent les frais de livraison, qui incluent l'amortissement du coût des camions, l'entretien, les réparations, les assurances, l'essence, le salaire du chauffeur, etc., auxquels s'ajoutent d'autres frais comme la publicité ou les salaires des vendeurs. En conséquence, on comptabilise ces charges dans l'exercice au cours duquel on a utilisé les biens ou les services pour réaliser les ventes correspondantes.

Toutefois, si des frais encourus ne peuvent pas être associés directement à un produit, sans qu'on puisse pour autant les considérer comme un actif, ils sont traités comme une charge dans l'exercice où ils sont encourus. C'est le cas d'une campagne de publicité dont les effets seraient attendus sur une période de 18 mois. L'incertitude liée à la probabilité d'avantages économiques amène alors à considérer cet élément comme une charge plutôt que comme un actif.

Par ailleurs, la capacité à générer des résultats de certains actifs peut diminuer. Cela arrive, par exemple, lorsqu'une filiale ayant généré un écart d'acquisition (goodwill) lors de son acquisition voit sa rentabilité baisser. À cause de la perte d'avantages économiques générée par la filiale, il faut alors réduire la valeur du goodwill et constater cette perte de valeur dans le compte de résultat. Il en va de même pour la comptabilisation d'un passif (par exemple, une pénalité imposée par un tribunal) : bien que le coût ne soit pas lié à un produit, la charge doit être comptabilisée immédiatement.

3.9 LE JUGEMENT ET LES CONSIDÉRATIONS ÉTHIQUES

Nous venons de présenter le cadre conceptuel des états financiers. On l'aura constaté, son application repose sur deux aspects essentiels qu'il est nécessaire de considérer simultanément : l'exercice du jugement et les considérations éthiques. Ces aspects sont complémentaires et renvoient tous deux à la souplesse requise pour élaborer et présenter les états financiers. Cette souplesse ne rime pas avec absence de rigueur, loin de là. Elle concerne plutôt la préoccupation constante de présenter, d'une part, la réalité économique d'une entité aussi fidèlement que possible, et, d'autre part, la diversité des points de vue permettant d'envisager cette réalité.

La rigueur soutenue dont il faut faire preuve va aussi plus loin : il importe d'en user dans l'application des règles comptables et dans l'interprétation des faits. Ces dernières années, on a vu des entreprises monter de toutes pièces des scénarios financiers afin d'échapper à l'application stricte de certaines règles. D'autres ont fait preuve d'un jugement exagérément optimiste[15] dans leur interprétation des faits, et d'autres encore sont tombées dans l'excès contraire[16]. Les organismes de réglementation se sont préoccupés de ces questions et ont renforcé leurs exigences et leur encadrement. Dans tous les cas, l'application du cadre conceptuel doit se faire avec discernement et engage la pleine responsabilité des différents intervenants.

---

15. Dans ce type de situation, on parle souvent de gestion du résultat, qu'on peut définir comme « l'utilisation de la discrétion managériale pour influencer le résultat diffusé auprès des parties prenantes ». (F. DEGEORGE, J. PATEL et R. ZECKHAUSER, « Earnings Management to Exceed Thresholds », *Journal of Business,* n° 72, vol. 1, 1999, p. 1-33).

16. La technique du « bain de sang » ou du « nettoyage des comptes » (*big bath*) consiste à faire preuve d'un pessimisme excessif. On surévalue les charges futures au cours d'un seul exercice afin de se ménager une marge de manœuvre au cours d'exercices futurs.

CHAPITRE 4

LES COMPOSANTES DE L'ÉTAT DE LA SITUATION FINANCIÈRE : LES ACTIFS

SOMMAIRE

4.1 PRÉSENTATION GÉNÉRALE DE L'ÉTAT DE LA SITUATION FINANCIÈRE

Après avoir vu, dans les trois premiers chapitres, la structure et les concepts qui sont à la base des états financiers, abordons maintenant de manière plus détaillée chacun des éléments des états financiers. Dans les chapitres 4, 5 et 6, nous expliquerons les diverses composantes de l'état de la situation financière ; le chapitre 4 sera principalement consacré aux actifs.

Rappelons que l'état de la situation financière a pour objet de présenter les ressources de l'entité (ses actifs), ses obligations (les passifs) ainsi que les avoirs des propriétaires (les capitaux propres). L'état de la situation financière représente une « photographie », un « instantané » de ces divers éléments à la date de fin de la période de *reporting*. Habituellement, les éléments de la situation financière sont regroupés de façon à informer au mieux les utilisateurs. Le **tableau 4.1** donne une présentation suggérée par l'International Accounting Standards Board (IASB).

tableau 4.1 Présentation de l'état de la situation financière (source : IASB)

Groupe XYZ
État de la situation financière au 31 décembre 2012
(en milliers d'unités monétaires)

ACTIFS		
ACTIFS NON COURANTS	2012	2011
Immobilisations corporelles	x	x
Goodwill	x	x
Autres immobilisations incorporelles	x	x
Participations dans des entreprises associées	x	x
Placements disponibles à la vente	x	x
Total des actifs non courants	x	x
ACTIFS COURANTS		
Stocks	x	x
Clients et autres débiteurs	x	x
Autres actifs courants	x	x
Trésorerie et équivalents de trésorerie	x	x
Total des actifs courants	x	x
TOTAL DES ACTIFS	x	x

tableau 4.1 Présentation de l'état de la situation financière (source : IASB)

CAPITAUX PROPRES ET PASSIFS		
CAPITAUX PROPRES ATTRIBUABLES AUX PORTEURS DE CAPITAUX PROPRES DE LA SOCIÉTÉ MÈRE		
Capital-actions	x	x
Autres réserves	x	x
Résultats non distribués	x	x
Total des capitaux propres attribuables aux porteurs de capitaux propres de la société mère	x	x
INTÉRÊTS MINORITAIRES	x	x
TOTAL DES CAPITAUX PROPRES	x	x
PASSIFS NON COURANTS		
Emprunts non courants	x	x
Impôt différé	x	x
Provisions non courantes	x	x
Total des passifs non courants	x	x
PASSIFS COURANTS		
Fournisseurs et autres créditeurs	x	x
Emprunts courants	x	x
Partie courante des emprunts non courants	x	x
Impôt exigible à payer	x	x
Provisions courantes	x	x
Total des passifs courants	x	x
TOTAL DES PASSIFS	x	x
TOTAL DES CAPITAUX PROPRES ET DES PASSIFS	x	x

Dans ce tableau de l'état de la situation financière, on remarque que les actifs sont présentés selon leur degré de liquidité, c'est-à-dire en fonction de la facilité et de la rapidité avec lesquelles l'entreprise peut en tirer un avantage futur. Dans la même logique, les passifs sont présentés en fonction de leur exigibilité, c'est-à-dire la date à laquelle les créanciers sont en droit d'exiger de l'entreprise qu'elle rembourse ses dettes.

Si certaines entreprises choisissent de présenter leurs actifs et passifs dans l'ordre croissant de liquidité et d'exigibilité, d'autres le font dans l'ordre décroissant (voir le **tableau 4.2**). Dans tous les cas, elles optent pour le mode de présentation qui représente le mieux leur réalité économique. Quel que soit le choix, il doit y avoir une cohérence entre la présentation des actifs et celle des passifs et capitaux propres. Par conséquent, si une entreprise a choisi de présenter ses actifs dans l'ordre décroissant de liquidité, elle présentera, du côté des passifs et capitaux propres, d'abord ses passifs par ordre décroissant d'exigibilité, puis les capitaux propres.

tableau 4.2 Les caractéristiques d'un actif et d'un passif

Ordre décroissant de liquidité et d'exigibilité	Actif courant Actif non courant	Passif courant Passif non courant Capitaux propres
	ou	
Ordre croissant de liquidité et d'exigibilité	Actif non courant Actif courant	Capitaux propres Passif non courant Passif courant

L'actif courant comprend les postes qui sont normalement réalisables dans l'année qui suit la date de l'état de la situation financière ou au cours du cycle normal d'exploitation, s'il excède un an. L'actif non courant comprend tous les autres actifs. Le passif courant réunit les sommes à payer au cours de l'année qui suit la date de l'état de la situation financière ou au cours du cycle normal d'exploitation, s'il excède un an. Le passif non courant englobe tous les autres passifs.

En fait, les éléments courants sont ceux dont l'entreprise a besoin pour ses activités d'exploitation, tandis que les éléments non courants correspondent à ses activités d'investissement et de financement.

Cette classification des composantes de l'état de la situation financière en éléments courants et non courants vise à aider les utilisateurs à évaluer le risque de liquidité et le risque de solvabilité de l'entreprise. La différence entre le total de l'actif courant (trésorerie comprise) et le total du passif courant constitue le « fonds de roulement ». Un fonds de roulement positif indique que les ressources réalisables à court terme sont suffisantes pour couvrir les paiements exigibles à court terme. Autrement dit, le fonds de roulement est un indice de la capacité présumée de l'entreprise à payer ses dettes courantes dans l'année qui suit la date de l'état de la situation financière et, de ce fait, de sa solvabilité à court terme (voir également le chapitre 9).

Dans les pages qui suivent, nous présenterons chacun des éléments de l'actif.

4.1.1 La société Thomson Reuters Corporation

Dans les pages suivantes, nous illustrerons les différents éléments des états financiers en utilisant les états financiers de la société Thomson Reuters Corporation. Thomson Reuters Corporation (TRC) est une société ouverte canadienne qui présente la particularité d'avoir adopté les IFRS dès 2009. Connue avant 2008 sous la dénomination The Thomson Corporation, TRC est cotée à Toronto (TSX) et à New York (NYSE). TRC est un leader mondial dans la fourniture d'information intelligente aux entreprises et aux professionnels, dans les secteurs financier, juridique, fiscal, comptable, scientifique ainsi que dans les secteurs de la santé et des médias. TRC réalise la plus grande partie de son chiffre d'affaires en vendant du contenu et des services électroniques, principalement sous forme d'abonnements. TRC, qui compte plus de 55 000 employés répartis dans plus d'une centaine de pays, est organisée en deux divisions : la division « Professionnels », composée des groupes Droit, Fiscalité et comptabilité, ainsi que Soins de santé et sciences, et la division « Marchés », qui regroupe les activités des domaines des finances et des médias.

Nous utiliserons des extraits des états financiers en date du 31 décembre 2010 (reproduits ici avec permission). Ceux-ci peuvent être téléchargés dans leur version intégrale sur le site du SEDAR (www.sedar.com), section base de données.

L'objectif des illustrations présentées dans le présent chapitre et dans les suivants n'est pas de fournir une analyse précise et détaillée des états financiers de Thomson Reuters Corporation, mais de donner au lecteur une idée de ce qu'il pourrait être amené à trouver, en pratique, dans des états financiers.

4.2 LA NATURE DES ACTIFS

Les actifs constituent des **avantages économiques** dont l'entité pourra bénéficier dans l'avenir. Cette notion constitue une donnée fondamentale pour intégrer un actif dans les états financiers et l'y maintenir (voir également le chapitre 3).

Les actifs sont généralement répartis en deux grandes catégories : les actifs financiers et les actifs non financiers.

Les **actifs financiers** se définissent principalement comme suit :

- une somme d'argent disponible pour les échanges (les soldes des comptes en banque, rassemblés sous le poste Trésorerie et équivalents de trésorerie) ; ou
- un droit contractuel de recevoir une somme d'argent (clients, placements).

Les **actifs non financiers** regroupent des postes tels que ceux énumérés ci-dessous :

- les immobilisations corporelles (ou tangibles), c'est-à-dire les biens physiquement identifiables et dont la durée d'utilité s'étend au-delà du prochain exercice financier (par exemple, les terrains, les bâtiments ou l'équipement) ;
- les immobilisations incorporelles (ou intangibles), c'est-à-dire les ressources sans existence physique qui procurent des avantages futurs à l'entreprise et dont la durée d'utilité est supérieure à celle d'un exercice financier ;
- les stocks, c'est-à-dire les biens détenus par l'entreprise dans le but d'être transformés et vendus à des tiers.

Les autres actifs, tels que les charges payées d'avance, les impôts différés et les impôts à recevoir, constituent aussi des actifs puisqu'ils donnent lieu à des avantages économiques futurs pour l'entité.

Chacune de ces catégories d'actifs est ensuite classée dans l'un des deux grands groupes suivants :

- actif non courant (échéance supérieure à 12 mois) ;
- actif courant (échéance inférieure à 12 mois).

illustration 4.1 L'état de la situation financière de Thomson Reuters Corporation au 31 décembre 2010

THOMSON REUTERS CORPORATION
ÉTAT CONSOLIDÉ DE LA SITUATION FINANCIÈRE

		31 décembre	
(en millions de dollars américains)	Notes	**2010**	2009
ACTIF			
Trésorerie et équivalents de trésorerie	12	**864**	1 111
Comptes clients et autres débiteurs	13	**1 809**	1 742
Autres actifs financiers	19	**74**	76
Charges payées d'avance et autres actifs courants	14	**912**	734
Actif courant		**3 659**	3 663
Matériel informatique et autres immobilisations corporelles, montant net	15	**1 567**	1 546
Logiciels, montant net	16	**1 613**	1 495
Autres immobilisations incorporelles identifiables, montant net	17	**8 714**	8 694
Goodwill	18	**18 892**	18 130
Autres actifs financiers	19	**460**	383
Autres actifs non courants	20	**558**	649
Actifs d'impôt différé	23	**68**	13
Total de l'actif		**35 531**	34 573
PASSIF ET CAPITAUX PROPRES			
Passif			
Dette courante	19	**645**	782
Créditeurs, charges à payer et provisions	21	**2 924**	2 651
Produits différés		**1 300**	1 187
Autres passifs financiers	19	**142**	92
Passif courant		**5 011**	4 712
Dette à long terme	19	**6 873**	6 821
Provisions et autres passifs non courants	22	**2 217**	1 878
Autres passifs financiers	19	**71**	42
Passifs d'impôt différé	23	**1 684**	1 785
Total du passif		**15 856**	15 238
Capitaux propres			
Capital social	24	**10 284**	10 177
Résultats non distribués		**10 518**	10 561
Cumul des autres éléments du résultat global		**(1 480)**	(1 471)
Total des capitaux propres attribuables aux propriétaires de la société		**19 322**	19 267
Participations ne donnant pas le contrôle	28	**353**	68
Total des capitaux propres		**19 675**	19 335
Total du passif et des capitaux propres		**35 531**	34 573

L'état de la situation financière de Thomson Reuters Corporation, que nous présentons ici, permet d'identifier les éléments suivants :

- Cet état, dont la fin de période de *reporting* est le 31 décembre, présente les chiffres comparatifs 2010 et 2009.
- Thomson Reuters Corporation présente ses états financiers en dollars américains.

- La plupart des postes donnent lieu à des notes explicatives qui visent à fournir des informations additionnelles sur chacun des montants.
- Thomson Reuters Corporation a choisi de présenter ses actifs selon l'ordre décroissant de liquidité en commençant par l'actif le plus liquide, la trésorerie, et en terminant par les actifs les moins liquides. Les passifs, quant à eux, sont présentés selon l'ordre de leur exigibilité, les passifs courants étant présentés en premier (tout comme les actifs courants).

4.2.1 L'actif courant

L'actif courant comprend généralement les postes suivants : Trésorerie et équivalents de trésorerie, Clients et autres débiteurs, Stocks, Autres actifs courants (y compris, entre autres, les charges payées d'avance).

A La trésorerie et équivalents de trésorerie

Le poste Trésorerie et équivalents de trésorerie représente le numéraire immédiatement (ou très rapidement) disponible. Cet actif financier comprend les espèces détenues par l'entreprise, notamment l'argent contenu dans le coffre-fort ou les caisses enregistreuses, les petites caisses, les chèques (traites et mandats) reçus des clients et non encore déposés, le solde de tous les comptes en banque et les placements très liquides (en général à échéance inférieure à trois mois) pour lesquels le risque de changement de valeur est négligeable.

Les sommes assorties de restrictions (par exemple, des sommes devant être conservées dans le compte de banque en garantie de l'emprunt bancaire ou de la marge de crédit) et qui, de ce fait, ne peuvent servir à régler les paiements à court terme, doivent être présentées séparément de la trésorerie, sous un libellé approprié.

Par ailleurs, quand une entreprise possède plusieurs comptes bancaires dans différentes institutions financières, si le solde net de tous les comptes bancaires est positif, il est normalement présenté dans l'actif courant au poste Trésorerie et équivalents de trésorerie. Si, au contraire, le solde est négatif, elle le présente avec le passif courant au poste Découvert bancaire.

La gestion de la trésorerie

La gestion de la trésorerie est un aspect crucial du travail des gestionnaires de l'entreprise. En effet, la trésorerie pouvant faire l'objet de détournements, il est nécessaire de l'assortir de mesures de contrôle. Puisque la trésorerie, autrement dit l'argent, est nécessaire au fonctionnement quotidien d'une entreprise, il importe que les gestionnaires y accordent une attention particulière et implantent des outils de contrôle et de planification des mouvements de liquidités. Le meilleur outil de planification est le budget de trésorerie (caisse). Il s'agit d'un outil prévisionnel nécessaire au bon fonctionnement de l'entreprise.

Le budget de trésorerie permet aux gestionnaires de prévoir les rentrées et les sorties de fonds à venir en fonction de l'expérience passée et des prévisions portant sur les activités futures de l'entreprise. Il permet de prévoir les périodes où l'entreprise disposera d'un surplus de trésorerie et celles où, au contraire, elle manquera de liquidités. Les gestionnaires peuvent ainsi se préparer soit à faire fructifier les surplus de trésorerie sous forme de placements temporaires, soit à négocier des emprunts à court terme ou à demander une augmentation de la marge de crédit de l'entreprise. Pour être utile, le budget doit établir de façon détaillée tous les encaissements (rentrées d'argent) et tous les décaissements (sorties d'argent) de l'entreprise pour chacun des mois d'un exercice donné. Lorsque le volume des opérations est très élevé, il est possible de produire un budget de trésorerie sur une base hebdomadaire. Plus la période budgétaire est courte, plus les informations sont précises et pertinentes. Comme il est question de prévisions, le budget doit être revu et corrigé régulièrement pour tenir compte des événements les plus récents.

Il est possible d'instaurer plusieurs mesures de contrôle interne pour protéger la trésorerie, actif volatil et convoité. Il faut commencer par s'assurer d'une « ségrégation » ou séparation appropriée des tâches. En effet, une séparation adéquate des fonctions incompatibles permet d'éviter les fraudes (détournements de fonds) et améliore la fiabilité de l'enregistrement des opérations. La séparation des tâches implique qu'une même personne n'est jamais l'unique responsable d'une opération du début à la fin. Voici quelques exemples de mesures de contrôle des liquidités pouvant réduire les risques relatifs à la manipulation de la trésorerie.

- La personne qui autorise le paiement d'un fournisseur (ou un autre paiement) ne devrait pas être le signataire du chèque.
- Lorsqu'un paiement est autorisé, les pièces justificatives devraient être identifiées comme payées afin d'éviter qu'elles servent plus d'une fois.
- La personne qui signe un chèque à l'ordre d'un fournisseur (ou d'une autre partie) devrait être différente de celle qui entre les données liées à l'enregistrement du chèque dans les registres comptables.
- La personne qui ouvre le courrier devrait établir une liste des chèques reçus des clients sur un document prévu à cet effet, puis les estampiller de la mention « pour dépôt seulement ». Cette personne devrait remettre une copie de la liste ainsi préparée au service de la comptabilité et une autre à la personne qui s'occupe du dépôt.
- L'employé qui dépose à la banque les sommes reçues ne devrait pas avoir accès à l'enregistrement des opérations dans les registres comptables.
- Toutes les sommes reçues devraient être déposées intégralement et rapidement à la banque.
- Tous les paiements devraient être effectués par chèque ou de manière électronique. Les chèques devraient être numérotés et imprimés à l'avance au nom de l'entreprise. De plus, on devrait prévoir deux signataires.

- Les entreprises devraient utiliser les paiements préautorisés et les virements automatiques (pour les salaires, en particulier), évitant ainsi la manipulation d'argent.
- Une fois par mois, les entreprises devraient préparer un état de rapprochement bancaire (ou « conciliation bancaire ») afin de comparer les écritures enregistrées dans les registres comptables avec celles de la banque. Cette mesure permet de détecter rapidement les erreurs et les irrégularités.
- Les caisses enregistreuses ne devraient s'ouvrir que si une opération est effectuée. En cas d'erreur lors d'une opération, seul un responsable devrait pouvoir autoriser l'annulation de l'opération, procéder au remboursement ou accorder un crédit.
- Le programmeur de l'entreprise ne devrait pas avoir accès aux ressources de l'entreprise ni participer à l'enregistrement des opérations.

Cette liste de mesures de contrôle qu'une entité peut mettre en place pour gérer et protéger sa trésorerie n'est pas exhaustive, mais elle comporte les plus fréquemment utilisées.

illustration 4.2 La Trésorerie et les équivalents de trésorerie de Thomson Reuters Corporation au 31 décembre 2010

NOTE 12 : TRÉSORERIE ET ÉQUIVALENTS DE TRÉSORERIE

	31 décembre	
	2010	2009
Trésorerie		
Fonds en banque et en caisse	**359**	438
Équivalents de trésorerie		
Dépôts à court terme	**158**	285
Comptes du marché monétaire	**208**	388
Billets de trésorerie	**139**	-
Trésorerie et équivalents de trésorerie	**864**	1 111

Au 31 décembre 2010, du montant total de la trésorerie et des équivalents de trésorerie, 234 M$ (96 M$ en 2009) étaient détenus par des filiales soumises à des restrictions réglementaires ou contractuelles ou exerçant leurs activités dans des pays où des contrôles de change ou d'autres restrictions légales existaient et n'étaient donc pas disponibles à des fins générales par la société.

Thomson Reuters Corporation explique la composition de la trésorerie à la note 12 de ses états financiers. La société y indique également que, du total de la trésorerie, une partie fait l'objet de restrictions.

B Les clients et autres débiteurs

Les montants apparaissant au poste Clients et autres débiteurs (Clients) constituent des actifs financiers puisqu'ils correspondent à des sommes à recevoir ou au droit d'exiger, d'une autre personne appelée « débiteur », une certaine somme d'argent, des biens ou la prestation d'un service. Ces créances, qu'une entreprise pense pouvoir recouvrer au cours du prochain exercice, sont classées dans l'actif courant. On distingue généralement deux types de créances : les créances vis-à-vis des clients, ou créances sur ventes, et les créances vis-à-vis des autres débiteurs.

Le poste Clients, également appelé Débiteurs, Créances sur ventes ou Créances clients, représente les sommes à recevoir résultant de la vente de biens ou de services rendus à crédit. En effet, lorsqu'une entreprise vend des biens ou rend des services à crédit, elle acquiert le droit de recevoir par la suite une somme d'argent en contrepartie des biens vendus ou des services rendus.

Le poste Autres débiteurs correspond à des sommes à recevoir provenant d'opérations qui ne sont pas nécessairement liées à la vente de biens ou à la prestation de services. Cette catégorie réunit notamment les prêts à court terme consentis à des tiers, les demandes de remboursement d'impôts sur les bénéfices payés en trop et les autres sommes encaissables à court terme. On y trouve également les montants gagnés à la date de l'état de la situation financière, mais encore non encaissés à cette date. Font partie de cette catégorie les éléments suivants :

- Les « intérêts à recevoir », c'est-à-dire les intérêts sur des placements ou sur des prêts consentis à des tiers, acquis du fait du passage du temps, mais qui n'ont pas encore été reçus.

  Exemple : Une entreprise, dont l'exercice s'achève le 31 décembre, prête, le 1er octobre 2011, 10 000 $ à un fournisseur qui doit lui rembourser le montant intégral plus un intérêt de 8 % le 30 septembre 2012. Au 31 décembre 2011, dans son état de la situation financière, l'entreprise indiquera dans ses actifs courants, au poste Clients et autres débiteurs, une somme totale de 10 200 $: 10 000 $ correspondant au prêt à court terme et 200 $ (10 000 $ × 8 % × 3 mois/12 mois) correspondant aux intérêts à recevoir.
- Les « dividendes à recevoir », c'est-à-dire les dividendes déclarés, mais non encaissés, provenant de placements en actions.

  Exemple : Une entreprise, dont l'exercice s'achève le 31 décembre, détient, le 31 décembre 2011, 100 actions de la société A, qui a déclaré un dividende de 0,50 $ par action en décembre 2011, dividende qui ne sera versé qu'en janvier 2012. Au 31 décembre 2011, cette entreprise indiquera au poste Clients et autres débiteurs un montant de 50 $ au titre des dividendes à recevoir.
- Les « produits à recevoir tirés d'activités connexes » (par exemple, les loyers à recevoir lorsque l'entreprise loue des locaux et que la location de locaux ne constitue pas son activité principale).

  Exemple : Une entreprise loue une partie de son bâtiment pour la somme de 3 000 $ par mois payable le 15 de chaque mois. Au 31 décembre, date de clôture de l'exercice, l'entreprise indiquera au poste Clients et autres débiteurs une somme de 1 500 $ au titre des loyers à recevoir (soit du 15 au 31 décembre).

Les créances douteuses

Dans l'état de la situation financière, les sommes du poste Clients et autres débiteurs doivent être présentées à leur valeur recouvrable, c'est-à-dire au montant qui sera vraisemblablement encaissé. Il arrive que la somme due par les clients, indiquée dans les registres comptables au poste Clients, ne corresponde pas à ce qui sera encaissé. En effet, l'entreprise qui décide de négocier à crédit avec ses clients assume presque toujours le risque de ne pas être payée ; c'est le « risque de crédit ». Il faut ainsi, en fin d'exercice, estimer les créances qui ne seront probablement pas recouvrées, processus qu'on qualifie de « dépréciation des clients ».

Il est important d'estimer cette perte probable liée au risque de non-recouvrement afin de respecter l'un des principes du cadre conceptuel de la comptabilité, à savoir le principe de rattachement des charges aux produits, selon lequel toutes les charges engagées pour réaliser les produits d'un exercice donné doivent être comptabilisées durant ce même exercice. Appliqué au solde du poste Clients, ce principe implique que l'entreprise doit mesurer le risque qu'elle court de ne pas être payée – ce qui correspond à la provision pour créances douteuses[1] – et le comptabiliser dans l'exercice pendant lequel les ventes correspondantes ont eu lieu.

Il est nécessaire d'estimer le montant de la provision pour créances douteuses lors de la préparation de chaque état de la situation financière (ou au moins une fois par an, à la fin de l'exercice). Il faut ensuite l'inscrire au poste Clients et autres débiteurs, en le soustrayant au montant brut apparaissant à ce poste, et simultanément enregistrer une charge dans le compte de résultat, au poste Créances douteuses (ou Mauvaises créances).

Exemple 1

Créances douteuses

À la fin de son premier exercice, le 31 décembre 2011, Martex inc. affiche un montant à recevoir de 100 000 $ pour ses ventes à crédit. Elle estime que le risque de crédit sur cette somme correspond à un montant de 5 000 $.

Le montant net du poste Clients et autres débiteurs que l'entreprise indiquera dans l'état de la situation financière au 31 décembre 2011 sera de 95 000 $ (100 000 $ – 5 000 $). Dans le compte de résultat, elle inscrira une charge de 5 000 $ pour créances douteuses.

Il existe deux grandes méthodes d'évaluation de la provision pour créances douteuses. L'entreprise peut soit analyser la liste de ses comptes clients à la fin de l'exercice, soit calculer un pourcentage de créances à risque (ou perte probable) sur

1. On pourrait aussi parler de « dépréciation pour créances douteuses » ou de « compte de correction de valeur pour créances douteuses ».

les ventes à crédit. Dans les deux cas, le pourcentage retenu pour déterminer le montant de la provision est établi en tenant compte de l'historique en matière de recouvrement des créances, des conditions économiques et du jugement de l'analyste. L'exemple suivant illustre le calcul de la provision selon les deux méthodes.

Exemple 2

Évaluation de la provision pour créances douteuses au moyen de l'analyse de la liste des comptes clients

Liste des soldes des comptes clients de la société Calitor

Nom	Courant	De 31 à 60 jours	De 61 à 90 jours	Plus de 90 jours	TOTAL
Entreprises T	16 000 $	4 000 $			20 000 $
Industries U	10 000 $	5 000 $			15 000 $
Placements V		12 000 $	15 000 $		27 000 $
Compagnie W			15 000 $		15 000 $
Société X			8 000 $	20 000 $	28 000 $
Entreprises Y			3 000 $	13 000 $	16 000 $
Total	26 000 $	21 000 $	41 000 $	33 000 $	**121 000 $**
Probabilité de non-recouvrement*	2 %	5 %	15 %	40 %	
Provision pour créances douteuses	520 $	1 050 $	6 150 $	13 200 $	**20 920 $**

* Les différents pourcentages sont établis en fonction de l'expérience passée, des conditions économiques et du jugement de l'analyste. Il serait également possible de procéder à cette analyse en examinant successivement chaque débiteur et en établissant une probabilité de non-recouvrement pour chacun.

Total des Clients au 31 décembre 2011	=	121 000 $
Total de la Provision pour créances douteuses	=	520 $ + 1 050 $ + 6 150 $ + 13 200 $ = 20 920 $
Valeur recouvrable au 31 décembre 2011	=	121 000 $ – 20 920 $ = 100 080 $

Dans l'état de la situation financière de Calitor, le poste Clients indiquera un montant de 100 080 $ et le compte de résultat présentera une charge de 20 920 $ au poste Créances douteuses.

Exemple 3

Évaluation de la provision pour créances douteuses au moyen d'un pourcentage de perte probable

La société Miroir évalue ses créances douteuses en fonction de son expérience passée : la direction estime que la provision pour créances douteuses devrait correspondre à 5 % des ventes à crédit de l'exercice.

Les ventes à crédit de l'exercice 2011 se sont élevées à 2 000 000 $.

La provision pour l'exercice 2011 s'élève donc à 100 000 $ (2 000 000 $ × 5 %).

Le solde de la provision pour créances douteuses, avant l'ajustement de 2011, était de 28 000 $.

Puisque le solde de la provision pour créances douteuses était déjà à 28 000 $, il faut ajuster cette somme pour qu'elle soit égale au montant estimé à la fin de l'exercice 2011, soit 100 000 $.

La provision sera ajustée de 72 000 $ (la différence entre les 100 000 $ estimés à la fin de 2011 et les 28 000 $ déjà inscrits), et une charge de créances douteuses de 72 000 $ sera inscrite dans le compte de résultat.

La gestion des créances

Plusieurs entreprises qui effectuent des ventes à crédit reçoivent l'argent de leurs clients (débiteurs) par la poste sous forme de chèques ou par Internet (système d'échange électronique de données). Comme nous l'avons vu précédemment à propos de la trésorerie, certaines mesures de contrôle interne devraient être mises en place afin de minimiser les risques d'erreur et de fraude. Dans un premier temps, il faut éviter que la personne chargée d'ouvrir le courrier ou ayant accès aux données relatives aux entrées de fonds dans le système inscrive les montants dans les registres comptables et s'occupe des dépôts à la banque, sans quoi cette personne pourrait en profiter pour encaisser personnellement le chèque d'un client et effacer la créance des registres comptables.

illustration 4.3 Les comptes clients et les autres débiteurs de Thomson Reuters Corporation au 31 décembre 2010

NOTE 13 : COMPTES CLIENTS ET AUTRES DÉBITEURS

	31 décembre	
	2010	2009
Comptes clients	**1 893**	1 854
Moins : compte de correction de valeur pour créances douteuses	**(39)**	(38)
Moins : compte de correction de valeur pour ajustements des ventes	**(95)**	(97)
Comptes clients, montant net	**1 759**	1 719
Autres débiteurs	**50**	23
Comptes clients et autres débiteurs	**1 809**	1 742

Le tableau qui suit indique l'ancienneté des comptes clients bruts à la date de clôture.

	31 décembre	
	2010	2009
À jour	**1 410**	1 322
En souffrance depuis 0 à 30 jours	**152**	183
En souffrance depuis 31 à 60 jours	**160**	170
En souffrance depuis 61 à 90 jours	**42**	50
En souffrance depuis plus de 91 jours	**129**	129
Solde au 31 décembre	**1 893**	1 854

Thomson Reuters Corporation donne des informations additionnelles sur ses comptes clients et autres débiteurs à la note 13. Cette société utilise le terme « compte de correction de valeur pour créances douteuses » pour enregistrer la dépréciation de ses comptes clients liée au risque de non-recouvrement de certaines créances. Un compte de correction séparé est utilisé pour des ajustements aux ventes. De plus, Thomson Reuters Corporation présente l'ancienneté de ses comptes, permettant d'identifier les montants en souffrance.

C Les stocks

Les stocks d'une entreprise sont des actifs corporels destinés à la revente ou utilisés pour produire les biens qui seront vendus. Les états financiers des entreprises commerciales et industrielles présentent généralement un poste Stocks, puisqu'elles vendent des biens qui doivent d'abord être achetés ou fabriqués.

Les stocks constituent un élément déterminant dans la gestion financière d'une entreprise. Les gestionnaires investissent des sommes importantes pour acheter des marchandises destinées à la revente, car c'est avec ces marchandises qu'ils réalisent des bénéfices. Ils doivent s'assurer d'un approvisionnement de bonne qualité et à un coût d'achat intéressant, ainsi que d'une rotation des stocks suffisante pour permettre le renouvellement des marchandises avant qu'elles ne deviennent obsolètes.

Au moment de leur acquisition, les stocks sont considérés comme un actif courant puisqu'ils constituent un bien en attente d'être vendu (et donc un avantage économique futur pour l'entité). Une fois le bien vendu, on réduit le poste Stocks dans l'état de la situation financière, et on inscrit une charge équivalente au poste Coût des ventes (CV) au compte de résultat.

Exemple 4

Vente d'un élément en stock

La société Caplex achète au coût de 100 $ un produit destiné à la vente. Une semaine plus tard, elle le vend 150 $.

(1) État de la situation financière			(2) Compte de résultat	
Achat de marchandises				
			Ventes	150 $
Stocks	100 $	→	Moins : Coût des ventes	– 100 $
			Marge brute	50 $

Au moment de l'achat		À la vente	
ACTIF COURANT		ACTIF COURANT	Charges
Trésorerie	Stocks	Stocks	CV
– 100 $	+ 100 $	– 100 $	+ 100 $

Comme on le voit dans le tableau ci-dessus, les marchandises destinées à la vente sont d'abord inscrites dans l'état de la situation financière (1). Au moment de la vente, elles deviennent une charge inscrite au compte de résultat (2), soit le coût des ventes, qui permet de dégager la marge brute. À la fin de l'exercice, il importe de déterminer le montant des marchandises en stock de même que le coût total des ventes (ou coût total des marchandises vendues) pendant l'exercice.

La détermination du nombre d'articles en stock

Pour évaluer les stocks, il faut d'abord procéder au dénombrement physique des articles encore détenus par l'entreprise, de façon à déterminer la quantité de biens en stock à la fin de l'exercice. Ce dénombrement permet de valider les quantités inscrites dans les registres comptables et d'ajuster les soldes en cas de vol, de perte ou de bris de marchandise. Il existe deux grandes méthodes de comptabilisation des stocks : l'inventaire périodique et l'inventaire permanent.

La *méthode de l'inventaire périodique* ne permet pas, en cours d'exercice, de tenir à jour l'inventaire des marchandises dans les registres comptables. Une entreprise qui utilise cette méthode n'est pas capable de déterminer, à partir de ses registres comptables et en cours d'exercice, la quantité de marchandises qu'elle possède. Pour le savoir, elle doit toujours effectuer un dénombrement. En termes d'écritures comptables, cela signifie que chaque achat de marchandises est inscrit au poste Achat de marchandises dans le compte de résultat (et non dans le compte de Stocks de l'état de la situation financière). Lors du dénombrement physique, on détermine, d'une part, le stock à la fin de l'exercice (le nombre d'articles en stock multiplié par le coût d'achat) et, d'autre part, et par conséquent, le coût des ventes. Voici l'équation utilisée :

Stocks au début de l'exercice	**+**	**Achats de marchandises pendant l'exercice**	**–**	**Stocks à la fin de l'exercice**	**=**	**Coût des ventes (CV)**
↓				↓		↓
État de la situation financière au début de l'exercice 2011				État de la situation financière à la fin de l'exercice 2011		Charge de l'exercice 2011

Selon cette méthode, le poste Stocks de marchandises figurant aux registres comptables au cours d'un exercice représente toujours le solde des stocks au début de l'exercice (ou à la fin de l'exercice précédent). La charge correspondant au coût des ventes n'est connue qu'au moment du dénombrement physique. Bien que cette méthode demande peu d'enregistrements comptables, elle comporte de grandes lacunes en matière de gestion des stocks. En effet, en théorie, elle ne permet pas aux gestionnaires de prévoir les ruptures de stock ou les situations de surplus. La baisse du prix des systèmes d'information automatisés et les nouveaux logiciels de gestion des stocks en temps réel rendent la méthode de l'inventaire périodique moins attrayante pour les entreprises dont les stocks sont d'un volume important et de nature variée. Les systèmes comptables informatisés permettent, notamment, de produire automatiquement des bons de commande pour les articles dont la quantité en stock atteint un seuil critique et d'éviter ainsi les ruptures de stock.

Avec la *méthode de l'inventaire permanent*, l'information sur les articles en stock est constamment mise à jour. Chaque fois qu'une entreprise achète des marchandises destinées à la vente, le poste Stocks de marchandises (le nombre d'articles multiplié par le coût d'achat) augmente. Inversement, à chaque fois que ces marchandises sont vendues, le poste Stocks diminue et le poste Coût des ventes augmente du même montant (comme nous l'avons illustré dans l'exemple 4).

Si, comparée à la méthode de l'inventaire périodique, la méthode de l'inventaire permanent permet un meilleur suivi des stocks, elle exige beaucoup plus d'enregistrements comptables. De plus, à la fin de l'exercice, il faut malgré tout effectuer un dénombrement physique des marchandises pour s'assurer que le solde inscrit correspond bien au solde réel, ce qui est rarement le cas, compte tenu des bris, des pertes et des vols.

La détermination du coût des stocks

Une fois le dénombrement physique terminé, il faut déterminer le coût auquel les éléments en stock seront comptabilisés. Le coût d'acquisition des stocks (c'est-à-dire le coût des matières premières pour une entreprise industrielle ou le coût d'acquisition des marchandises destinées à la vente pour une entreprise commerciale) comprend le prix d'achat, les droits de douane et autres taxes (autres que les taxes ultérieurement récupérables par l'entité auprès des administrations fiscales), ainsi que les frais de transport, de manutention et autres coûts directement attribuables à l'acquisition des produits finis et des matières premières. Les rabais commerciaux, remises et autres éléments similaires sont déduits pour déterminer le coût d'acquisition.

Pour les achats de marchandises, il est plus que probable que le coût d'acquisition des différents articles ait varié d'une fois à l'autre. Dès lors, comment faire pour déterminer le coût des produits en magasin à la fin de l'exercice ? Il existe trois grandes méthodes comptables pour déterminer le coût des stocks :

- la méthode du coût propre (coût d'achat réel) ;
- la méthode du coût moyen pondéré ;
- la méthode du premier entré, premier sorti (PEPS).

Lorsqu'on choisit une méthode, il faut d'abord déterminer si le stock est constitué d'éléments fongibles (c'est-à-dire interchangeables) ou non fongibles. Si chaque élément du stock peut être identifié de manière précise (non fongible), on utilise la méthode du coût propre. Sinon, on peut recourir aux deux autres méthodes.

L'entreprise doit choisir la méthode de détermination du coût qui reflète le mieux sa conception de l'évolution des coûts de ses marchandises. Elle doit utiliser la même méthode pour tous les stocks de même nature et dont l'usage est similaire. Lorsqu'elle a déterminé la méthode qui lui convient le mieux, elle doit l'indiquer dans ses notes aux états financiers et la conserver d'un exercice à l'autre tant que les circonstances sont similaires. Par exemple, lorsqu'une entreprise acquiert une autre société qui utilisait une méthode différente, elle doit modifier l'une ou l'autre des méthodes de façon à utiliser la même pour évaluer l'ensemble des stocks de même nature.

À l'aide d'un exemple simple, analysons chacune des méthodes de détermination du coût.

Exemple 5

Méthodes de détermination du coût des stocks

Société Lévis	Nombre d'unités	Coût unitaire	Total
Stocks au début de l'exercice	0	0	0
Plus : Achats – 1er février	2	3 $	6 $
– 31 mai	4	4 $	16 $
– 15 septembre	5	3 $	15 $
– 30 novembre	2	5 $	10 $
Unités destinées à la vente	13		47 $
Moins : Unités vendues en décembre	10		
Unités en stock au 31 décembre (à la fin de l'exercice)	3		

1. *La méthode du coût propre* consiste à associer leur coût d'achat réel aux articles en stock et aux marchandises vendues. On peut l'utiliser lorsque les articles sont identifiables de manière précise (non fongibles), que ce soit par un numéro de série ou autrement.

   Dans notre exemple, il reste trois unités en stock. Celles-ci doivent être rattachées à leur date d'achat. Supposons que deux des unités restantes ont été achetées le 15 septembre, et la troisième, le 30 novembre. Dans ce cas, le coût des stocks au 31 décembre est le suivant :

$$(2 \times 3\ \$) + (1 \times 5\ \$) = 11\ \$$$

2. *La méthode du coût moyen pondéré* consiste à attribuer un coût moyen pondéré à chaque article en stock (ou vendu). Il existe différentes méthodes pour établir un coût moyen (moyenne simple, moyenne mobile, etc.).

$$\text{Coût unitaire moyen} = \frac{\text{Coût des unités destinées à la vente}}{\text{Nombre d'unités destinées à la vente}} = \frac{47\ \$}{13\ \text{unités}}$$

Ici, le coût total des unités destinées à la vente est de 47 $, et 13 unités sont destinées à la vente. Le coût unitaire moyen est de 3,62 $. Dans ce cas, le coût des stocks au 31 décembre est le suivant :

$$3 \times 3{,}62\ \$ = 10{,}86\ \$$$

3. *La méthode du premier entré, premier sorti (PEPS)* consiste à attribuer les derniers coûts d'achat aux articles en stock à la fin de l'exercice. On considère donc que le stock à la fin de l'exercice contient les plus récents achats de l'exercice, même si, dans les faits, on ne vend pas nécessairement les articles dans l'ordre où ils ont été achetés. C'est dire que l'on souhaite que l'état de la situation financière reflète la valeur la plus récente.

   Dans notre exemple, il reste trois unités à la fin de l'exercice : deux unités du lot acheté le 30 novembre à un prix unitaire de 5 $ et une unité du lot acheté le 15 septembre à un prix de 3 $. Dans ce cas, le coût des stocks au 31 décembre est le suivant :

$$(2 \times 5\ \$) + (1 \times 3\ \$) = 13\ \$$$

Après avoir appliqué les trois méthodes de détermination du coût des stocks à notre exemple, on remarque que le montant comptabilisé au poste Stocks de l'état de la situation financière varie selon la méthode choisie. Comme nous l'avons indiqué dans la section portant sur la détermination du nombre d'articles en stock, le coût des ventes est égal aux stocks détenus au début de l'exercice, plus les achats effectués au cours de la période, moins les stocks détenus à la fin de l'exercice. Le montant du poste Coût des ventes figurant au compte de résultat différera donc, tout comme le montant du poste Stocks, en fonction de la méthode retenue. Le choix de la méthode est important, puisqu'elle a un impact direct sur le résultat net de l'exercice.

La valeur nette de réalisation des stocks

Une entreprise ne peut recouvrer le coût de ses stocks que si le prix de vente normal est supérieur à son coût d'acquisition ou de transformation. Lorsque la marchandise a été endommagée ou est devenue obsolète, ou encore lorsque son prix de vente a subi une baisse, l'entreprise peut se trouver dans l'impossibilité de recouvrer les coûts qu'elle a engagés. C'est pourquoi les stocks doivent être évalués au moindre du coût et de la valeur nette de réalisation (égale au prix de vente estimé dans le cours normal de l'activité, moins les frais estimés pour l'achèvement et pour réaliser la vente). On doit donc constater une perte dès qu'elle est probable et qu'elle peut faire l'objet d'une estimation raisonnable. Si des circonstances (concurrence, récession, changement de la mode, etc.) font tomber la valeur des stocks au-dessous de leur coût d'acquisition, il faut diminuer le montant des stocks pour refléter cette perte. On présume que si la « valeur de marché » est inférieure au coût, on ne pourra pas vendre l'article à un prix supérieur à la valeur de marché en question. La perte probable (égale à la différence entre le coût et la valeur nette de réalisation) doit être imputée aux résultats de l'exercice où elle survient.

La pratique consistant à déprécier les stocks au-dessous du coût pour les ramener à leur valeur nette de réalisation est cohérente avec le principe selon lequel les actifs ne doivent pas être comptabilisés à un montant supérieur à celui qu'on s'attend à obtenir de leur vente ou de leur utilisation. Autrement dit, les stocks ne peuvent être présentés à un montant supérieur à l'avantage économique qu'on peut en tirer.

Si la valeur d'un stock est diminuée à la valeur nette de réalisation, on dira que ce stock est déprécié, et une charge correspondant à cette dépréciation sera inscrite au compte de résultat. Si un stock déjà déprécié voit sa valeur augmenter, cette dépréciation doit être annulée.

Pour compléter l'analyse du poste Stocks de marchandises, mentionnons que, pour une entreprise commerciale vendant un bien à l'état fini, le seul stock présenté dans l'état de la situation financière est le stock de marchandises. En revanche, pour les entreprises industrielles, l'état de la situation financière présente d'autres catégories de stocks :

- le stock de matières premières, c'est-à-dire les matières premières et les matériaux à l'état brut entrant dans la fabrication des produits qui seront destinés à la vente ;
- le stock de produits en cours, c'est-à-dire les produits en cours de fabrication que l'entreprise industrielle possède à la fin de l'exercice (par exemple, dans le cas d'une entreprise qui fabrique des jouets, les jouets inachevés) ;
- le stock de « produits finis », c'est-à-dire les marchandises terminées et prêtes à être vendues à la fin de l'exercice.

De plus, les entreprises industrielles doivent calculer un coût de fabrication, également appelé « coût de transformation », qui comprend les coûts directement liés aux unités produites. En général, ces coûts se répartissent dans les trois catégories suivantes :

- le coût des matières premières utilisées ;
- le coût de main-d'œuvre directe ;
- les frais généraux de production.

À titre d'exemple, prenons une table. Son coût de fabrication sera composé du coût d'acquisition du bois et du coût de la main-d'œuvre affectée à la fabrication des tables, ainsi que des frais généraux de production engagés pour transformer les matières premières en produits finis. Ainsi, pour fabriquer des tables, une entreprise a besoin d'un bâtiment, d'équipements et d'électricité, pour ne nommer que quelques éléments. Elle doit donc inclure dans son coût de production des tables le coût d'utilisation d'une partie du bâtiment et tous les autres frais engagés pour la production des tables.

Thomson Reuters Corporation explique le poste Charges payées d'avance et autres actifs courants à la note 14 de ses états financiers. Fait particulier, étant donné que les stocks représentent un faible montant (ce qui est normal compte tenu de l'activité de la société), ils sont inclus dans le poste Autres actifs courants.

D Les autres actifs courants

Le poste Autres actifs courants regroupe fréquemment les charges payées d'avance (ou frais payés d'avance, ou encore services à recevoir), qui représentent les montants versés par l'entreprise en vue d'obtenir des services futurs. Par exemple, il peut s'agir de la prime d'assurance payée pour l'exercice suivant la date de l'état de la situation financière ou des sommes déboursées à la signature d'un contrat d'entretien visant une période ultérieure à la date de l'état de la situation financière. Lorsque l'entreprise recevra ou consommera le service comptabilisé dans l'état de la situation financière, elle l'en éliminera et le reportera sous forme de charges au compte de résultat.

illustration 4.4 Les charges payées d'avance et les autres actifs courants de Thomson Reuters Corporation au 31 décembre 2010

NOTE 14 : CHARGES PAYÉES D'AVANCE ET AUTRES ACTIFS COURANTS

	31 décembre	
	2010	2009
Stocks	**86**	79
Charges payées d'avance	**434**	371
Autres actifs courants	**392**	284
Charges payées d'avance et autres actifs courants	**912**	734

Les autres actifs courants sont principalement constitués de débiteurs liés à l'impôt sur le résultat exigible, aux taxes sur la valeur ajoutée et à d'autres taxes à la consommation.

4.2.2 L'actif non courant

Les éléments de l'actif non courant sont classés selon leur nature. On distingue les placements, les immobilisations corporelles, les immobilisations incorporelles et le goodwill.

A Les placements

Les placements désignent des actifs qui proviennent du fait que l'entreprise a affecté des sommes d'argent à l'achat de valeurs mobilières ou immobilières. Ces placements peuvent relever de différentes catégories :

- les placements en actions et en obligations, détenus dans le but de dégager un revenu comme des intérêts ou des dividendes, ou de générer des revenus de placements comme des gains en capital ;
- les placements en actions, acquis en vue de créer une relation d'affaires avec l'entreprise acquise ;
- les immeubles de placement détenus pour en tirer des loyers, valoriser le capital ou pour ces deux raisons ;
- les instruments financiers dérivés.

Au moment de l'acquisition de placements, la direction de l'entreprise doit décider de son intention à l'égard de ces placements.

A.1 Les placements détenus dans le but de dégager un revenu d'intérêt ou de dividendes, ou des gains en capital

La première catégorie, également appelée « placements de portefeuille », correspond à l'acquisition de placements uniquement à des fins de rendement (sans établissement de relation d'affaires). En termes comptables, de tels placements sont désignés comme des actifs financiers. Ils sont acquis au moyen d'excédents de fonds en vue de maximiser le rendement des ressources. Les normes comptables exigent que les entreprises déterminent, dès l'achat d'un tel placement, la catégorie dans laquelle il sera classé (voir le **tableau 4.3**). C'est l'intention quant à l'utilisation du placement et sa nature qui déterminent la catégorie et, par conséquent, la manière dont il sera présenté dans l'état de la situation financière ainsi que l'effet qu'il aura sur les résultats (résultat net ou résultat global). On retrouve les trois catégories de placements suivantes :

- les placements détenus jusqu'à échéance ;
- les placements détenus à des fins de transaction[2] ;
- les placements disponibles à la vente.

Ces placements peuvent tous être classés soit dans l'actif courant, soit dans l'actif non courant, en fonction de la date à laquelle l'entreprise a l'intention de s'en séparer.

---

2. Cette catégorie fait partie d'une catégorie plus large appelée « actifs financiers à la juste valeur par le biais du résultat net » qui comprend, outre les placements détenus à des fins de transactions, les actifs désignés par l'entreprise, lors de leur comptabilisation initiale, comme des actifs financiers à la juste valeur par le biais du résultat net.

tableau 4.3 Catégories de placements désignés comme des actifs financiers

Dénomination	Placements détenus jusqu'à échéance	Placements détenus à des fins de transaction	Placements disponibles à la vente
Nature du placement	■ Placements comportant une date d'échéance déterminée et que l'entreprise a l'intention et la capacité de conserver jusqu'à leur échéance[3].	■ Placements en actions ou en obligations acquis en vue d'une revente à court terme. Ces placements font partie d'un portefeuille de placements comportant des prises de bénéfices à court terme.	■ Placements en actions ou en obligations qui ne peuvent être classés dans les deux premières catégories, de même que les placements dont on ne peut déterminer la juste valeur avec une certitude suffisante.
Évaluation	■ Initialement, ces placements sont comptabilisés à leur juste valeur (généralement égale au coût d'acquisition). ■ Par la suite, ces placements doivent être évalués au coût amorti selon la méthode du taux effectif. De plus, si la valeur comptable de tels placements connaît une baisse de valeur durable, la moins-value aura alors un effet sur le résultat net (au compte de résultat).	■ Initialement, ces placements sont comptabilisés à leur juste valeur (généralement égale au coût d'acquisition). ■ Par la suite, la valeur de ces placements sera constamment ajustée pour refléter leur juste valeur à la date des états financiers. Les variations de la juste valeur apparaîtront dans le résultat net (au compte de résultat).	■ Initialement, ces placements sont comptabilisés à leur juste valeur (généralement égale au coût d'acquisition). ■ Par la suite, la valeur de ces placements sera constamment ajustée pour refléter leur juste valeur à la date des états financiers. Toutefois, contrairement au cas des placements détenus à des fins de transaction, les variations de la juste valeur apparaîtront ici dans le résultat global (autres éléments du résultat global). Quant aux baisses durables de la juste valeur, elles apparaîtront dans le résultat net (au compte de résultat).

3. Dans cette catégorie, on ne trouve que des titres de dettes (autrement dit, pas d'actions).

Voyons plus en détail ces types de placements, à l'aide d'exemples.

Exemple 6

Placement détenu jusqu'à échéance

Un placement détenu jusqu'à échéance est un actif financier, assorti de paiements fixes ou déterminables et d'une échéance fixe, que l'entité a l'intention manifeste et la capacité de conserver jusqu'à son échéance. Par exemple, la société Alpha achète une obligation de la société Bêta pour une somme de 20 000 $. En vertu de cette obligation, la société Bêta s'engage à verser 8 % d'intérêt annuellement et à rembourser le capital à la fin de la cinquième année. La société Alpha a l'intention et la capacité de conserver ce placement. Alpha aura donc un poste Placements détenus jusqu'à échéance, évalué au coût (qui sera présenté dans les actifs non courants durant quatre ans et dans l'actif courant la cinquième année).

Exemple 7

Placement détenu à des fins de transaction

Un placement détenu à des fins de transaction[4] est un actif financier (faisant partie d'un portefeuille de titres) acquis en vue d'être vendu ou racheté dans un proche avenir. Par exemple, la société Hexagone investit ses surplus de liquidités dans un portefeuille d'actions de sociétés cotées en vue d'une prise de bénéfices à court terme. Le coût d'acquisition de ce portefeuille, obtenu en 2011, est de 250 000 $. Hexagone a acquis ces placements avec l'intention de les revendre à court terme. À la fin de l'exercice d'Hexagone, le 31 décembre 2011, la juste valeur de ces placements est de 200 000 $. À cette date, Hexagone devra soustraire 50 000 $ de son poste Placements détenus à des fins de transaction, afin de présenter son portefeuille de placements à sa juste valeur de 200 000 $, et inscrire dans le compte de résultat une charge de 50 000 $ reflétant cette moins-value. En revanche, si la juste valeur du portefeuille avait été de 280 000 $ à la date de fin d'exercice, Hexagone aurait présenté dans l'état de la situation financière ses placements à 280 000 $ et inscrit, dans son calcul du résultat net, un gain de 30 000 $. Dans cet exemple, les placements seraient présentés dans l'actif courant. Cependant, si l'entreprise n'avait pas l'intention de liquider à court terme son portefeuille de placements (même si elle compte vendre à court terme certains titres pour les remplacer par d'autres), ces placements auraient été classés dans l'actif non courant.

4. Certaines sociétés nomment ce type de placement « actif financier à la juste valeur par le biais du compte de résultat » (voir la note 3).

Exemple 8

Placement disponible à la vente

Un placement disponible à la vente est comptabilisé à sa juste valeur à l'acquisition et est ajusté au gré des variations de sa juste valeur. De plus, il requiert un poste particulier dans le résultat global, qu'on intitule, par exemple, « Pertes ou gains latents sur placements disponibles à la vente ». Le montant du poste augmente en cas de hausse de la juste valeur et diminue en cas de baisse de celle-ci. Par exemple, la société Hexagone investit dans des actions de la société Technologies IMB pour un montant de 40 000 $. Hexagone n'a pas fait cet investissement dans l'intention d'établir une relation d'affaires avec Technologies IMB, mais plutôt en vue d'obtenir un rendement sur son investissement d'ici deux à trois ans. À la fin de l'exercice d'Hexagone, le 31 décembre 2011, la juste valeur de ce placement est de 44 000 $. À la date de fin d'exercice, Hexagone devra augmenter son poste Placements disponibles à la vente de l'actif non courant de 4 000 $ pour présenter son placement à sa juste valeur de 44 000 $. Elle devra, en outre, inscrire la plus-value de 4 000 $ dans le résultat global au poste Gain latent sur placements disponibles à la vente, après le calcul du résultat net. En revanche, si la juste valeur du placement avait été de 35 000 $ à la date de fin d'exercice, Hexagone aurait présenté son placement à 35 000 $ dans l'état de la situation financière et, dans le résultat global, le poste Perte latente sur placements disponibles à la vente ferait état d'un montant de 5 000 $.

A.2 Les placements acquis pour établir une relation d'affaires

Les placements acquis en vue d'établir une relation d'affaires ne sont pas considérés comme des placements disponibles à la vente. Ces placements sont comptabilisés, au moment de l'acquisition, au coût d'acquisition. Par la suite, en fonction du lien qui unit les entités, on doit utiliser une des méthodes de comptabilisation reconnues. Le lien qui unit les entités est déterminé par la nature de la participation de l'entité qui a fait l'acquisition du placement (société mère) dans l'autre entité. Cette autre entité est soit une filiale, soit une coentreprise, soit une entreprise associée[5].

Examinons brièvement chacune de ces catégories de participation (pour plus de détails, voir le chapitre 7).

- Une filiale est une entité contrôlée par une autre entité (appelée la société mère). Habituellement, la société mère doit acquérir plus de 50 % des actions avec droit de vote de l'entité pour que cette dernière soit considérée comme une filiale. De façon générale, une société en contrôle une autre lorsqu'elle a le pouvoir d'en diriger les politiques financières et opérationnelles afin d'obtenir des avantages de ses activités. Autrement dit, elle a le pouvoir de définir, de manière durable et sans le concours de tiers, les politiques stratégiques en matière d'exploitation,

5. Le cas des filiales est traité dans la norme IFRS 3 – Regroupements d'entreprises, celui des coentreprises dans la norme IAS 31 – Participation dans des coentreprises, et celui des entreprises associées dans la norme IAS 28 – Participations dans des entreprises associées.

d'investissement et de financement. Elle a ainsi le droit et la capacité d'en retirer des avantages économiques futurs et assume les risques s'y rattachant.

Dans le cas d'une filiale, le principe fondamental de la comptabilisation est que tous les actifs et les passifs de la filiale sont ajoutés à ceux de la société mère pour obtenir des états financiers dits consolidés.

- Dans le cas d'une coentreprise, le contrôle est partagé, en vertu d'un accord contractuel, entre plusieurs coentrepreneurs, ce qui veut dire qu'aucune entité ne détient seule le contrôle de l'entité ainsi créée. Le contrôle est dit commun ou conjoint et n'existe que lorsque les décisions stratégiques financières et opérationnelles correspondant à l'activité imposent le consentement unanime des parties partageant le contrôle (les coentrepreneurs).

Dans cette situation, la méthode de comptabilisation est soit la consolidation dite proportionnelle, soit la méthode de la mise en équivalence (expliquée plus en détail au chapitre 7). Dans la méthode de la consolidation proportionnelle, on cumule poste à poste les états financiers de la société mère et une quote-part (proportion) des états financiers de la coentreprise.

- Une entreprise associée est une entité dans laquelle la société qui investit exerce une influence notable. Une entreprise a une influence notable lorsqu'elle a le pouvoir de participer aux décisions de politique financière et opérationnelle de l'entreprise détenue, sans toutefois exercer un contrôle ou un contrôle conjoint sur ces politiques. La société qui investit dans une entreprise associée détient un bloc important d'actions avec droit de vote (habituellement entre 20 % et 50 %), mais sans dépasser le seuil du 50 %, auquel cas le placement devient un investissement dans une filiale.

Dans le cas d'une entreprise associée, la société qui investit comptabilise le placement dans l'entreprise associée selon la méthode de la mise en équivalence (expliquée plus en détail au chapitre 7).

A.3 Les placements dans des immeubles de placement

Un immeuble de placement[6] est un bien immobilier détenu par l'entreprise soit pour en retirer des loyers, soit pour valoriser le capital, soit pour ces deux raisons; celle-ci ne l'utilise ni dans la production ou la fourniture de biens ou de services, ni à des fins administratives, ni pour le vendre dans le cadre de son activité ordinaire.

Lors de son acquisition, ce type de placements est comptabilisé à son coût d'acquisition, qui représente alors sa juste valeur. Par la suite, l'entreprise doit choisir la méthode comptable pour mesurer ces placements: soit elle les comptabilisera à leur coût, coût qu'elle amortira sur leur durée d'utilité (voir la notion d'amortissement dans la section

6. Norme IAS 40: Immeubles de placement

sur les immobilisations corporelles), soit elle les évaluera à leur juste valeur et constatera toute variation de la juste valeur dans le compte de résultat comme composante du résultat net.

A.4 Les instruments financiers dérivés

De façon générale, un instrument financier dérivé est un instrument qui voit sa valeur fluctuer en fonction d'un référentiel, tel que le prix d'un titre, le prix d'une marchandise, un taux d'intérêt ou un taux de change. Il existe de nombreux instruments dérivés, dont les plus élémentaires sont les options, les contrats à terme et les swaps.

Une *option* consiste en un droit d'effectuer, sans être obligé à le faire, une opération comme l'achat ou la vente d'un bien, à un prix prédéterminé et avant une date donnée. Prenons l'exemple d'une entreprise qui fabrique des préparations à base de flocons de céréales et pour laquelle le blé est une matière première. Compte tenu de l'instabilité du prix de ce produit indispensable, elle décide de prendre une option dite standardisée, à un coût négociable sur un marché organisé, en vue d'acheter un volume prédéterminé de blé à un prix établi à l'avance, par exemple 150 $, avant une date donnée. Si le prix du blé dépasse 150 $, c'est-à-dire le prix convenu, la société aura avantage à se prévaloir de l'entente et à payer son blé 150 $ plutôt qu'un prix plus élevé. En revanche, si le prix du blé est inférieur à 150 $, elle paiera son blé au prix courant, et l'option standardisée qu'elle avait prise ne lui rapportera aucun avantage.

Un *contrat à terme* se distingue de l'option standardisée en ce que l'opération dont il fait l'objet est obligatoire. Ainsi, pour reprendre l'exemple précédent, la société serait obligée de payer 150 $, quelle que soit la valeur de marché du blé. Même si le prix du blé était de 140 $, elle devrait payer 150 $ puisque c'est le prix convenu dans le contrat à terme. Elle subirait alors une perte de 10 $.

Quant au *swap,* il s'agit d'une opération en vertu de laquelle deux parties conviennent d'échanger des flux monétaires selon des modalités prédéterminées. Par exemple, une société A, qui a une dette sur laquelle elle s'est engagée à payer un taux d'intérêt fixe de 8 %, pourrait vouloir échanger le paiement de cet intérêt avec une autre société B qui, elle, a une dette sur laquelle elle paie un intérêt variable, correspondant au taux de base du Canada plus 1 %. Les deux sociétés demeurent responsables de leurs dettes respectives. Cependant, si le taux de base se situe à 6 %, la société A tirera un avantage du contrat de swap qu'elle a passé puisqu'elle paiera 7 % (6 % + 1 %) au lieu de 8 %. De son côté, la société B se trouvera désavantagée puisqu'elle devra payer 8 % plutôt que 7 %, comme le stipulait initialement son contrat d'emprunt.

La comptabilisation de tous les instruments dérivés doit se faire à leur juste valeur, sans tenir compte de leur nature et de leurs objectifs. La valeur à la cote d'un titre sur un marché actif constitue la juste valeur. Lorsque l'instrument financier ne se négocie pas sur un marché actif, on estime la juste valeur à partir de modèles financiers (qui peuvent être très complexes). Les variations de valeur apparaissent alors au résultat net (de la même manière que dans le cas des placements détenus à des fins de transaction).

Soulignons que certains instruments dérivés sont parfois qualifiés d'instruments de couverture. Cette expression s'applique dans le cas où une entreprise achète des instruments financiers dérivés pour réduire ou compenser les risques financiers auxquels elle est exposée. Les instruments de couverture sont également présentés à leur juste valeur.

B Les immobilisations corporelles

Les immobilisations corporelles[7] se composent de tous les biens matériels qui ont une existence physique, qui ont fait l'objet d'un investissement et qui sont nécessaires à l'exploitation à long terme. Autrement dit, l'entité les détient soit pour les utiliser dans la production ou la fourniture de biens ou de services, soit à des fins administratives. Appelées aussi « biens corporels », ces immobilisations comprennent les éléments suivants :

- les terrains et les bâtiments où sont situées les installations : bureaux, entrepôt, usine, stationnement, etc. ;
- les véhicules motorisés (matériel roulant) ;
- le mobilier, les machines et le matériel utilisés pour l'administration, la vente, la fabrication, etc. ;
- le matériel informatique, tels les ordinateurs, les logiciels, les serveurs, etc. ;
- les outils employés pour l'entretien et la réparation des immobilisations ou pour leur fabrication ;
- les aménagements ou « améliorations locatives » effectués par l'entreprise dans le but d'améliorer des locaux situés dans un bâtiment dont elle n'est pas propriétaire, et qui demeureront en place à la fin du bail ;
- les biens loués en vertu de contrats de location-financement (voir le chapitre 7) ;
- les biens sujets à épuisement que sont les ressources naturelles (forêts, gisements miniers ou pétrolifères, etc.).

Il est impossible d'établir une liste exhaustive des immobilisations corporelles, car le type d'immobilisations que possède une entreprise dépend de la nature de ses activités. Il importe de comprendre que le bien est classé en fonction de son utilisation par l'entreprise. Par exemple, un ordinateur fera partie des stocks de marchandises dans une entreprise dont l'objectif commercial est de vendre du matériel informatique, alors qu'il sera considéré comme une immobilisation s'il sert à la saisie de données administratives dans une entreprise qui vend des vêtements.

Lors de leur acquisition, les immobilisations sont comptabilisées dans l'état de la situation financière au coût d'acquisition, et ce, par grandes catégories. Ce coût comprend le coût d'achat et tous les frais engagés jusqu'à l'utilisation initiale (par exemple, les frais de livraison ou les frais d'installation et de montage des immobilisations). Lorsque l'entreprise doit engager des frais de décontamination ou de

7. Norme IAS 16 : Immobilisations corporelles

restauration des lieux à la fin de la durée d'utilité d'une immobilisation, elle doit ajouter ces frais, s'ils peuvent être estimés de manière fiable, au coût initial de l'immobilisation. Quand les biens immobilisés sont à durée d'utilité finie (ce qui est le cas de tous les biens énumérés précédemment, à l'exception des terrains, dont la durée d'utilité est illimitée lorsque le sol du terrain n'est pas exploité), il faut répartir le coût de chacun d'eux dans les comptes de résultat des exercices au cours desquels ils servent à générer des produits. Cette répartition comptable du coût d'un actif dans le temps est appelée « amortissement ». L'amortissement des immobilisations découle du principe comptable de rattachement des charges aux produits, selon lequel il faut comptabiliser toutes les charges ayant permis de générer des produits.

L'amortissement et le cumul des amortissements (amortissement cumulé)

Il existe trois modes d'amortissement des immobilisations corporelles :

- le mode linéaire ;
- le mode dégressif à taux constant ;
- le mode des unités de production.

Le mode choisi doit refléter la nature de l'actif et la façon dont l'entreprise l'utilise pour générer des produits. Lorsqu'une entreprise choisit un mode d'amortissement pour une catégorie d'actifs, elle ne peut en changer tant que les circonstances entourant l'utilisation de ceux-ci demeurent les mêmes. Il importe de noter que le choix du mode d'amortissement influe sur la détermination du résultat net. En effet, pour un actif de même nature, acquis au même coût et au même moment, deux entreprises peuvent choisir des modes ou des durées d'amortissement différents et, conséquemment, inscrire une charge différente dans le compte de résultat.

Le montant amortissable d'un actif corporel est le coût d'acquisition de l'actif diminué de sa valeur résiduelle, laquelle représente le montant estimé qu'une entité obtiendrait actuellement de la sortie de l'actif, après déduction des coûts de sortie estimés, si l'actif avait déjà l'âge et se trouvait déjà dans l'état prévu à la fin de sa durée d'utilité. Dans la pratique, la valeur résiduelle d'un actif est souvent négligeable et donc non significative dans le calcul du montant amortissable.

L'amortissement représente la charge annuelle à inscrire dans le compte de résultat pour refléter la portion du montant amortissable de l'actif utilisé pendant l'exercice pour générer des produits.

Le cumul des amortissements est présenté dans l'état de la situation financière : on le déduit du montant du poste d'immobilisations correspondant. Souvent, toutefois, le solde de chaque catégorie d'immobilisations est présenté sous la forme d'un montant net (soit le coût moins l'amortissement cumulé).

Prenons un exemple simple pour illustrer le principe de l'amortissement, d'abord selon le mode linéaire.

Exemple 9

Charge d'amortissement selon le mode linéaire

Le 1er janvier 2011, Carrousel inc. a acheté un camion au coût de 60 000 $ pour le transport de ses marchandises. Le directeur estime qu'il sera utilisé pendant les quatre prochaines années et qu'à l'issue de cette période sa valeur résiduelle sera de 4 000 $.

À la fin de l'exercice, le 31 décembre 2011, le calcul de l'amortissement selon le mode linéaire consiste à répartir le coût uniformément dans le temps en tenant compte de la valeur résiduelle, qui ne doit pas être amortie (c'est-à-dire à répartir le montant amortissable dans le temps). Le calcul est le suivant :

$$\text{Charge d'amortissement annuelle} = \frac{\text{Coût} - \text{Valeur résiduelle}}{\text{Durée d'utilité}} = \frac{60\,000\ \$ - 4\,000\ \$}{4\ \text{ans}} = 14\,000\ \$$$

Présentation dans l'état de la situation financière

Au 31 décembre 2011, la valeur comptable du camion sera inscrite au poste Matériel roulant de l'état de la situation financière et présentée comme suit :

Matériel roulant	60 000 $
Moins : Amortissement cumulé	(14 000 $)
Valeur comptable	46 000 $

Présentation dans le compte de résultat

Dans le compte de résultat, on inscrira au poste Amortissement : Matériel roulant une charge de 14 000 $.

On calcule l'amortissement en tenant compte des mois d'utilisation de l'actif au cours d'un exercice donné. Par exemple, si le camion de la société Carrousel avait été acheté le 1er octobre 2011, le calcul de l'amortissement aurait été le suivant :

$$\frac{(60\,000\ \$ - 4\,000\ \$)}{4\ \text{ans}} = 14\,000\ \$ \times \frac{3\ \text{mois}}{12\ \text{mois}} = 3\,500\ \$$$

Voyons maintenant comment Carrousel présentera le matériel roulant dans son état de la situation financière à la fin du deuxième exercice pendant lequel le camion a été utilisé.

Charge d'amortissement selon le mode linéaire (2e exercice)

Présentation dans l'état de la situation financière

Au 31 décembre 2012, c'est-à-dire à la fin du deuxième exercice, le cumul de l'amortissement sera de 28 000 $ (14 000 $ × 2 ans). La valeur comptable du camion apparaîtra au poste Matériel roulant de l'état de la situation financière et sera présentée comme suit :

Matériel roulant	60 000 $
Moins : Amortissement cumulé	(28 000 $)
Valeur comptable	32 000 $

Présentation dans le compte de résultat

Dans le compte de résultat, on inscrira une charge de 14 000 $ au poste Amortissement : Matériel roulant.

L'état de la situation financière reflète le coût non amorti après le deuxième exercice, alors que le montant de l'amortissement figurant dans le compte de résultat est le même d'un exercice à l'autre, le montant amortissable de l'actif étant ici réparti linéairement dans le temps.

Illustrons maintenant le principe de l'amortissement selon le mode dégressif à taux constant.

Exemple 10

Charge d'amortissement selon le mode dégressif à taux constant

Karufel inc. achète un camion au coût de 60 000 $ le 1er janvier 2011. La direction estime que la valeur résiduelle du camion sera nulle à la fin de la durée d'utilité du camion. La société choisit l'amortissement dégressif à taux constant de 30 %. Au 31 décembre 2011, le calcul est le suivant :

$$\text{Charge d'amortissement annuelle} = \text{Valeur comptable au début de l'exercice (ou coût non amorti)} \times \text{Taux constant} = 60\,000\ \$ \times 30\ \% = 18\,000\ \$$$

Au 31 décembre 2012, le calcul de la charge d'amortissement pour la deuxième année sera le suivant :

$$(60\,000\ \$ - 18\,000\ \$) \times 30\ \% = 12\,600\ \$$$

tableau 4.4 Comparaison de l'amortissement selon les différents modes

			Exercice 1	Exercice 2
Entreprises	**Coût de l'actif**	**Mode d'amortissement**	**Charge d'amortissement dans le compte de résultat net**	**Charge d'amortissement dans le compte de résultat net**
Carrousel	60 000 $	Linéaire	14 000 $	14 000 $
Karufel (1)	60 000 $	Dégressif à taux constant	18 000 $	12 600 $
Karufel (2)	60 000 $	Unité de production	10 000 $	12 000 $

Le **tableau 4.4** montre bien que le mode de l'amortissement dégressif à taux constant implique que le potentiel d'utilisation de l'actif immobilisé est plus élevé au cours de ses premières années et, par conséquent, que le montant de la charge d'amortissement diminue avec le temps.

Exemple 11

Charge d'amortissement selon le mode des unités de production ou d'utilisation

Selon le mode des unités de production ou d'utilisation, Karufel aurait amorti le camion selon le kilométrage estimé. Ainsi, si elle estime que le camion parcourra un total de 300 000 km, elle calculera la charge d'amortissement annuelle en fonction de la distance réellement parcourue au cours de l'année. Si, au cours de la première année, le camion a roulé 50 000 km et, au cours de la deuxième année, 60 000 km, la charge d'amortissement sera de 10 000 $ (60 000 $ × 50 000/300 000) pour la première année et de 12 000 $ pour la deuxième année (60 000 $ × 60 000/300 000).

L'approche par composantes

Les normes internationales exigent que l'entreprise amortisse ses actifs corporels selon l'approche par composantes. Ainsi, lorsqu'une entreprise acquiert une immobilisation dont les composantes importantes ont des durées d'utilité différentes, elle doit scinder le coût d'acquisition de l'immobilisation pour tenir compte de chacune d'elles, puis les amortir selon le mode qui représente le mieux leur utilisation respective. Par exemple, une entreprise qui achète un avion commercial devra amortir les différentes composantes de l'avion, notamment la carlingue, les moteurs et les équipements, selon des durées, des taux ou des modes différents.

Les dépenses en capital et les dépenses d'exploitation

Les entreprises renouvellent constamment leur parc d'immobilisations afin de maintenir leur cadence de production à un niveau constant. Pour les entreprises en expansion, on constate couramment une augmentation du coût des actifs immobilisés d'un exercice à l'autre. Au moment de l'acquisition de nouveaux actifs ou de la réparation des immobilisations actuelles, le gestionnaire doit exercer son jugement pour savoir si les acquisitions ou les réparations sont capitalisables, c'est-à-dire s'il s'agit de dépenses en capital (aussi appelées « dépenses en immobilisations ») ou de dépenses d'exploitation.

Une dépense en capital se traduit par une augmentation de l'actif visé, puisqu'elle augmente généralement la durée d'utilité de cet actif ou sa productivité, et qu'elle sert à générer des produits au cours de plusieurs exercices. Une fois traduite en augmentation de l'actif, on l'appelle « dépense capitalisée » ou encore « dépense immobilisée ». Elle a un impact sur la base du calcul de l'amortissement.

Une dépense d'exploitation liée aux immobilisations n'augmente en rien la durée d'utilité d'un actif ; elle vise plutôt à le réparer ou à le rendre conforme à des normes. Par conséquent, la dépense d'exploitation est traitée comme toutes les charges d'exploitation, et on l'impute entièrement au résultat net au moment où elle est encourue.

Le gestionnaire doit, comme nous l'avons dit, exercer son jugement pour déterminer s'il s'agit d'une dépense en capital ou d'une dépense d'exploitation. Un gestionnaire « partial », désireux d'afficher un résultat élevé à court terme, sera fortement incité à capitaliser ses dépenses en immobilisations puisque l'impact des dépenses sur le résultat net sera réparti dans le temps par l'intermédiaire de l'amortissement. Il est du devoir des gestionnaires et des auditeurs de s'assurer que la substance de ces opérations est respectée. Ainsi, dans certaines sociétés, on adopte des règles internes qui précisent les critères à remplir pour capitaliser une dépense en immobilisations.

Évaluation ultérieure

Comme nous l'avons expliqué, une entreprise comptabilise initialement toutes ses immobilisations corporelles à leur coût d'acquisition. Par la suite, elle doit déterminer la méthode de comptabilisation qu'elle retiendra pour chaque catégorie d'immobilisations. Les normes internationales permettent deux modèles d'évaluation : le modèle du coût et le modèle de la réévaluation (évaluation à la juste valeur). Pour chaque catégorie d'immobilisations, l'entreprise doit faire un choix entre ces deux modèles et s'y tenir, à moins que les circonstances ne justifient un changement.

Le modèle du coût
Selon ce modèle, l'entreprise comptabilise l'immobilisation à son coût d'acquisition, qu'elle amortit par la suite. Le montant présenté dans l'état de la situation financière est le coût restant à amortir.

Le modèle de la réévaluation
Selon ce modèle, une immobilisation corporelle dont la juste valeur peut être évaluée de manière fiable doit être évaluée à son montant réévalué, c'est-à-dire à sa juste valeur à la date de la réévaluation.

Évidemment, la nouvelle valeur doit être justifiée et fondée sur la valeur de réalisation telle que déterminée par des experts indépendants ou à partir de valeurs de remplacement, si elles existent.

La réévaluation doit être appliquée à l'ensemble des biens d'une même catégorie, et non à une immobilisation prise isolément. De plus, cette réévaluation doit être effectuée périodiquement, en fonction de l'importance des fluctuations de valeur, afin que le montant présenté dans l'état de la situation financière ne s'éloigne pas significativement de la juste valeur desdites immobilisations. L'actif réévalué fait l'objet d'un amortissement dans sa totalité. En cas d'augmentation de valeur de l'actif, la charge d'amortissement est par conséquent plus élevée, diminuant ainsi le résultat net. L'augmentation de la valeur de l'actif a sa contrepartie dans les capitaux propres, où elle est présentée séparément.

illustration 4.5 Les immobilisations corporelles de Thomson Reuters Corporation au 31 décembre 2010

NOTE 15 : MATÉRIEL INFORMATIQUE ET AUTRES IMMOBILISATIONS CORPORELLES

Le tableau suivant détaille le matériel informatique et les autres immobilisations corporelles.

	Matériel informatique	Terrains, bâtiments et améliorations	Mobilier, agencements et matériel	Total
Coût				
31 décembre 2008	1 541	982	476	2 999
Ajouts :				
Dépenses d'investissement	353	93	45	491
Acquisitions	2	6	-	8
Cessions	(56)	(8)	(7)	(71)
Différences de conversion et autres éléments, montant net	(7)	48	(3)	38
31 décembre 2009	1 833	1 121	511	3 465
Ajouts :				
Dépenses d'investissement	**348**	**67**	**55**	**470**
Acquisitions	**2**	**2**	**2**	**6**
Cessions	**(79)**	**(6)**	**(24)**	**(109)**
Différences de conversion et autres éléments, montant net	**(3)**	**28**	**(20)**	**5**
31 décembre 2010	**2 101**	**1 212**	**524**	**3 837**
Cumul des amortissements				
31 décembre 2008	(921)	(262)	(260)	(1 443)
Dotation aux amortissements de l'exercice	(393)	(65)	(51)	(509)
Cessions	51	4	4	59
Différences de conversion et autres éléments, montant net	(15)	(7)	(4)	(26)
31 décembre 2009	**(1 278)**	**(330)**	**(311)**	**(1 919)**
Dotation aux amortissements de l'exercice	**(335)**	**(76)**	**(46)**	**(457)**
Cessions	**75**	**6**	**21**	**102**
Différences de conversion et autres éléments, montant net	**8**	**-**	**(4)**	**4**
31 décembre 2010	**(1 530)**	**(400)**	**(340)**	**(2 270)**
Valeur comptable				
31 décembre 2009	555	791	200	1 546
31 décembre 2010	**571**	**812**	**184**	**1 567**

Thomson Reuters Corporation donne des informations sur ses immobilisations corporelles dans sa note 15, « Matériel informatique et autres immobilisations corporelles ». Cette note permet d'identifier la répartition de ce poste en matériel informatique, terrain et bâtiment, ainsi que mobilier et agencements. Pour chacune de ces catégories, il est possible de repérer les acquisitions et les cessions au cours de la période. On y présente aussi le cumul des amortissements où sont identifiées la dotation aux amortissements de l'exercice ainsi que les cessions. La dernière ligne présente la valeur comptable (coût moins cumul des amortissements).

C Les immobilisations incorporelles et le goodwill

Une immobilisation incorporelle[8] est un bien identifiable qui n'a pas de substance physique, qui est nécessaire au bon fonctionnement de l'entreprise et qui lui procure des avantages échelonnés dans le temps. Le goodwill est un élément incorporel créé lorsqu'une entreprise en acquiert une autre. Le goodwill inscrit dans les registres de l'acquéreur représente l'excédent du prix de l'entreprise acquise sur le montant net des valeurs attribuées à l'actif acquis et au passif pris en charge. Certaines immobilisations incorporelles ont une durée d'utilité finie, tandis que d'autres semblent

8. Norme IAS 38 : Immobilisations incorporelles

avoir une durée d'utilité indéterminée. Des règles comptables différentes s'appliquent selon que la durée d'utilité est finie ou indéterminée. Cependant, tout comme pour ses immobilisations corporelles, une entreprise doit déterminer, pour chaque catégorie d'immobilisations incorporelles, une méthode de comptabilisation, soit le modèle du coût ou celui de la réévaluation. Pour être en mesure de choisir le modèle de la réévaluation, l'entreprise doit déterminer la juste valeur par référence à un marché actif, et elle doit appliquer ce modèle à toute la catégorie d'immobilisations incorporelles. Cela implique que, en réalité, seul le modèle du coût peut être retenu pour la grande majorité des immobilisations incorporelles.

Les immobilisations incorporelles à durée d'utilité finie

Les immobilisations incorporelles à durée d'utilité finie comprennent notamment les brevets d'invention, certains droits d'auteur, les marques de commerce, certaines franchises, les dessins industriels, les listes de clients et la question des frais de recherche et de développement. Ce type d'actifs doit être amorti. Il faut donc en répartir le coût d'acquisition ou le montant réévalué sur leur durée d'utilité, de la même manière que s'il s'agissait d'immobilisations corporelles. La valeur résiduelle d'une immobilisation incorporelle est généralement nulle puisqu'il est souvent difficile d'en estimer le prix de cession. Pour pouvoir attribuer une valeur résiduelle à une immobilisation incorporelle, il faut que cette dernière soit utile à une autre entreprise et qu'un tiers se soit engagé à l'acquérir, ou encore qu'il existe un marché pour l'immobilisation incorporelle en question. Étant donné la grande incertitude inhérente aux avantages futurs qu'on peut retirer d'un actif incorporel, il est nécessaire d'en réexaminer annuellement le mode d'amortissement et l'estimation de la durée d'utilité. Comme dans le cas des immobilisations corporelles, le coût des immobilisations incorporelles, déduction faite de l'amortissement cumulé, apparaît dans l'état de la situation financière.

Les immobilisations incorporelles à durée d'utilité indéterminée

La durée d'utilité d'une immobilisation incorporelle est considérée comme indéterminée lorsqu'il n'existe aucun facteur de nature juridique, réglementaire, contractuelle, concurrentielle, économique ou autre susceptible de la réduire. Cela ne signifie pas pour autant que cette durée d'utilité est infinie. Parmi les immobilisations incorporelles à durée d'utilité indéterminée, on peut mentionner certains types de marques de commerce, de licences de radiodiffusion, de franchises, de droits d'exploitation de couloirs aériens, de droits d'auteur, etc.

Une entreprise ne peut amortir le coût d'acquisition d'une immobilisation incorporelle dont la durée d'utilité semble indéterminée tant et aussi longtemps que sa durée d'utilité n'est pas considérée comme finie. Elle doit réévaluer annuellement la durée d'utilité estimative de l'immobilisation incorporelle et faire un test de dépréciation visant à en constater, si nécessaire, la baisse de valeur (voir la sous-section D).

Le goodwill (ou écart d'acquisition) est une immobilisation incorporelle non identifiable, c'est-à-dire qu'elle ne peut ni être achetée ni être vendue séparément de l'entreprise. Cet actif incorporel représente l'excédent du prix payé pour acquérir une entreprise sur la juste valeur des éléments identifiables composant l'actif net de celle-ci à la date d'acquisition. Il désigne donc une valeur abstraite qui fait partie des actifs incorporels. Le goodwill ne doit pas être amorti. En revanche, il doit faire l'objet d'un test de dépréciation annuel, et sa perte de valeur, le cas échéant, doit être comptabilisée au compte de résultat dans l'exercice où elle est constatée.

illustration 4.6 Les logiciels et les autres immobilisations incorporelles identifiables de Thomson Reuters Corporation au 31 décembre 2010

NOTE 16 : LOGICIELS

Les logiciels comprennent ce qui suit :

	Logiciels
Coût	
31 décembre 2008	3 320
Ajouts :	
Développement en interne	579
Achats	35
Acquisitions	55
Cessions	(46)
Différences de conversion et autres éléments, montant net	150
31 décembre 2009	**4 093**
Ajouts :	
Développement en interne	**564**
Achats	**67**
Acquisitions	**57**
Cessions	**(81)**
Différences de conversion et autres éléments, montant net	**4**
31 décembre 2010	**4 704**
Cumul des amortissements	
31 décembre 2008	(2 021)
Dotation aux amortissements de l'exercice	(548)
Cessions	38
Différences de conversion et autres éléments, montant net	(67)
31 décembre 2009	**(2 598)**
Dotation aux amortissements de l'exercice	**(572)**
Cessions	**77**
Différences de conversion et autres éléments, montant net	**2**
31 décembre 2010	**(3 091)**
Valeur comptable	
31 décembre 2009	1 495
31 décembre 2010	**1 613**

illustration 4.6 Les logiciels et les autres immobilisations incorporelles identifiables de Thomson Reuters Corporation au 31 décembre 2010 (suite)

NOTE 17 : AUTRES IMMOBILISATIONS INCORPORELLES IDENTIFIABLES

	Durée d'utilité indéterminée	Durée d'utilité déterminée				
	Marques de commerce	Marques de commerce	Relations clients	Bases de données et contenu	Autres	Total
Coût						
31 décembre 2008	2 458	264	6 023	841	1 446	11 032
Acquisitions	-	8	142	13	8	171
Cessions	-	(4)	(15)	(2)	(8)	(29)
Différences de conversion et autres éléments, montant net	188	16	134	16	75	429
31 décembre 2009	**2 646**	**284**	**6 284**	**868**	**1 521**	**11 603**
Acquisitions	**-**	**53**	**242**	**77**	**211**	**583**
Cessions	**-**	**(9)**	**-**	**-**	**(8)**	**(17)**
Différences de conversion et autres éléments, montant net	**-**	**4**	**15**	**(5)**	**8**	**22**
31 décembre 2010	**2 646**	**332**	**6 541**	**940**	**1 732**	**12 191**
Cumul des amortissements						
31 décembre 2008	-	(129)	(1 022)	(450)	(729)	(2 330)
Dotation aux amortissements de l'exercice	-	(21)	(381)	(41)	(56)	(499)
Pertes de valeur	-	-	-	-	(8)	(8)
Cessions	-	2	7	1	6	16
Différences de conversion et autres éléments, montant net	-	(4)	(22)	(13)	(49)	(88)
31 décembre 2009	**-**	**(152)**	**(1 418)**	**(503)**	**(836)**	**(2 909)**
Dotation aux amortissements de l'exercice	**-**	**(31)**	**(406)**	**(47)**	**(61)**	**(545)**
Cessions	**-**	**9**	**-**	**-**	**8**	**17**
Différences de conversion et autres éléments, montant net	**-**	**(2)**	**(8)**	**6**	**(36)**	**(40)**
31 décembre 2010	**-**	**(176)**	**(1 832)**	**(544)**	**(925)**	**(3 477)**
Valeur comptable						
31 décembre 2009	2 646	132	4 866	365	685	8 694
31 décembre 2010	**2 646**	**156**	**4 709**	**396**	**807**	**8 714**

Les notes 16 et 17 présentent les immobilisations incorporelles de Thomson Reuters Corporation. Toutes deux permettent d'identifier la composition de ces postes selon les mêmes modalités que le poste Immobilisations corporelles.

D La dépréciation d'actifs à long terme[9]

L'amortissement d'un actif immobilisé traduit l'utilisation de cet actif pour générer des produits. Trop souvent, la notion d'amortissement est confondue avec celle de perte de valeur. Dans les faits, il peut arriver que le lien soit imparfait entre l'utilisation d'un actif et la charge d'amortissement figurant au compte de résultat (charge calculée annuellement, de manière systématique, sur la base du plan d'amortissement défini au moment de l'acquisition de l'immobilisation). C'est pourquoi il importe de se questionner régulièrement sur le solde non amorti des actifs. Il faut s'assurer que les montants présentés dans l'état de la situation financière pour chacun des postes d'actifs non courants ne sont pas supérieurs aux avantages futurs que ces actifs peuvent procurer.

9. Norme IAS 36 : Dépréciation d'actifs

Il faut donc veiller à ce que les actifs immobilisés de l'état de la situation financière soient comptabilisés au moindre de leur valeur comptable (coût amorti ou montant réévalué amorti) et de leur valeur recouvrable[10].

Au moins une fois par an, à la date de *reporting*, une entité doit apprécier, à partir d'informations provenant de sources tant internes (prévisions de rentrées de fonds, obsolescence, etc.) qu'externes (effondrement de marché, etc.), s'il existe quelque indice montrant qu'un de ses actifs s'est déprécié.

Les immobilisations corporelles et les immobilisations incorporelles à durée d'utilité finie doivent être soumises à un test de dépréciation lorsqu'un événement ou un changement de situation (comme une variation de la valeur marchande de l'actif) indique que l'entité pourrait ne pas être en mesure d'en recouvrer la valeur comptable.

Pour les immobilisations incorporelles à durée d'utilité indéterminée et le goodwill, le test doit être effectué au moins une fois par an, ou plus fréquemment si un événement ou un changement de situation amène l'entreprise à penser qu'elle ne serait pas en mesure d'en recouvrer la valeur comptable.

Lors de ce test, il faut déterminer la valeur recouvrable de l'immobilisation corporelle ou incorporelle et la comparer avec sa valeur comptable. Si cette dernière excède la valeur recouvrable, la perte de valeur doit être constatée au compte de résultat de l'exercice en cours.

Par exemple, si, à la suite d'une évolution défavorable des conditions économiques, une entreprise devait réduire considérablement sa production, il est probable que la valeur comptable de son usine ne soit pas entièrement recouvrable. La perte de valeur à constater au compte de résultat représente l'excédent de la valeur comptable de l'actif non courant sur sa valeur recouvrable.

Lorsqu'on réduit la valeur d'un actif immobilisé, la valeur comptable ajustée qui en résulte devient la nouvelle valeur de base de l'actif en question. La nouvelle valeur de base doit ensuite être amortie de manière logique et systématique. Il est fréquent que la réduction de valeur nécessite une révision de la durée d'utilité estimative ou du mode d'amortissement. Toutefois, ces révisions ne s'appliquent qu'une fois la réduction de valeur comptabilisée.

Lorsqu'une réduction de valeur est constatée durant l'exercice, l'information apparaîtra par voie d'une note complémentaire aux états financiers. On y indiquera, en particulier, quel actif a fait l'objet d'une dépréciation ainsi que les faits et les circonstances qui l'expliquent.

Par ailleurs, il est possible de réduire le montant de la dépréciation d'une

10. La valeur recouvrable est définie comme le plus élevé de la juste valeur de l'immobilisation – dont on a déduit les coûts de vente – et de sa valeur d'utilité. Cette dernière représente la valeur actuelle des flux de trésorerie attendus de l'actif (les flux de trésorerie estimés dans l'avenir et exprimés en dollars d'aujourd'hui).

immobilisation reconnue antérieurement ou de l'annuler. Ainsi, un terrain dont le coût était de 300 000 $ et qui a été déprécié à 100 000 $ (générant l'enregistrement d'une charge de 200 000 $ dans le compte de résultat) pourrait, dans un exercice ultérieur, retrouver jusqu'à sa valeur initiale de 300 000 $ (générant l'enregistrement d'un produit dans le compte de résultat), mais sans jamais dépasser ce coût initial.

Le **tableau 4.5** résume les règles à suivre pour les immobilisations corporelles, les immobilisations incorporelles et le goodwill.

tableau 4.5 La dépréciation des immobilisations corporelles et incorporelles et du goodwill

Catégorie d'actifs	Charge d'amortissement	Test de dépréciation
Immobilisations corporelles	**Oui**	Oui, s'il existe un indice que l'actif s'est probablement déprécié.
Immobilisations incorporelles		
■ à durée d'utilité finie	**Oui**	Oui, s'il existe un indice que l'actif s'est probablement déprécié.
■ à durée d'utilité indéterminée	**Non**	Oui, s'il existe un indice que l'actif s'est probablement déprécié, et au moins une fois par an.
Goodwill	**Non**	Oui, s'il existe un indice que l'actif s'est probablement déprécié, et au moins une fois par an.

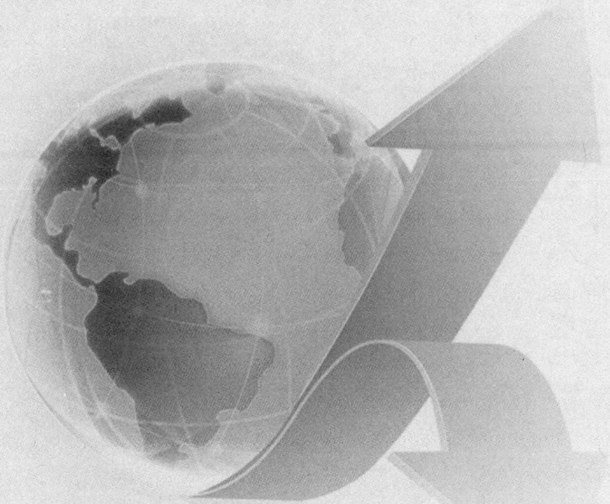

CHAPITRE 5

LES COMPOSANTES DE L'ÉTAT DE LA SITUATION FINANCIÈRE : LES PASSIFS

SOMMAIRE

Au chapitre 4, nous avons présenté les actifs, qui constituent une partie de l'état de la situation financière. Les actifs représentent les ressources de l'entité, et ils sont en mesure de générer des avantages économiques futurs. Leur existence est conditionnée par les financements qu'apportent les différents pourvoyeurs de fonds de l'entité, principalement les actionnaires et les créanciers. Dans ce chapitre, nous poursuivons notre présentation de l'état de la situation financière en voyant comment on traite d'un point de vue comptable les « passifs », c'est-à-dire les financements apportés par les divers créanciers.

5.1 LA NATURE DES PASSIFS

Comme nous l'avons vu au chapitre 3, un passif est une obligation actuelle qui est de nature irrévocable et qui résulte d'opérations ou de faits passés. Il s'agit par exemple des dettes contractées vis-à-vis des fournisseurs (apparaissant au poste Fournisseurs dans l'état de la situation financière), des salaires ou des taxes à payer, et des dettes financières à rembourser. Nous verrons les principales catégories de passifs dans les pages qui suivent.

Habituellement, les passifs sont présentés en deux grandes catégories : les passifs courants et les passifs non courants. Cette distinction est importante pour l'utilisateur des états financiers, car elle permet de savoir quelles obligations devront être honorées à court ou à long terme. Elle est symétrique à celle qui est faite, du côté des actifs, entre actifs courants et actifs non courants. Ainsi, à la date de l'état de la situation financière, l'utilisateur des états financiers est en mesure de savoir, d'une part, les actifs qui se matérialiseront au cours d'une période de 12 mois ou lors du cycle d'exploitation de l'entité, et, d'autre part, les obligations qui devront être réglées au cours de la même période.

À titre de rappel, nous invitons le lecteur à consulter le tableau 4.1, qui présente les diverses composantes de l'état de la situation financière d'une entité, ainsi que l'illustration 4.1, qui renvoie aux différentes composantes de l'état de la situation financière de Thomson Reuters Corporation.

5.1.1 Le passif courant

Le passif courant comprend principalement les postes suivants : Découverts bancaires, Emprunts bancaires, Fournisseurs et charges à payer, Effets à payer, Intérêts à payer, Dividendes à payer, Impôts sur les résultats à payer, Produits différés, Provisions pour risques et charges et Tranche de la dette à long terme échéant à moins d'un an.

L'état de la situation financière de Thomson Reuters Corporation, reproduit à l'illustration 4.1, permet de constater que :

- le passif courant est composé de quatre postes, à savoir :
  - Dette courante
  - Créditeurs, charges à payer et provisions
  - Produits différés
  - Autres passifs financiers
- le total du passif courant est de 5 011 millions $ US.

A Les découverts bancaires

Un découvert bancaire apparaît dans les passifs lorsque le solde net des comptes de banque courants est négatif.

B Les emprunts bancaires

Les sommes empruntées à la banque pour une période relativement courte sont présentées sous le poste Emprunts bancaires. Les emprunts et les découverts bancaires sont souvent regroupés dans l'état de la situation financière, car ils sont de nature analogue. À l'illustration 4.1, on constate que Thomson Reuters Corporation présente un tel emprunt sous le libellé Dette courante pour un montant de 645 millions $ US.

Pour plusieurs entreprises, les emprunts bancaires courants représentent la marge de crédit utilisée à la date de fin d'exercice. Lorsqu'une entreprise donne des biens en garantie de ses emprunts bancaires courants ou de sa marge de crédit, cette dette fait l'objet d'un poste distinct dans les passifs dans l'état de la situation financière, et la valeur comptable de l'actif donné en garantie est précisée par voie de note complémentaire dans les états financiers. Dans le cas de la marge de crédit, ce sont généralement les stocks et les comptes clients qui sont donnés en garantie. En outre, certaines institutions financières imposent des clauses restrictives[1] aux termes de conventions de crédit.

C Les fournisseurs et charges à payer

Le poste Fournisseurs et charges à payer, également appelé Créditeurs ou Dettes fournisseurs, comprend les sommes exigibles par des tiers en échange de biens ou de services reçus et encore impayées à la date de fin d'exercice.

L'état de la situation financière de Thomson Reuters Corporation, reproduit à l'illustration 4.1, permet de constater un poste Créditeurs, charges à payer et provisions dans le passif courant. Thomson Reuters Corporation retient donc le terme *créditeurs* plutôt que *fournisseurs* pour représenter la même réalité.

1. Par exemple, une restriction de dividendes ou une limitation d'investissement en immobilisations.

Ce poste comprend notamment les dettes vis-à-vis des fournisseurs qui représentent les sommes à payer sur les achats de biens et services, dettes pour lesquelles il existe une pièce justificative.

Ce poste comprend également les « charges courues à payer », qui correspondent aux obligations apparaissant au fil du temps ou au fur et à mesure que l'entreprise reçoit un service. Dans ce cas, l'obligation n'est pas *légalement exigible* à la date de fin d'exercice, mais elle constitue néanmoins un passif comptabilisé à ce moment, même si aucune facturation n'a eu lieu. À la date de l'état de la situation financière, on doit constater cette dette, car il y a bien un engagement d'un point de vue économique.

Par exemple, il est très rare que la fin de la dernière période de paie corresponde à la fin de l'exercice. En pareil cas, dans le but de simplifier le versement de la paie, c'est souvent au cours de l'exercice suivant qu'on enregistre les salaires gagnés par les employés de l'entreprise avant la fin de l'exercice. Cependant, ces salaires représentent une charge engagée par l'entreprise au cours de l'exercice où les employés ont effectivement travaillé. À la fin de l'exercice, il faut donc ajuster les registres comptables de façon à augmenter la charge relative aux salaires gagnés par les employés pendant l'exercice, mais que l'entité n'a pas déboursés, ainsi que le poste du passif Salaires à payer correspondant à cette portion non déboursée. Voyons un exemple à la page suivante.

Exemple 1

Salaires à payer à la fin de l'exercice

En date du 31 décembre 2011, la société Experts affiche un solde de 65 450 $ au poste de charge Salaires et charges sociales. Par ailleurs, les salaires des deux dernières semaines de l'exercice, d'un montant total de 2 600 $, ne seront payés que le 3 janvier 2012, bien qu'ils constituent une charge engagée en 2011. À la fin de l'exercice 2011, il faut donc ajuster le solde du poste Salaires et charges sociales pour que ce dernier reflète la charge totale de l'exercice, soit 68 050 $ (65 450 $ + 2 600 $).

L'identité fondamentale se présentera comme suit :

Actif = Capital-actions + [Résultats non distribués + (Produits – Charges) – Dividendes] + Passif

	Actif	Charges	Passif
Inscription de l'exercice :	Trésorerie = – 65 450 $	Salaires et charges sociales – 65 450 $	
Inscription à la fin de l'exercice :		Salaires et charges sociales – 2 600 $	Salaires à payer + 2 600 $

Rappelons que le montant des salaires et des charges sociales apparaît en négatif, parce qu'il constitue une charge et fait donc diminuer les capitaux propres.

D Les effets à payer

Les effets à payer représentent des billets à ordre, signés par l'entreprise, sur lesquels sont précisés la somme exigible, la date d'échéance, le taux d'intérêt et le nom du bénéficiaire. Un effet à payer peut résulter de l'achat de marchandises à crédit ou de sommes empruntées par l'entreprise. Lorsque la durée jusqu'à l'échéance spécifiée est inférieure à 12 mois, à la date de l'état de la situation financière, le poste Effets à payer apparaît dans le passif courant. Si l'échéance dépasse les 12 prochains mois, ce poste apparaît au passif non courant.

E Les intérêts à payer

Les intérêts à payer sont les intérêts non encore exigibles qui n'ont pas été acquittés à la date de fin d'exercice. Cependant, comme la charge est engagée au cours de l'exercice qui vient de se terminer, il faut ajuster les états financiers à cette date afin d'augmenter cette charge et le passif correspondant, selon la même logique que dans l'exemple portant sur les salaires à payer. Dans les états financiers, les intérêts à payer sont très souvent inclus dans le poste Créditeurs.

F Les dividendes à payer

Les dividendes à payer représentent les dividendes déclarés à la fin de l'exercice, mais n'ayant pas encore été versés aux actionnaires à cette date. D'un point de vue juridique, dès que les dividendes sont déclarés, ils deviennent une dette réelle pour l'entreprise, qui ne peut se soustraire à cet engagement.

G Les impôts sur les résultats à payer

Le poste Impôts sur les résultats à payer représente les sommes à payer au titre de l'impôt sur le revenu impayé à la date de l'état de la situation financière.

H Les produits différés

Le poste Produits différés, également appelé Produits reportés ou Produits perçus d'avance, correspond aux produits perçus avant que la prestation ne soit effectuée. Par exemple, lorsqu'une entreprise vend des abonnements d'une durée de 12 mois, il arrive qu'à la fin de l'exercice certains abonnements payés en entier par les clients aillent au-delà de la période de *reporting*. Les sommes se rapportant au prochain exercice doivent donc être inscrites au poste Produits différés, car elles correspondent à des rentrées de fonds reçues en échange d'un bien qui n'est pas encore livré ou d'un service qui n'est pas encore rendu à la date de l'état de la situation financière. Les produits reportés peuvent être inscrits soit au passif courant, si la livraison du bien ou la prestation du service est prévue au cours du prochain exercice, soit au passif non courant, si le délai de livraison ou de prestation dépasse les 12 prochains mois.

Comme reproduit à l'illustration 4.1, Thomson Reuters Corporation présente un montant de 1 300 millions $ US à titre de produits différés.

I Les provisions pour risques et charges

Lorsqu'elles préparent leurs états financiers, les entreprises sont appelées à faire certaines estimations pour pouvoir présenter l'ensemble des ressources qu'elles ont consommées pour générer les produits. Comme nous l'avons déjà vu, de telles estimations portent, par exemple, sur les créances douteuses, la durée d'utilité des immobilisations et la valeur résiduelle des immobilisations. Dans l'état de la situation financière, les provisions figurant au passif courant résultent d'estimations comptables effectuées en suivant la même logique que l'estimation des créances douteuses.

Une provision est donc une dette dont l'échéance ou le montant est incertain. Il s'agit d'une situation qui entraînera probablement un décaissement dans l'avenir. Une entreprise doit donc comptabiliser un passif, appelé « provision pour risques et charges », dans les circonstances suivantes :

- si, à la date de fin d'exercice, elle a une obligation juridique ou implicite résultant d'un fait passé ;
- s'il est probable qu'elle doive se départir de ressources, principalement de l'argent, pour régler cette obligation ;
- si elle peut estimer le montant de manière fiable.

Par exemple, une entreprise qui vend un bien couvert par une garantie sait qu'elle peut être amenée à effectuer des réparations pour honorer cette dernière ; cependant, elle ne connaît pas avec certitude le montant qu'elle devra engager à cette fin. Pour pouvoir rattacher les charges correspondantes aux produits, il lui faut considérer les frais liés à la garantie comme charge au cours de l'exercice durant lequel le bien a été vendu. Lorsqu'elle prépare ses états financiers, l'entreprise doit estimer ces frais en fonction de son expérience passée. Ces frais augmentent la charge dans le compte de résultat et, en contrepartie, il faut augmenter la provision pour risques et charges au passif. En fonction de l'échéance des montants à verser, la provision pour risques et charges pourra être présentée soit au passif courant, soit au passif non courant. En revanche, lorsqu'on juge qu'il est impossible d'en faire une estimation raisonnable, aucune provision n'est constituée, et les frais sont passés en charge à mesure qu'ils sont engagés.

Par ailleurs, si l'obligation ne répond pas aux trois conditions mentionnées ci-dessus, le passif est considéré comme un passif éventuel. Contrairement à une provision, un passif éventuel est un événement non comptabilisé, c'est-à-dire qu'il est divulgué uniquement au moyen d'une note aux états financiers. Les normes internationales précisent qu'un passif éventuel est principalement une obligation résultant d'événements passés, mais ne donnant pas lieu à la constitution d'un passif pour les raisons suivantes :

- soit parce que l'entreprise juge improbable d'avoir à se départir de ressources ;
- soit, dans de rares cas, parce qu'elle n'est pas en mesure d'estimer le montant de la provision avec suffisamment de fiabilité.

illustration 5.1 Les créditeurs, charges à payer et provisions de Thomson Reuters Corporation au 31 décembre 2010

NOTE 21 : CRÉDITEURS, CHARGES À PAYER ET PROVISIONS

	31 décembre	
	2010	2009
Comptes fournisseurs	**519**	422
Charges à payer	**1 943**	1 685
Provisions (note 22)	**203**	277
Autres passifs courants	**259**	267
Total des créditeurs, charges à payer et provisions	**2 924**	2 651

La note 21 reproduite ici renseigne le lecteur sur les quatre composantes de ce poste, dont une provision qui représente la portion à court terme des provisions prises par l'entreprise.

Thomson Reuters Corporation présente donc deux provisions, à savoir une portion courante de 203 millions $ US à la note 21 et une autre à long terme pour un montant de 181 millions $ US que le lecteur retrouvera à la note 22, reproduite à l'**illustration 5.2**.

illustration 5.2 Les provisions et autres passifs non courants de Thomson Reuters Corporation au 31 décembre 2010

NOTE 22 : PROVISIONS ET AUTRES PASSIFS NON COURANTS

	31 décembre	
	2010	2009
Obligations nettes au titre des régimes à prestations définies (note 26)	**1 026**	833
Rémunération et intéressement du personnel différés	**239**	192
Provisions	**181**	144
Passif découlant de contrats désavantageux	**208**	290
Positions fiscales incertaines	**459**	332
Autres passifs non courants	**104**	87
Total des provisions et des autres passifs non courants	**2 217**	1 878

La note 22 donne également des informations sur les autres passifs non courants qui touchent, dans le cas de Thomson Reuters Corporation, des éléments liés à la rémunération des employés tels que les charges pour les régimes de retraite et autres régimes d'intéressement, et des éléments liés à des contrats de location et à la fiscalité.

J La partie courante de la dette

Une entreprise contracte généralement des dettes remboursables à long terme, c'est-à-dire après la fin du prochain exercice. Certaines de ces dettes sont remboursables par versements périodiques. Comme le passif courant doit comprendre toutes les dettes remboursables au cours du prochain exercice (habituellement les 12 prochains mois), la partie du capital de la dette qui sera remboursée d'ici un an doit y être présentée.

5.1.2 Le passif non courant

Les éléments de passif non courant sont classés selon leur nature et leur date d'échéance. Les postes figurant sous cette rubrique sont notamment les suivants : Emprunts hypothécaires, Emprunts obligataires, Obligations liées à une location-financement et Impôts différés.

A Les emprunts hypothécaires

Un emprunt hypothécaire est un emprunt en échange duquel l'emprunteur obtient une hypothèque garantie par ses biens fonciers (terrains ou immeubles). D'un point de vue juridique, il s'agit d'une hypothèque immobilière. L'hypothèque constitue pour le prêteur une garantie qu'il sera payé, même s'il doit l'être au prix d'une vente forcée des biens hypothéqués, dans le cas où l'emprunteur ne remplit pas ses obligations.

Dans les états financiers de l'emprunteur (ou *débiteur*), la dette est présentée au poste Emprunts hypothécaires. Pour sa part, le prêteur (ou *créancier hypothécaire*) enregistre sa créance dans l'actif non courant, au poste Prêts hypothécaires, car elle est considérée comme un placement détenu jusqu'à échéance.

De nombreux prêts sont consentis en échange de garanties autres que des biens fonciers. On parle alors d'hypothèques mobilières. Ces garanties portent généralement sur des biens matériels (mobilier, machines, matériel de bureau) ou sur des titres détenus par l'emprunteur (placements non courants).

B Les emprunts obligataires

Le poste Emprunts obligataires inclut les titres d'emprunt émis par l'entreprise. L'entente contractuelle, appelée « acte de fiducie », prévoit le remboursement par l'entreprise, à une date déterminée, de la somme empruntée, et l'obligation pour elle de verser périodiquement jusqu'à cette date les intérêts, à taux fixe ou variable, aux détenteurs des titres, appelés « créanciers obligataires ». Afin de protéger ces créanciers, un fiduciaire est chargé de veiller au respect des modalités de l'acte de fiducie par l'entreprise.

Les obligations garanties sont celles dont le paiement du capital est garanti par des biens de l'emprunteur (par exemple, les obligations hypothécaires). Les obligations non garanties sont souvent appelées « débentures ».

C Les obligations découlant de contrats de location-financement

Certaines entreprises préfèrent louer leurs immobilisations plutôt que de les acheter, en raison notamment des avantages fiscaux que procure la location et du risque de désuétude inhérent à l'acquisition de biens. Cependant, certains baux à long terme sont conçus de façon telle que, d'un point de vue économique, il s'agit d'achats à crédit revêtant la forme de contrats de location. Ainsi, on peut considérer que la location d'un télécopieur d'une valeur de 1 000 $ avec un bail de trois ans, à raison de 40 $ par mois, et assorti d'une option d'achat au prix de 1 $ à l'échéance, équivaut à un achat à crédit étalé sur trois ans à raison de 40 $ par mois.

Au poste Obligations liées à une location-financement, on présente donc la dette à long terme (non courante) économique (et non légale) que le locataire contracte lorsqu'il loue une immobilisation aux termes d'un bail assimilable à un achat à crédit. Cette dette fait l'objet des mêmes traitements comptables que les autres dettes non courantes. Le traitement comptable des contrats de location-financement est expliqué de façon plus approfondie au chapitre 7.

D Les impôts différés

À l'origine, on calculait l'impôt des sociétés par actions en multipliant le résultat net par un taux d'imposition fixé par la loi. Cependant, les règles comptables et les règles fiscales diffèrent à maints égards, car les normes à suivre pour calculer le résultat net (comptable) ont été établies pour faciliter la compréhension des états financiers par les utilisateurs, alors que les méthodes fiscales l'ont été par les gouvernements dans le but de redistribuer les ressources économiques. En règle générale, le résultat net (comptable) d'une entreprise est donc différent de son revenu imposable.

Puisque les états financiers rendent compte des impôts sur les résultats attribuables au résultat comptable réalisé pour un exercice donné, il s'ensuit que la charge d'impôts présentée dans le résultat net est calculée en fonction de la tranche du résultat comptable qui sera imposée un jour ou l'autre. Par conséquent, cette charge ne correspondra pas nécessairement à l'impôt exigible par le fisc pour le même exercice. L'écart entre les deux constitue les « impôts différés ».

Les impôts différés, toujours considérés comme non courants, peuvent être présentés dans l'actif ou dans le passif, selon que cet écart se traduira par une somme à recevoir (actif d'impôts différés) ou une somme à payer (passif d'impôts différés). Le traitement comptable de l'impôt et des impôts différés est détaillé au chapitre 7.

L'état de la situation financière de Thomson Reuters Corporation, reproduit à l'illustration 4.1, présente un poste Passifs d'impôt différé de 1 684 millions $ US dans la section des passifs non courants.

CONCLUSION

Nous venons d'établir les principales composantes du passif telles qu'elles apparaissent dans les états financiers. Le lecteur des états financiers a tout intérêt à en bien comprendre le sens pour être en mesure de déterminer les divers engagements et obligations de l'entité. Il convient maintenant d'aborder les états qui complètent l'étude de la situation financière. Ce sera l'objet du chapitre 6, où nous verrons les composantes des capitaux propres, de l'état du résultat global ainsi que les notes complémentaires aux états financiers.

CHAPITRE 6

LES COMPOSANTES DES CAPITAUX PROPRES, DE L'ÉTAT DU RÉSULTAT GLOBAL ET LES NOTES AUX ÉTATS FINANCIERS

SOMMAIRE

Après avoir examiné les actifs et les passifs de l'état de la situation financière, nous allons maintenant étudier les capitaux propres de l'entité, ainsi que l'état des variations des capitaux propres qui permet de présenter les opérations les concernant. Nous verrons également comment la performance financière de l'entité est présentée dans l'état du résultat global. Enfin, afin d'éclairer le lecteur sur divers aspects des états financiers, nous examinerons les principales notes complémentaires qui accompagnent généralement les états financiers.

6.1 LA NATURE DES CAPITAUX PROPRES

Les capitaux propres représentent le montant résiduel qui reviendrait aux actionnaires si l'entreprise vendait ses actifs (à leur valeur comptable inscrite à l'état de la situation financière) et remboursait ses dettes (également à leur valeur comptable inscrite à l'état de la situation financière).

Dans une société par actions, les capitaux propres comprennent généralement quatre composantes : le capital-actions, le surplus d'apport, les résultats non distribués et le cumul des autres éléments du résultat global. Sont présentées également, dans les capitaux propres, les participations ne donnant pas le contrôle, qui représentent la part des capitaux propres attribuables aux actionnaires ne détenant pas le contrôle. Toutes ces composantes et leurs variations sont présentées, de manière détaillée, dans l'état des variations des capitaux propres.

illustration 6.1 Les composantes des capitaux propres dans l'état de la situation financière de Thomson Reuters Corporation au 31 décembre 2010

THOMSON REUTERS CORPORATION
ÉTAT CONSOLIDÉ DE LA SITUATION FINANCIÈRE

		31 décembre	
(en millions de dollars américains)	Notes	**2010**	2009
Capitaux propres			
Capital social	24	**10 284**	10 177
Résultats non distribués		**10 518**	10 561
Cumul des autres éléments du résultat global		**(1 480)**	(1 471)
Total des capitaux propres attribuables aux propriétaires de la société		**19 322**	19 267
Participations ne donnant pas le contrôle	28	**353**	68
Total des capitaux propres		**19 675**	19 335

Les capitaux propres de Thomson Reuters Corporation comprennent, d'une part, le capital social, les résultats non distribués et le cumul des autres éléments du résultat global, ces trois composantes représentant la part des capitaux propres attribuables aux propriétaires de la société (c'est-à-dire aux actionnaires détenant le contrôle de la société mère), et, d'autre part, les participations ne donnant pas le contrôle.

La note 24 précise que le capital social englobe le capital déclaré (très similaire au capital-actions) et le surplus d'apport. Cette note détaille également le nombre d'actions ordinaires, privilégiées et décrit les opérations qui ont eu lieu sur le capital au cours des deux dernières années.

6.2 LES COMPOSANTES DES CAPITAUX PROPRES

6.2.1 Le capital-actions

Le poste Capital-actions est constitué des mises de fonds des propriétaires, représentées par des actions. Il renseigne l'utilisateur des états financiers sur la composition du capital-actions en indiquant, notamment, le nombre d'actions autorisées, la valeur nominale des actions – ou le fait que les actions n'ont pas de valeur nominale – et le nombre d'actions auto-détenues[1].

6.2.2 Le surplus d'apport

Le poste Surplus d'apport comprend tous les gains provenant d'opérations réalisées sur les capitaux propres, notamment :

- les primes à l'émission d'actions avec valeur nominale[2] ;
- les gains réalisés à la revente ou à l'annulation d'actions confisquées pour non-paiement ou rachetées par la société ;
- les dons reçus des actionnaires ;
- le coût de la rémunération reposant sur des options d'achat d'actions offertes aux cadres et employés.

6.2.3 Les résultats non distribués

Les résultats non distribués sont les résultats accumulés depuis la création de l'entreprise, auxquels ont été soustraits les dividendes déclarés. Il s'agit en fait des résultats que les actionnaires ont choisi de ne pas distribuer sous forme de dividendes (ce qui aurait généré une sortie de trésorerie) et donc de « réinvestir », laissant à l'entreprise la possibilité d'utiliser la trésorerie qui n'a pas été utilisée pour distribuer des dividendes, par exemple pour effectuer des investissements.

---

1. Ces informations peuvent également figurer dans l'état des variations des capitaux propres ou dans les notes.
2. Une action avec valeur nominale est une action à laquelle on attribue une valeur fixe au moment de l'émission originale de la catégorie d'actions. Lors de l'émission d'une telle action, seule la valeur nominale peut être inscrite au compte du capital-actions. Si l'action est émise à un prix supérieur à sa valeur nominale, l'excédent constitue une prime à l'émission.

Certaines dispositions légales ou statutaires, ainsi que certaines décisions prises par les propriétaires de l'entreprise, peuvent avoir pour conséquence de rendre non distribuable une partie des résultats non distribués. Ce type de dispositions ou de décisions vise à restreindre la distribution de dividendes, et donc la sortie de trésorerie correspondante, afin que cette trésorerie puisse être utilisée à d'autres fins (par exemple pour réaliser des investissements). Afin de bien signifier aux utilisateurs qu'une partie des résultats non distribués ne sera pas distribuée sous forme de dividendes, il est possible de constituer un poste distinct de capitaux propres, souvent appelé Réserves, et d'y affecter une partie des résultats non distribués (le poste Résultats non distribués diminuera en conséquence). Notons que l'utilisation de notes complémentaires tend à remplacer cette pratique.

6.2.4 Le cumul des autres éléments du résultat global

La section Capitaux propres comprend également le cumul des autres éléments du résultat global, qui présente l'effet cumulé (c'est-à-dire sur plusieurs périodes) des autres éléments du résultat global qui seront décrits plus loin dans ce chapitre.

6.2.5 Les participations ne donnant pas le contrôle

Le poste Participations ne donnant pas le contrôle (ou Intérêts minoritaires) représente la quote-part des filiales ne revenant pas à la société mère, dans le cas où la société mère publiante (celle qui présente les états financiers consolidés) ne détient pas 100 % de ses filiales. (La procédure de consolidation et les objectifs sous-jacents sont expliqués au chapitre 7.) Ce poste résulte de la consolidation des états financiers de la société mère et de ses filiales.

Les participations ne donnant pas le contrôle ne constituent pas une dette exigible, car ce poste représente la quote-part de l'actif net (l'actif moins le passif) des filiales qui ne revient pas à la société mère, mais aux autres actionnaires. Elle est présentée dans la section des capitaux propres. Comme nous le verrons plus loin, le poste Participations ne donnant pas le contrôle figure également dans le compte de résultat ; il représente alors la quote-part des résultats ne revenant pas à la société mère.

6.3 L'ÉTAT DES VARIATIONS DES CAPITAUX PROPRES

Les différentes composantes des capitaux propres sont présentées à l'état de la situation financière à la rubrique Capitaux propres, et ce, à la date de fin de l'exercice (avec, à des fins de comparaison, la date de fin de l'exercice précédent). L'entreprise doit également présenter la variation de chacune des composantes dans un état financier intitulé État des variations des capitaux propres. Comme son nom l'indique, cet état financier présente, sous forme de tableau, les variations survenues dans chacune des composantes entre deux dates. Ainsi, comme nous l'avons vu au chapitre 2, si l'entreprise a émis du capital-actions au cours de l'exercice, l'effet de cette émission apparaîtra sous la colonne Capital-actions de l'état des variations des capitaux propres. De la même façon, dans la colonne Résultats non distribués, le résultat net de la période s'ajoutera au solde des résultats non distribués du début de la période, alors que les dividendes déclarés au cours de la période en seront soustraits.

illustration 6.2 L'état des variations des capitaux propres de Thomson Reuters Corporation au 31 décembre 2010

THOMSON REUTERS CORPORATION
ÉTAT CONSOLIDÉ DES VARIATIONS DES CAPITAUX PROPRES

(en millions de dollars américains)	Capital social déclaré	Surplus d'apport	Capital social total	Résultats non distribués	Profit latent (perte latente) sur les couvertures de flux de trésorerie	Différences de conversion	Cumul des autres éléments du résultat global	Participations ne donnant pas le contrôle	Total
Solde au 31 décembre 2009	9 957	220	10 177	10 561	(33)	(1 438)	(1 471)	68	19 335
Résultat global[1)]	-	-	-	801	(10)	1	(9)	24	816
Variation de la participation dans une filiale[2)]	-	-	-	125	-	-	-	291	416
Distributions liées aux participations ne donnant pas le contrôle	-	-	-	-	-	-	-	(30)	(30)
Dividendes déclarés sur les actions privilégiées	-	-	-	(3)	-	-	-	-	(3)
Dividendes déclarés sur les actions ordinaires	-	-	-	(966)	-	-	-	-	(966)
Actions émises aux termes du régime de réinvestissement des dividendes	68	-	68	-	-	-	-	-	68
Incidence des régimes de rémunération fondée sur des actions[3)]	52	(13)	39	-	-	-	-	-	39
Solde au 31 décembre 2010	10 077	207	10 284	10 518	(43)	(1 437)	(1 480)	353	19 675

L'état des variations des capitaux propres de Thomson Reuters Corporation fait apparaître que l'évolution des capitaux propres (de 19 335 millions $ US à 19 675 millions $ US) au cours de l'année 2010 s'explique principalement par :

- le résultat global de l'année 2010 (augmentation de 816 millions $ US au total) ;
- les dividendes déclarés au cours de l'année 2010 (diminution de 966 millions $ US) ;

- la variation du périmètre de consolidation (correspondant au changement de la participation de Thomson Reuters Corporation dans certaines sociétés du groupe) au cours de l'année 2010 (augmentation de 416 millions $ US au total).

6.4 L'ÉTAT DU RÉSULTAT GLOBAL

Comme nous l'avons décrit au chapitre 2, le résultat global représente la variation des capitaux propres qui découle des transactions (comme les achats et les ventes) ou d'autres événements (comme la variation de la juste valeur de placements) survenus au cours de la période, à l'exception des transactions ayant impliqué directement les actionnaires à titre de propriétaires, comme le versement de dividendes ou l'émission de nouvelles actions.

6.4.1 La présentation de l'état du résultat global

Quelle que soit la présentation retenue par l'entreprise (voir ci-dessous), l'état du résultat global est constitué de deux composantes : le résultat net et le résultat global (composé du résultat net et des autres éléments du résultat global). Le résultat net vise à informer le lecteur sur la performance de l'entreprise directement liée à l'exploitation au cours de la période, tandis que le résultat global affiche la performance globale en tenant compte des effets des transactions non terminées (latentes) à la fin de l'exercice.

Les normes internationales permettent aux entreprises de présenter l'état du résultat global de deux façons : soit en deux états distincts (un compte de résultat séparé et un état du résultat global), soit en un seul état (appelé état du résultat global) combinant le résultat net et les autres éléments du résultat global.

- Deux états distincts : un compte de résultat et un état du résultat global.

Compte de résultat

Produits	100 $
Coût des ventes	50 $
Marge brute	50 $
Coûts commerciaux	10 $
Charges administratives	10 $
Résultat avant impôts	30 $
Impôts	10 $
Résultat net	20 $
Résultat net attribuable aux propriétaires de la société mère	16 $
Résultat net attribuable à des participations ne donnant pas le contrôle	4 $

État du résultat global

Résultat net	20 $
Autres éléments du résultat global, après impôts :	
Gains/Pertes sur réévaluation d'actifs corporels	4 $
Gains/Pertes latents sur placements disponibles à la vente	(2 $)
Résultat global	22 $
Résultat global attribuable aux propriétaires de la société mère	17,6 $
Résultat global attribuable à des participations ne donnant pas le contrôle	4,4 $

- Un seul état : état du résultat global.

État du résultat global

Produits	100 $
Coût des ventes	50 $
Marge brute	50 $
Coûts commerciaux et charges administratives	20 $
Résultat avant impôts	30 $
Impôts	10 $
Résultat net	20 $
Résultat net attribuable aux propriétaires de la société mère	16 $
Résultat net attribuable à des participations ne donnant pas le contrôle	4 $
Autres éléments du résultat global, après impôts :	
Gains/Pertes sur réévaluation d'actifs corporels	4 $
Gains/Pertes latents sur placements disponibles à la vente	(2 $)
Résultat global	22 $
Résultat global attribuable aux propriétaires de la société mère	17,6 $
Résultat global attribuable à des participations ne donnant pas le contrôle	4,4 $

Selon les normes internationales, l'entreprise est tenue de présenter les postes suivants dans l'état du résultat global, en tant qu'affectations du résultat de la période :

- Résultat net de la période attribuable :
  - aux propriétaires de la société mère ;
  - à des participations ne donnant pas le contrôle (intérêts minoritaires).
- Résultat global de la période attribuable :
  - aux propriétaires de la société mère ;
  - à des participations ne donnant pas le contrôle (intérêts minoritaires).

En plus de respecter la divulgation d'un minimum de postes dans le compte de résultat, l'entreprise est tenue de présenter cet état financier selon l'une des deux méthodes suivantes :

- en regroupant les charges par **nature** (méthode parfois appelée « **méthode des charges par nature** »), c'est-à-dire en classant les charges selon qu'elles représentent des consommations de matières premières, des salaires, de l'amortissement, etc. ;

Voici un exemple de compte de résultat présenté selon la méthode des charges par nature, conformément aux normes internationales :

Produit des activités ordinaires	X $
Autres produits	X $
Variations des stocks de produits finis et des travaux en cours	X $
Matières premières et consommables utilisées	X $
Coût des avantages du personnel	X $
Dotations aux amortissements	X $
Autres charges	X $
Total des charges	(X $)
Résultat avant impôts	X $
Impôts sur le résultat	(X $)
Résultat net	X $

- en regroupant les charges par **fonction** (méthode parfois appelée « **méthode des charges par fonction** »), c'est-à-dire en ventilant les charges selon leur usage au sein de l'entreprise. Par exemple, le coût des ventes regroupera toutes les charges, quelle que soit leur nature, directement engagées pour réaliser des ventes, alors que les charges administratives regrouperont toutes les charges ayant servi à l'administration de l'entreprise.

La méthode des charges par fonction, également appelée « présentation selon le coût des ventes », est la plus utilisée au Canada. Selon les normes internationales, les entreprises qui optent pour cette présentation doivent aussi ventiler certaines de leurs charges présentées par fonction d'après leur nature, en donnant cette information supplémentaire par voie de notes aux états financiers. Par exemple, dans une présentation des charges par fonction, l'amortissement est réparti dans plusieurs postes de nature différente, comme le Coût des ventes et les Charges administratives. C'est pourquoi les normes internationales exigent des sociétés qu'elles divulguent, à titre d'information supplémentaire, la dépréciation, l'amortissement ainsi que les charges liées au personnel.

Voici un exemple de compte de résultat présenté selon la méthode des charges par fonction, conformément aux normes internationales :

Produit des activités ordinaires	X $
Coût des ventes	(X $)
Marge brute	X $
Autres produits	X $
Coûts commerciaux	(X $)
Charges administratives	(X $)
Autres charges	(X $)
Résultat avant impôts	X $
Impôts sur le résultat	(X $)
Résultat net	X $

Évidemment, quel que soit le mode de présentation retenu, le résultat net présenté est le même.

Il convient, finalement, d'indiquer que les sociétés ouvertes (qui émettent des actions sur le marché public) doivent présenter, dans le compte de résultat, le résultat de base et le résultat dilué[3] par action.

3. On calcule le résultat dilué par action en tenant compte des effets potentiels de la conversion d'instruments convertibles (par exemple, des obligations convertibles en actions) ou de l'exercice d'options d'achat d'actions.

illustration 6.3 Le compte de résultat et l'état du résultat global de Thomson Reuters Corporation au 31 décembre 2010

THOMSON REUTERS CORPORATION
COMPTE CONSOLIDÉ DE RÉSULTAT

		Exercices terminés les 31 décembre	
(en millions de dollars américains, sauf les données par action)	Notes	**2010**	2009
Produits des activités ordinaires		**13 070**	12 997
Charges opérationnelles	5	**(10 061)**	(9 875)
Dotation aux amortissements des immobilisations corporelles		**(457)**	(509)
Dotation aux amortissements des logiciels		**(572)**	(548)
Dotation aux amortissements des autres immobilisations incorporelles identifiables		**(545)**	(499)
Autres profits opérationnels (pertes), montant net	6	**(16)**	9
Résultat opérationnel		**1 419**	1 575
Charges financières, montant net			
Charge d'intérêts, montant net	7	**(383)**	(410)
Autres produits financiers (charges financières)	7	**28**	(242)
Autre charge non opérationnelle	8	**-**	(385)
Résultat avant impôts sur le résultat et avant quote-part dans le résultat net des entreprises détenues comptabilisées selon la méthode de la mise en équivalence		**1 064**	538
Quote-part dans le résultat net des entreprises détenues comptabilisées selon la méthode de la mise en équivalence		**8**	7
Produit (charge) d'impôts sur le résultat	9	**(139)**	299
Résultat tiré des activités poursuivies		**933**	844
Bénéfice des activités abandonnées, déduction faite des impôts	10	**-**	23
Résultat net		**933**	867
Résultat attribuable aux :			
Actionnaires ordinaires		**909**	844
Participations ne donnant pas le contrôle	28	**24**	23
Résultat par action	11		
Résultat de base par action			
Tiré des activités poursuivies		**1,09 $**	0,99 $
Tiré des activités abandonnées		**-**	0,02
Résultat de base par action		**1,09 $**	1,01 $
Résultat dilué par action			
Tiré des activités poursuivies		**1,08 $**	0,99 $
Tiré des activités abandonnées		**-**	0,02
Résultat dilué par action		**1,08 $**	1,01 $

illustration 6.3 Le compte de résultat et l'état du résultat global de Thomson Reuters Corporation au 31 décembre 2010 (suite)

THOMSON REUTERS CORPORATION
ÉTAT CONSOLIDÉ DU RÉSULTAT GLOBAL

(en millions de dollars américains)	Notes	**Exercices terminés les 31 décembre** **2010**	2009
Résultat net		**933**	867
Autres éléments du résultat global			
Profit net sur les couvertures de flux de trésorerie		**113**	296
(Profit net) sur les couvertures de flux de trésorerie transféré en résultat	19	**(123)**	(350)
Partie des différences de conversion comptabilisée en capitaux propres		**9**	678
Partie des différences de conversion comptabilisée en résultat		**(8)**	173
Pertes actuarielles nettes des régimes de retraite à prestations définies, déduction faite des impôts[1)]	26	**(108)**	(4)
Autres éléments du résultat global		**(117)**	793
Résultat global total		**816**	1 660
Résultat global de l'exercice attribuable aux :			
Actionnaires ordinaires		**792**	1 637
Participations ne donnant pas le contrôle	28	**24**	23

Thomson Reuters Corporation a choisi de présenter l'état du résultat global en deux états : le compte de résultat et l'état du résultat global. Le compte de résultat, très peu détaillé, est présenté par nature. La note 5 précise que les charges opérationnelles comprennent notamment les frais de personnel (5 173 millions $ US) ou les achats de biens et services (2 673 millions $ US), correspondant à des honoraires professionnels, des frais d'experts-conseils, de la sous-traitance ou des dépenses technologiques.

Dans la section qui suit, nous décrivons les principales composantes de l'état du résultat global, selon la méthode des charges par fonction.

6.4.2 Les composantes de l'état du résultat global

A Les produits des activités ordinaires

Les produits des activités ordinaires sont les sommes que l'entreprise gagne en poursuivant son objet commercial principal. Ainsi, lorsque cet objet est la vente de biens, seuls les montants gagnés en échange des biens vendus sont présentés dans les produits des activités ordinaires. Si l'entreprise a gagné d'autres sommes, par exemple en louant des locaux inutilisés, ces produits sont généralement inscrits sous le poste Autres produits.

Les entreprises doivent comptabiliser leurs produits au moment où il y a transfert du droit de propriété, dans le cas de la vente de biens, ou lorsque le service a été rendu, dans le cas d'une prestation de services. Ce moment varie d'une industrie à l'autre et dépend du type de biens ou de services vendus. Si le cycle de fabrication, de vente de biens ou de prestation de services s'étend sur une période supérieure à un exercice, l'entreprise doit répartir ses produits en fonction de critères précis (ces critères de comptabilisation des produits sont analysés au chapitre 3).

Quand l'entreprise reprend des marchandises qu'elle avait vendues (rendus sur ventes) ou consent des rabais sur le prix de vente initial (rabais sur ventes), elle doit réduire le montant des ventes brutes (produits bruts) afin d'en dégager les ventes nettes (produits nets), aussi appelées « chiffre d'affaires ».

Par ailleurs, lorsque l'entreprise perçoit les taxes (comme la TPS et la TVQ) sur la vente de biens ou de services, elle ne doit pas les inclure dans les ventes brutes, puisque ces sommes seront finalement remises aux gouvernements.

B Les autres produits

Le poste Autres produits se compose des produits liés aux autres activités de l'entreprise. Ceux-ci comprennent notamment :

- les intérêts et les dividendes résultant de placements, ainsi que les gains ou les pertes sur la vente d'actifs (placements, immobilisations corporelles et incorporelles), lorsque la vente de ces actifs n'est pas l'activité principale de l'entreprise ;
- les loyers perçus lorsque l'entreprise a investi dans des immeubles locatifs (si ces activités ne constituent pas l'objet commercial principal) ou lorsqu'elle loue temporairement des locaux inoccupés dans ses propres bâtiments ;
- les redevances sur les brevets et les procédés de fabrication détenus par l'entreprise.

C Le coût des ventes

Le poste Coût des ventes correspond au coût rattaché aux biens vendus par une entreprise commerciale. Ce coût comprend le prix initial majoré des frais de transport, des frais de dédouanement (dans le cas de biens importés), etc.

Si l'entreprise a obtenu des rabais de ses fournisseurs (par exemple, sur des biens endommagés ou en raison de la quantité achetée), elle doit soustraire le montant de ces rabais du coût des ventes.

D La marge brute

On obtient le montant de la marge brute en soustrayant uniquement le coût des ventes aux produits (ventes). La marge brute est un indice intéressant lorsqu'on la compare d'une période à l'autre ou d'une entreprise à l'autre. Les gestionnaires souhaitent maintenir cette marge à un niveau relativement stable ou cherchent à l'améliorer. En cas de baisse, ils peuvent se questionner sur la hausse des coûts d'achat ou encore sur la baisse des prix de vente.

E Les coûts commerciaux

Le poste Coûts commerciaux réunit les coûts associés aux efforts de vente, tels que les commissions et les salaires versés aux vendeurs et au personnel du service des ventes (y compris le personnel chargé de la distribution et de l'expédition), les charges sociales, les frais de publicité et de livraison, les frais de déplacement et de représentation des vendeurs, etc. Ce poste inclut la partie des créances dont le recouvrement est incertain. Comme nous l'avons vu au chapitre 4, lorsque l'entreprise a des doutes sur l'encaissement futur de certains comptes clients, elle réduit la valeur de ces créances dans l'actif de l'état de la situation financière. En contrepartie, elle inscrit une charge dans le compte de résultat pour refléter cette diminution, charge appelée « créances douteuses » ou « mauvaises créances ». Les coûts commerciaux comprennent également tous les coûts liés à l'entreposage, à la manutention, à l'expédition et à l'étalage des biens destinés à la vente, comme le loyer, les assurances, les coûts d'entretien et de réparation des immobilisations utilisées pour la vente (entrepôt, magasin, matériel, véhicules, etc.), les coûts des fournitures d'emballage, etc.

F Les charges administratives

Les charges administratives correspondent aux coûts engagés dans la fonction administrative. Il s'agit notamment des salaires et des avantages sociaux du personnel administratif, de la papeterie et des fournitures de bureau, ainsi que de tous les coûts liés à la détention, à l'entretien et à la réparation des immobilisations utilisées pour effectuer des tâches administratives (terrains, bâtiments, mobilier, matériel de bureau, etc.). Sans en dresser une liste exhaustive, signalons que les charges administratives comprennent également les impôts fonciers, les assurances, le coût des services de télécommunications, etc.

G Les charges financières

Les charges financières peuvent inclure les intérêts sur les emprunts, lesquels peuvent aussi être présentés dans un poste distinct nommé Frais financiers ou Intérêts débiteurs.

H Les impôts sur le résultat

Le montant des impôts sur le résultat échappe théoriquement à l'entreprise, puisqu'il varie selon la politique économique des différents paliers de gouvernement. De ce fait, et parce qu'ils constituent habituellement une somme importante, les impôts sur le résultat sont présentés dans un poste distinct du compte de résultat, la portion exigible (réellement payable en vertu de la déclaration d'impôt) étant séparée de la portion attribuable aux impôts différés (voir le chapitre 7).

I Les activités abandonnées

Il arrive qu'une entreprise décide de se départir d'une unité d'exploitation ou de la fermer, parce qu'elle n'est plus rentable ou que les activités qui y sont exercées ne cadrent plus avec son orientation ou sa stratégie de diversification. Les résultats des unités d'exploitation dites abandonnées ont un effet direct sur le résultat net de l'exercice. En revanche, ces résultats ne permettent pas d'évaluer le rendement futur de l'entreprise. On doit donc pouvoir distinguer les résultats des unités qui sont toujours en exploitation de ceux des unités abandonnées.

Les résultats attribuables aux activités abandonnées, diminués des impôts sur le résultat applicables, doivent être présentés comme une composante distincte du résultat net, tant pour la période considérée que pour les périodes antérieures.

J La quote-part dans le résultat des entreprises associées et des coentreprises comptabilisées selon la méthode de la mise en équivalence

La quote-part dans le résultat des entreprises associées et des coentreprises comptabilisées selon la méthode de la mise en équivalence représente la part du résultat tiré des activités exercées par ces entités (voir le chapitre 7). La prise en compte de cette quote-part permet de connaître le résultat qui revient à l'entité préparant les états financiers.

K Les autres éléments du résultat global

Les autres éléments du résultat global, constitués des gains et pertes latents (comme les gains ou pertes latents sur placements disponibles à la vente), ne sont pas pris en compte pour déterminer le résultat net : en effet, ces éléments sont « non matérialisés » au cours de la période. Cependant, ils sont présentés, par nature, dans l'état du résultat global afin que les utilisateurs des états financiers puissent évaluer la performance globale de l'entreprise en prenant en considération ces effets latents.

6.5 LES NOTES COMPLÉMENTAIRES AUX ÉTATS FINANCIERS

Grâce aux notes complémentaires aux états financiers, les entreprises peuvent fournir aux lecteurs des renseignements particuliers qui complètent les données chiffrées de l'état de la situation financière, de l'état des variations des capitaux propres, de l'état du résultat global et du tableau des flux de trésorerie (voir le chapitre 8). Généralement, ces notes débutent par une description des méthodes comptables retenues par l'entreprise. À titre d'illustration, nous présentons un extrait de la première note afférente aux états financiers de Thomson Reuters Corporation, dans lequel la société détaille l'approche utilisée pour comptabiliser les produits des activités ordinaires.

illustration 6.4 Extrait des notes afférentes aux états financiers de Thomson Reuters Corporation au 31 décembre 2010 – Extrait de la note 1 sur le sommaire des activités et les méthodes comptables significatives

NOTE 1 : SOMMAIRE DES ACTIVITÉS ET MÉTHODES COMPTABLES SIGNIFICATIVES

Comptabilisation des produits des activités ordinaires

Les produits des activités ordinaires sont évalués à la juste valeur de la contrepartie reçue ou à recevoir, minorée des retours et rabais estimés, compte tenu des éliminations pour les ventes intragroupe. Les estimations faites par la société se fondent sur l'expérience passée; elle tient aussi compte du type de client et de transaction ainsi que des particularités d'une transaction donnée.

Les produits des activités ordinaires provenant des prestations de services sont comptabilisés lorsque les critères suivants sont satisfaits :

- le montant des produits des activités ordinaires peut être évalué de façon fiable;
- le degré d'avancement de l'activité peut être évalué de façon fiable;
- l'obtention d'avantages économiques est probable;
- les coûts engagés ou devant être engagés peuvent être évalués de façon fiable.

Les produits des activités ordinaires provenant de la vente de biens sont comptabilisés lorsque les critères suivants sont satisfaits :

- les risques et avantages inhérents à la propriété des biens, notamment la participation dans la gestion des biens, ont été transférés à l'acheteur;
- le montant des produits des activités ordinaires peut être évalué de façon fiable;
- l'obtention d'avantages économiques est probable;
- les coûts engagés ou devant être engagés peuvent être évalués de façon fiable.

Outre les principes généraux décrits ci-dessus, la société applique les politiques de comptabilisation des produits des activités ordinaires particulières suivantes :

Produits d'abonnement, notamment les droits d'utilisation de logiciels

Les produits tirés des ventes de biens et de services par abonnement sont comptabilisés selon le mode linéaire sur la durée des abonnements. S'il y a lieu, les frais d'utilisation en sus des frais de base pour une période donnée sont inscrits à mesure que les services sont rendus. Les produits reçus ou à recevoir sur les abonnements avant la livraison des services ou des publications sont inscrits à titre de produits différés.

Accords de prestations multiples

Lorsque, aux termes d'un accord de vente, le vendeur doit fournir plus d'un bien ou d'un service (prestations multiples), les critères de comptabilisation du produit sont appliqués distinctement à chaque prestation. Une prestation est considérée de façon distincte si le bien vendu ou le service rendu a une valeur intrinsèque pour le client et que la juste valeur du bien vendu ou du service rendu peut être évaluée de façon fiable. Le montant du produit des activités ordinaires comptabilisé pour chaque prestation est évalué à la juste valeur de la prestation à la lumière de la juste valeur de l'ensemble des prestations de l'accord.

Services d'installation et de mise en œuvre

Certains accords prévoient la prestation de services d'installation et de mise en œuvre. Les produits de services-conseils découlant de ces accords sont comptabilisés distinctement des produits tirés de logiciels ou d'abonnements si ces services ont une valeur intrinsèque pour le client et si leur valeur peut être évaluée de façon fiable. Si ces services ne sont pas admissibles à une comptabilisation distincte, ils sont comptabilisés avec les produits tirés de logiciels ou d'abonnements.

Ventes liées à des tiers

Les produits des activités ordinaires tirés de la vente de biens ou de services de tiers sont comptabilisés déduction faite des coûts, lorsque la société agit à titre de mandataire entre le client et le fournisseur, mais sont comptabilisés pour leur montant brut lorsque la société agit pour son propre compte.

Autres accords de services

Les produits tirés des accords de service ou de consultation sont comptabilisés lorsque les services sont rendus, habituellement au prorata du nombre d'heures travaillées par rapport au nombre d'heures total prévu.

Après les notes sur les méthodes comptables viennent généralement les notes qui expliquent les postes apparaissant dans les états financiers, en donnant notamment un détail des montants obtenus par regroupement de plusieurs éléments. Plusieurs exemples de ce type de notes ont été présentés dans les chapitres précédents. Suivent enfin des notes qui donnent au lecteur des états financiers des informations qui peuvent être significatives dans la compréhension et l'analyse de la situation de la société. Voici trois notes qui revêtent un intérêt particulier.

6.5.1 Les engagements contractuels non comptabilisés

Tout engagement contractuel important doit faire l'objet d'une note complémentaire aux états financiers, afin de décrire la nature dudit engagement et les montants impliqués.

Les engagements contractuels non comptabilisés les plus fréquemment cités dans les notes aux états financiers se rapportent aux éléments suivants :

- les dépenses futures inhabituelles (par exemple, une charge que l'entreprise devra engager pour se conformer à une nouvelle loi environnementale) ;
- les dépenses futures engageant l'entreprise pour plusieurs années (par exemple, un loyer que l'entreprise s'engage à payer pour une période de 10 ans).

illustration 6.5 Extrait des notes afférentes aux états financiers de Thomson Reuters Corporation au 31 décembre 2010 – Extrait de la note 29 sur les éventualités, engagements et garanties

NOTE 29 : ÉVENTUALITÉS, ENGAGEMENTS ET GARANTIES

Contrats de location

Dans le cadre de l'activité ordinaire, la société conclut des contrats de location simple visant essentiellement des immeubles et du matériel. Les paiements à effectuer au titre de ces contrats de location constituent des obligations contractuelles qui sont échelonnées aux termes de chaque contrat. Pour 2010, les paiements versés au titre des contrats de location simple ont totalisé 393 M$ (373 M$ en 2009). Le tableau suivant indique le montant total des paiements minimaux futurs à effectuer en vertu des contrats de location simple non résiliables.

	31 décembre 2010
2011	329
2012	274
2013	233
2014	186
2015	145
2016 et par la suite	425
	1 592

Dans le cas de certains contrats de location, la société garantit une partie de la perte de valeur résiduelle, s'il en est, subie par le bailleur à la cession des actifs ou à la remise d'un immeuble dans un état particulier après la fin du bail. Le passif au titre de ces remises en état est comptabilisé dans le poste « Provisions et autres passifs non courants » de l'état de la situation financière.

Au 31 décembre 2010, le total des paiements minimaux à recevoir en vertu des contrats de sous-location non résiliables s'établissait à 68 M$. Les paiements reçus au titre de contrats de sous-location se sont élevés à 12 M$ en 2010 (9 M$ en 2009).

6.5.2 Les événements postérieurs à la date de clôture[4]

Il arrive que des événements survenus entre la date de la fin de l'exercice et la date de l'autorisation de publication des états financiers (généralement donnée par le conseil d'administration) aient des conséquences financières importantes pour l'entreprise. Il peut s'agir du remboursement de la dette non courante, de la modification du capital-actions, de l'acquisition ou de la cession d'actifs, du regroupement d'entreprises, etc. Si de tels événements découlent de situations qui sont antérieures à la fin de l'exercice et qui viennent les confirmer, l'ajustement des états financiers est nécessaire. Dans le cas contraire, une note complémentaire aux états financiers devra décrire la nature et l'incidence financière de ces événements.

illustration 6.6 Extrait des notes afférentes aux états financiers de Thomson Reuters Corporation au 31 décembre 2010 – Note 31 sur les événements postérieurs à la date de clôture

NOTE 31 : ÉVÉNEMENTS POSTÉRIEURS À LA DATE DE CLÔTURE

Dividendes de 2011

En février 2011, le conseil d'administration de la société a approuvé une augmentation de 0,08 $ par action du dividende annuel, qui passe à 1,24 $ par action ordinaire. Le prochain dividende trimestriel de 0,31 $ par action est payable le 15 mars 2011 aux actionnaires inscrits le 22 février 2011.

Cessions planifiées

En février 2011, la société a annoncé son intention de vendre les entreprises de la division Professionnels ci-dessous, qui ne sont plus essentielles à sa stratégie :

Entreprises	Groupe	Description
BARBRI	Droit	Fournisseur d'ateliers, de cours, de logiciels, de conférences et autres outils de préparation aux examens du barreau aux États-Unis
Entreprises scandinaves des groupes Droit et Fiscalité et comptabilité	Droit et Fiscalité et comptabilité	Fournisseur de produits et services dans le domaine du droit et de la réglementation au Danemark et en Suède.

Ces ventes devraient être conclues au cours du premier semestre de 2011. Elles ne pourront pas être classées dans les activités abandonnées.

Résiliation d'un contrat avec un fournisseur

Au premier trimestre de 2011, la société a conclu une entente avec un fournisseur visant la résiliation d'un contrat d'externalisation de technologies de l'information qui avait été conclu par Reuters avant l'acquisition de cette entreprise. La société et le fournisseur ont mis fin au contrat d'un commun accord, le fournisseur n'étant plus en mesure de fournir certains services. Après une période de transition avec le fournisseur, la société compte intégrer ces services de soutien technologique à ses activités internes existantes.

La société prévoit comptabiliser en 2011 des charges totalisant environ 100 M$ relativement à cette résiliation, charges qui seront en grande partie hors trésorerie. Ces charges représentent les paiements versés au fournisseur au cours de périodes antérieures et pour lesquels la société ne recevra aucune valeur, déduction faite des montants que doivent payer la société et le fournisseur relativement à la résiliation et à la transition qui suivra.

4. Norme IAS 10 : Événements postérieurs à la date de clôture

6.5.3 L'information relative aux parties liées[5]

Une entreprise peut effectuer des opérations avec des personnes morales ou physiques appelées « parties liées », c'est-à-dire avec lesquelles elle entretient des liens de dépendance. Même si ces opérations sont effectuées dans des conditions normales, elles doivent être présentées de manière distincte dans les états financiers.

Voici les parties liées qu'on rencontre le plus fréquemment :

- une société mère et sa filiale ;
- deux sociétés contrôlées par la même société ou par la même personne ;
- une coentreprise et ses coentrepreneurs ;
- une personne et ses proches parents, et la société qu'ils contrôlent ;
- les membres de la direction et leurs proches parents respectifs, et la société qu'ils dirigent ;
- un particulier et la société sur laquelle il exerce une influence notable ou un contrôle conjoint ;
- une société gestionnaire et une société gérée unies par un contrat de gestion ou d'administration.

Les opérations entre parties liées peuvent être effectuées dans des conditions avantageuses pour l'une ou l'autre des parties. Des normes comptables établissent les règles quant à la mesure de telles opérations et aux renseignements à fournir à leur sujet. Habituellement, une note décrit l'étendue de telles opérations et les modalités dont elles sont assorties.

De plus, l'entreprise doit indiquer par voie de note la rémunération de ses principaux dirigeants.

5. Norme IAS 24 : Information relative aux parties liées

illustration 6.7 **Extrait des notes afférentes aux états financiers de Thomson Reuters Corporation au 31 décembre 2010 – Extrait de la note 30 sur les transactions avec les parties liées**

NOTE 30 : TRANSACTIONS ENTRE PARTIES LIÉES

Au 31 décembre 2010, Woodbridge détenait en propriété réelle environ 55 % des actions de la société.

Transactions avec Woodbridge

De temps à autre, dans le cadre de l'activité ordinaire, Woodbridge et certaines de ses sociétés affiliées achètent certains des biens et services de la société. Ces transactions sont négociées dans des conditions normales de concurrence, notamment à l'égard du prix, et ont peu d'importance par rapport aux résultats des activités et à la situation financière de la société, qu'elles soient prises individuellement ou collectivement.

Rémunération des principaux dirigeants

Le tableau suivant détaille la rémunération des principaux dirigeants, y compris les administrateurs.

	Exercices terminés les 31 décembre	
	2010	2009
Salaires et autres avantages du personnel	**23**	24
Paiements fondés sur des actions	**32**	35
Total	**55**	59

Les principaux dirigeants se composent des administrateurs et des cadres dirigeants de la société.

CONCLUSION

Ce chapitre nous a permis de déterminer les diverses composantes des capitaux propres ainsi que les éléments constituant le résultat net et le résultat global. Ce dernier point est particulièrement important pour la personne qui analyse les états financiers puisque, rappelons-le, il permet de mesurer la performance de l'entreprise.

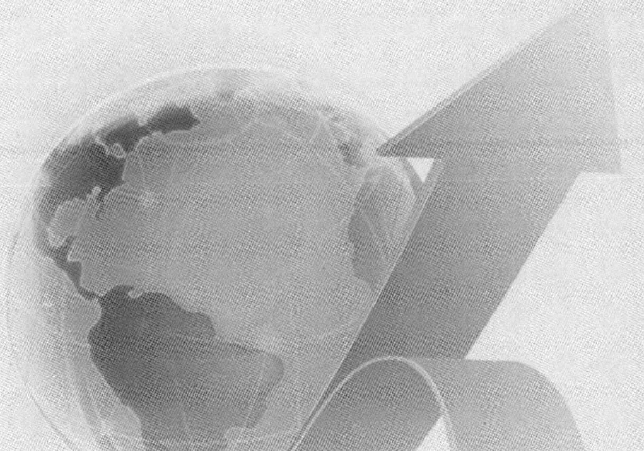

CHAPITRE 7

LA COMPTABILISATION ET L'INTERPRÉTATION DE CERTAINS POSTES PARTICULIERS

SOMMAIRE

Dans ce chapitre, nous allons approfondir plusieurs postes des états financiers, déjà décrits dans les chapitres précédents, qui requièrent une analyse plus fouillée pour ce qui est de leur présentation et de l'information qui doit y figurer :

- les frais de recherche et de développement ;
- la rémunération fondée sur des actions ;
- les contrats de location ;
- l'impôt sur le résultat ;
- les avantages du personnel ;
- les participations dans d'autres entités ;
- les effets des variations des cours des monnaies étrangères ;
- les secteurs opérationnels.

7.1 LES FRAIS DE RECHERCHE ET DE DÉVELOPPEMENT

Dans le chapitre 4, nous avons abordé, notamment, la comptabilisation des dépenses en capital et des dépenses d'exploitation. Qu'en est-il de cette notion pour la comptabilisation des frais de recherche et de développement ? Si les gestionnaires des sociétés désignent souvent la recherche et développement par l'expression « R&D », les frais de recherche et les frais de développement sont traités différemment d'un point de vue comptable. Comme nous le verrons, alors que les frais de recherche sont considérés comme des charges d'exploitation, les frais de développement représentent, à certaines conditions, des dépenses en capital (actif).

Les normes internationales définissent ainsi les activités de recherche et de développement[1] :

- recherche : investigation originale et programmée, entreprise en vue d'acquérir une compréhension et des connaissances scientifiques ou techniques nouvelles ;
- développement : application des résultats de la recherche ou d'autres connaissances à un plan ou à un modèle en vue de la production de matériaux, de dispositifs, de produits, de procédés, de systèmes ou de services nouveaux ou substantiellement améliorés, avant le commencement de leur production commerciale ou de leur utilisation.

Le traitement comptable des frais liés à la recherche et au développement comporte deux difficultés : d'une part, la mesure proprement dite des frais de recherche et de développement ; d'autre part, la répartition de ces coûts selon qu'ils relèvent de la recherche ou du développement.

1. Norme IAS 38 : Immobilisations incorporelles

La mesure ou le coût des frais de recherche et de développement doit comprendre tous les frais directement engagés pour mener à bien ces activités, qu'il s'agisse des salaires des chercheurs et des concepteurs, du coût du laboratoire (ou plutôt son amortissement), etc.

La répartition entre frais de recherche et frais de développement repose sur les avantages qui peuvent en découler dans l'avenir. Il est impossible de déterminer avec précision les fruits de la recherche et le moment où ils se matérialiseront : tous les frais de recherche doivent donc être passés en charges au moment où ils sont engagés.

En revanche, il est possible de mesurer les avantages futurs de frais de développement, car l'entreprise les engage pour mettre au point la commercialisation d'un bien ou d'un service. On peut donc « capitaliser » les frais de développement dans l'actif de l'état de la situation financière, mais seulement si *toutes* les conditions suivantes (tirées de la norme IAS 38.57) sont respectées :

1. faisabilité technique de l'achèvement de l'immobilisation incorporelle en vue de sa mise en service ou de sa vente ;
2. intention d'achever l'immobilisation incorporelle et de la mettre en service ou de la vendre ;
3. capacité à mettre en service ou à vendre l'immobilisation incorporelle ;
4. façon dont l'immobilisation incorporelle générera des avantages économiques futurs probables (l'entité doit notamment démontrer l'existence d'un marché pour la production découlant de l'immobilisation incorporelle ou pour l'immobilisation incorporelle elle-même, ou, si celle-ci doit être utilisée en interne, son utilité) ;
5. disponibilité de ressources techniques, financières et autres, appropriées pour achever le développement et mettre en service ou vendre l'immobilisation incorporelle ;
6. capacité d'évaluer de façon fiable les dépenses attribuables à l'immobilisation incorporelle au cours de son développement.

Lorsque les frais de développement remplissent ces six conditions, ils sont d'abord inscrits dans l'état de la situation financière à titre d'actifs, puis imputés aux résultats en tant que charges, dès que la société commence à en tirer des avantages, c'est-à-dire quand elle inscrit les ventes liées au bien ou au service développé. Les frais de développement capitalisés ne peuvent excéder le montant des avantages futurs qu'on croit pouvoir en tirer lors des exercices à venir. Si les avantages futurs sont trop incertains, les frais de développement doivent être passés en charges dans l'exercice où ils ont été engagés.

7.2 LA RÉMUNÉRATION FONDÉE SUR DES ACTIONS

Les dirigeants occupant des postes clés reçoivent souvent une partie de leur rémunération sous la forme d'actions de la société. Cette pratique vise à motiver les cadres. En effet, lorsque la rémunération est liée au rendement des actions, cela contribue à aligner les intérêts des dirigeants sur ceux de l'entreprise : plus le cours des actions de la société monte, plus c'est avantageux pour les employés qui détiennent des actions ou qui seront amenés à en détenir. La forme la plus courante de rémunération fondée sur des actions est l'option d'achat d'actions, ou « option sur actions ».

Quand elle octroie une option d'achat d'actions à un employé, l'entreprise lui donne le droit d'acheter des actions à un prix prédéterminé qui correspond généralement au cours du titre au moment de l'octroi. Par conséquent, si le cours augmente, l'employé achètera les titres à un prix inférieur à leur cours, d'où un gain pour lui. Voyons un exemple.

Exemple 1

Option d'achat d'actions

Le 4 janvier 2011, une société octroie à un employé le droit d'acheter 10 de ses actions à la fin de l'année, soit le 30 décembre 2011, au cours en vigueur le 4 janvier 2011, c'est-à-dire 2,50 $. Le 30 décembre 2011, si le cours est de 3,00 $, l'employé pourra acquérir 10 actions pour 25 $ (10 × 2,50 $), alors qu'elles valent en réalité 30 $ (10 × 3,00 $).

À quoi reconnaît-on cette forme de rémunération dans les états financiers d'une société ? Les normes comptables internationales obligent les sociétés qui octroient des options d'achat d'actions à comptabiliser, à la date d'octroi, une charge liée à la rémunération dont le montant correspond à la juste valeur des instruments de capitaux propres attribués, c'est-à-dire à celle de l'option d'achat d'actions. Pour estimer cette juste valeur, on recourt à des modèles financiers plutôt complexes. Ainsi, pour une option d'achat d'actions qui, au 4 janvier 2011, a une juste valeur de 0,40 $ sur le marché, on doit enregistrer à ce moment dans le compte de résultat une charge de 4 $ (10 × 0,40 $), ce qui réduit le résultat net de 4 $; on augmente d'autant les capitaux propres (à titre de surplus d'apport, par exemple).

Actif + Charges = Capitaux propres + Passif + Produits

Actif	Charges	Capitaux propres	Passif	Produits
	↓ 4 $	↓ 4 $		

Au 30 décembre 2011, si l'employé décide d'acheter les 10 actions à 2,50 $, il versera un montant de 25 $ à la société.

Actif + Charges = Capitaux propres + Passif + Produits

Actif	Capitaux propres
25 $	**25 $**

Les normes comptables obligent également ces sociétés à décrire par voie de notes complémentaires aux états financiers les modalités des régimes en vigueur. Ces notes doivent indiquer, entre autres, le nombre d'options attribuées qui sont exercées au cours de la période et le nombre de celles qui sont en circulation à la fin de la période.

7.3 LES CONTRATS DE LOCATION

On pourrait penser que les biens loués par une entreprise ne font pas partie de son actif puisque le locataire (preneur) des biens n'en est pas le propriétaire légal. Dans cette hypothèse, la somme des loyers futurs exigibles aux termes du bail ne serait pas immédiatement considérée comme une dette de l'entreprise, dans la mesure où chacun de ces loyers ne devient légalement exigible qu'au fur et à mesure que le droit faisant l'objet du loyer est cédé au locataire.

Or, au fil des années, on a vu apparaître, parmi les entreprises, une tendance à considérer la location à long terme comme un outil de financement. Au lieu d'acquérir un bien à crédit et d'acquitter les remboursements y afférant, certaines entreprises préfèrent louer le bien à long terme et en assumer les loyers périodiques, car la location procure plusieurs avantages fiscaux et financiers, comme la possibilité d'obtenir un financement intégral.

Dès lors, doit-on comptabiliser différemment un achat d'actif à crédit par remboursements périodiques et une location d'actif à long terme ? En considérant la prééminence de la substance sur la forme, la réponse est négative.

7.3.1 Le contrat de location-financement

Lorsqu'un bail transfère au preneur la quasi-totalité des risques et des avantages découlant de la détention d'un bien, le preneur comptabilise l'opération comme un achat à crédit. Le bien est donc inclus dans l'actif de l'état de la situation financière, et une dette correspondante est enregistrée dans le passif de l'état de la situation financière. Une telle opération est appelée « contrat de location-financement », tant pour le preneur que le bailleur.

Les loyers que le preneur paiera par la suite seront considérés comme un remboursement progressif de la dette (y compris les intérêts). Cependant, tous les contrats de location ne transfèrent pas au preneur les risques et les avantages découlant de la détention d'un bien. Pour être considéré comme un contrat de location-financement, un bail à long terme doit respecter la réalité de la transaction plutôt que la forme du contrat.

Voici des exemples de situations où un contrat de location peut être considéré comme un contrat de location-financement :

- le preneur deviendra le propriétaire légal du bien à l'échéance du bail (par exemple, lorsque le preneur bénéficie d'une option d'achat à un prix préférentiel à l'échéance du bail) ;
- le bail couvre la quasi-totalité de la durée de vie économique du bien ;
- la somme actualisée des loyers échelonnés sur la durée du bail dépasse la valeur marchande du bien au début du bail ;
- l'actif loué a des caractéristiques si spécifiques que seul le preneur peut l'utiliser sans que des modifications majeures soient apportées au bien en question ;
- le preneur qui résilie le bail est responsable des pertes causées par cette résiliation que subirait le bailleur ;
- les variations de la juste valeur de la valeur résiduelle sont à la charge du preneur ;
- le preneur peut poursuivre la location pour une deuxième période moyennant un loyer sensiblement inférieur au prix courant sur le marché.

7.3.2 Le contrat de location simple

Lorsqu'un contrat de location ne peut pas être considéré comme un contrat de location-financement, on se trouve en présence d'un « contrat de location simple ». Les contrats de location simple s'appliquent souvent à la location de locaux. Il est à noter que l'entreprise peut alors utiliser des actifs sans avoir à en faire l'acquisition. Les états financiers n'affichent ni actif ni dette dans le cadre de cet engagement.

7.3.3 Exemples de contrats de location

Illustrons, par un exemple simple, les répercussions de ces deux types de contrats de location sur les états financiers du preneur. Commençons par la présentation des montants relatifs au contrat de location-financement.

Exemple 2

Contrat de location-financement

Le bail, qui prend effet le 1er janvier 2011, comporte les caractéristiques suivantes :

Type de bien	Photocopieur
Valeur marchande du bien au 1er janvier 2011	3 500 $
Loyer mensuel (payé à la fin du mois)	100 $
Durée du bail	36 mois
Durée de vie économique du bien	10 ans
Taux d'intérêt pour le preneur	9 %
Option d'achat	1 $
Valeurs actualisées des paiements minimums en vertu du contrat de location	3 144 $

Ce bail est un contrat de location-financement, car il y a transfert des risques et des avantages du bailleur au preneur. En effet, en raison du prix de l'option d'achat (1 $), le preneur se prévaudra sûrement de son droit d'acquérir le photocopieur.

Il en découle les conséquences suivantes :

- Même si, d'un point de vue juridique, le bien n'appartient pas au preneur, il est compris dans son actif (immobilisations corporelles) dans l'état de la situation financière.
- Le solde qui figure dans l'actif, au poste Investissement net dans un contrat de location – Matériel de bureau, correspond au montant qu'il aurait fallu emprunter à un taux de 9 % pour être assujetti à 36 paiements mensuels de 100 $ (y compris les intérêts). Dans cet exemple, ce solde s'élève à 3 144 $. Autrement dit, si le preneur avait voulu emprunter à la banque 3 144 $ au taux de 9 %, il aurait été assujetti à des remboursements mensuels de 100 $ pendant 36 mois, intérêts compris. En fait, les 3 144 $ représentent le coût réel du photocopieur pour le preneur. On comptabilise à 3 144 $ puisque ce montant est inférieur à la juste valeur du photocopieur, qui est de 3 500 $.
- La somme de 3 144 $ apparaît également dans le passif non courant de l'état de la situation financière, au poste Obligation en vertu du contrat de location-financement.
- Chaque loyer de 100 $ versé par le preneur se répartit en intérêts et en capital. Durant l'année 2011, le preneur aura acquitté en loyers la somme de 1 200 $. Sur ce montant, environ 245 $ représentent les intérêts ; le solde, soit 955 $, est appliqué au remboursement du capital de la dette, ramené de 3 144 $ à 2 189 $.
- Le bien loué, comme toutes les autres immobilisations (sauf les terrains), doit être amorti tel que décrit au chapitre 4. L'amortissement annuel pourrait être de 314 $ (3 144 $/10 ans).

Les extraits suivants de l'état de la situation financière et du compte de résultat permettent de résumer la situation.

Extraits de l'état de la situation financière au 31 décembre 2011

ACTIF NON COURANT	
Investissement net dans un contrat de location – Matériel de bureau	3 144 $
Amortissement cumulé	(314 $)
	2 830 $
PASSIF NON COURANT	
Obligation en vertu d'un contrat de location-financement	2 189 $

Extrait du compte de résultat pour l'exercice terminé le 31 décembre 2011

Charge d'intérêts	245 $
Amortissement	314 $

Poursuivons par un autre exemple, en comparant la présentation des montants relatifs au contrat de location-financement avec celle des montants relatifs au contrat de location simple.

Exemple 3

Contrat de location simple

Reprenons le bail de l'exemple précédent, en enlevant la clause d'option d'achat au prix de 1 $ à l'échéance. Comme le bail ne correspond pas à une situation de transfert des risques et avantages du bailleur au preneur, il s'agit fort probablement d'un contrat de location simple. Le preneur devra rendre le photocopieur à son propriétaire (le bailleur) à l'échéance. Aucun bien ne sera comptabilisé dans l'actif du preneur, ni aucune dette dans le passif. La totalité du loyer sera passée en charges dans le compte de résultat du preneur.

Le **tableau 7.1** illustre les inscriptions à faire dans les différents postes de l'état de la situation financière et du compte de résultat, selon qu'il s'agit d'un contrat de location-financement ou de location simple.

tableau 7.1 Comparaison entre la comptabilisation des différents contrats de location (postes des états financiers du preneur)

ÉTAT DE LA SITUATION FINANCIÈRE au 31 décembre 2011	Location-financement	Location simple
ACTIF NON COURANT		
Investissement net dans un contrat de location – Matériel de bureau	2 830 $	s.o.
PASSIF NON COURANT		
Obligation en vertu d'un contrat de location-financement	2 189 $	s.o.

COMPTE DE RÉSULTAT de l'exercice terminé le 31 décembre 2011		
Loyer	s.o.	1 200 $
Charge d'intérêts	245 $	s.o.
Amortissement	314 $	s.o.

Pour la durée d'utilité du bien (10 ans), les charges totales imputées au compte de résultat seront équivalentes, quelle que soit la catégorie du bail. Dans les deux cas, une charge totale de 3 600 $ sera imputée au compte de résultat sur 10 ans (**tableau 7.2**).

tableau 7.2 Comparaison entre les charges relatives aux contrats de location (en dollars)

Location-financement						Location simple			
Charges	**2011**	**2012**	**2013**	**2014 à 2020**	**Total**	**2011**	**2012**	**2013**	**Total**
Intérêts	245	155	56	–	**456**	–	–	–	–
Amortissement	314	314	314	2 202	**3 144**	–	–	–	–
Loyer	–	–	–	–	–	1 200	1 200	1 200	**3 600**
Total	559	469	370	2 202	**3 600**	1 200	1 200	1 200	**3 600**

Cependant, le fait de comptabiliser un actif et une dette supplémentaires dans l'état de la situation financière modifie l'image financière de la société. Lorsqu'une société loue une part importante de ses immobilisations, la catégorisation des baux a des répercussions évidentes sur les ratios financiers, notamment le ratio d'endettement.

Pour le bailleur, les critères de classification des baux sont sensiblement les mêmes que pour le preneur. Généralement, lorsque le bail est considéré comme une location simple pour le preneur, il en va de même pour le bailleur. Le bien demeure dans l'actif de l'état de la situation financière du bailleur. Le bailleur n'enregistre aucun prêt ; toutefois, il inscrit des loyers et un amortissement dans le compte de résultat.

7.4 L'IMPÔT SUR LE RÉSULTAT

Comptabiliser la charge d'impôts ne se résume pas à inscrire le montant à payer selon les déclarations fiscales fédérale et provinciale d'une société pour un exercice donné. Les règles comptables étant différentes des règles fiscales, il est nécessaire d'effectuer des redressements.

Au départ, on calcule l'impôt sur le revenu des sociétés en multipliant le revenu imposable par le taux d'imposition auquel l'entreprise est assujettie. Or, le revenu imposable est calculé à l'aide de la déclaration fiscale qui, dans un premier temps, se fonde sur le résultat avant impôts indiqué dans le compte de résultat. Afin de rendre ce résultat comptable conforme à la législation fiscale, il faut effectuer certains redressements. Il existe en effet des différences entre la *Loi de l'impôt sur le revenu* et les normes comptables relatives au calcul du résultat, car les objectifs du législateur fiscal (équité entre contribuables, incitations à investir ou à épargner, etc.) diffèrent de ceux des comptables (comparabilité, neutralité, utilité à la prise de décisions, etc.). Ces redressements entraînent donc des différences entre le résultat avant impôts présenté dans le compte de résultat et le revenu imposable calculé dans la déclaration fiscale.

Pour traiter ces différences, on tient notamment compte du fait que les différences entre la valeur comptable et la valeur fiscale se résorbent avec le temps. L'écart temporel entre le moment où une charge est déductible fiscalement et le moment où elle est déduite dans les états financiers donne lieu à l'inscription d'impôts différés dans l'état de la situation financière. Ainsi, on crée un passif d'impôts différés chaque fois qu'on prévoit un paiement d'impôts dans l'avenir. Ce passif d'impôts différés apparaît lorsque l'entreprise bénéficie plus rapidement de déductions sur le plan fiscal que sur le plan comptable. Inversement, lorsqu'elle bénéficie de déductions plus lentes au point de vue du fisc, on est en présence d'un actif d'impôts différés puisqu'une économie d'impôt est prévue dans l'avenir.

Pour calculer les impôts différés, on compare la valeur comptable avec la valeur fiscale de chacun des actifs et des passifs à la date de l'établissement des états financiers. Ensuite, on détermine les différences temporelles imposables et les différences temporelles déductibles, puis on calcule les impôts différés en fonction du taux d'imposition en vigueur à cette date. En résumé :

- différences temporelles imposables × taux d'imposition = passifs d'impôts différés
- différences temporelles déductibles × taux d'imposition = actifs d'impôts différés

La différence temporelle la plus fréquente a trait à l'amortissement des immobilisations. Les règles fiscales liées à l'amortissement diffèrent des règles admises en comptabilité. Cependant, sur le plan de la fiscalité et de la comptabilité, le montant total de l'amortissement sur la durée d'utilité économique du bien est le même. Seule varie la répartition de ce montant global entre les exercices, d'où l'emploi de l'adjectif « temporelle ».

Par exemple, une entreprise achète pour 30 000 $ un camion dont la durée d'utilité est estimée à 10 ans. Si elle recourt au mode d'amortissement linéaire, la charge d'amortissement annuelle figurant dans les états financiers sera de 3 000 $. Or, aux fins fiscales, l'amortissement autorisé doit être calculé selon le mode de l'amortissement dégressif au taux de 30 % sur le solde non amorti. Le **tableau 7.3** illustre la différence annuelle entre l'amortissement comptable et l'amortissement fiscal, ainsi que la nature temporelle de cette différence.

tableau 7.3 Comparaison entre l'amortissement comptable et l'amortissement fiscal

	Amortissement		
Année	**comptable**	**fiscal**	**Différence temporelle**
1	3 000 $	9 000 $*	(6 000 $)
2	3 000 $	6 300 $**	(3 300 $)
3	3 000 $	4 410 $	(1 410 $)
4	3 000 $	3 087 $	(87 $)
5	3 000 $	2 161 $	839 $
6	3 000 $	1 513 $	1 487 $
7	3 000 $	1 059 $	1 941 $
8	3 000 $	741 $	2 259 $
9	3 000 $	519 $	2 481 $
10	3 000 $	363 $	2 637 $
Suivantes	0 $	847 $	(847 $)
Total	**30 000 $**	**30 000 $**	**0 $**

* 30 % × 30 000 $
** 30 % × (30 000 $ – 9 000 $)

Quel est le lien entre les différences temporelles et la charge totale d'impôts présentée dans le compte de résultat ? La charge d'impôts présentée dans les états financiers sera constituée de deux montants : les impôts payables au cours de l'exercice, appelés « charge d'impôts exigibles », et les impôts différés résultant des différences temporelles.

Mentionnons également que certaines charges comptables ne sont pas déductibles aux fins de l'impôt, de la même façon que certains produits ne sont pas imposables. Dans ce cas, elles sont ajoutées au résultat comptable ou en sont déduites aux fins du calcul de l'impôt exigible. L'exemple suivant illustre ces calculs.

Exemple 4

Impôts sur le résultat

Voici quelques données concernant une société sur une période de trois ans :

	2011	2012	2013
Résultat avant impôts dans le compte de résultat	100 000 $	100 000 $	100 000 $
Amortissement comptable	20 000 $	20 000 $	20 000 $
Amortissement fiscal	27 000 $	21 000 $	12 000 $
Charge non déductible	5 000 $	5 000 $	5 000 $
Taux d'imposition effectif	40 %	40 %	40 %

Supposons que la société a acquis les immobilisations au coût de 100 000 $ au début de l'exercice 2011, et qu'elle n'a fait aucune autre acquisition par la suite.

- En 2011, le revenu imposable de cette société s'élève à 98 000 $:

	2011	2012	2013
Résultat avant impôts	100 000 $	100 000 $	100 000 $
Plus : Charge non déductible	5 000 $	5 000 $	5 000 $
Résultat avant impôts rajusté, avant différences temporelles	105 000 $	105 000 $	105 000 $
Plus : Amortissement comptable	20 000 $	20 000 $	20 000 $
Moins : Amortissement fiscal	(27 000 $)	(21 000 $)	(12 000 $)
Revenu imposable	98 000 $	104 000 $	113 000 $
Impôts exigibles (40 %)	39 200 $	41 600 $	45 200 $

- En 2011, la différence de 2 000 $ entre le résultat comptable de 100 000 $ et le revenu imposable de 98 000 $ s'explique comme suit :

5 000 $ Différence attribuable à la charge non déductible sur le plan fiscal.

(7 000 $) Différence temporelle attribuable à la différence entre les amortissements comptable et fiscal.

La charge d'impôts exigibles pour l'exercice 2011, c'est-à-dire le montant à verser aux autorités fiscales, est donc de 39 200 $, soit 98 000 $ × 40 %.

Dans le calcul de la charge totale d'impôts, on doit également tenir compte des différences imposables ou déductibles temporelles donnant lieu aux impôts différés. En 2011, l'entreprise a droit, sur le plan fiscal, à une déduction pour amortissement de 27 000 $, alors que sur le plan comptable l'amortissement s'élève à 20 000 $. La valeur comptable des immobilisations est donc supérieure de 7 000 $ à leur valeur fiscale.

	Valeur comptable	Valeur fiscale
Coût	100 000 $	100 000 $
Moins : Amortissement comptable	(20 000 $)	
Moins : Déduction pour amortissement		(27 000 $)
Valeur nette	80 000 $	73 000 $

L'entreprise bénéficiant d'une déduction fiscale plus rapide, cela signifie qu'elle n'en bénéficiera plus dans un avenir proche et devra inclure dans son revenu imposable le montant de l'amortissement comptable, qui, lui, n'est pas déductible. Ainsi, pour l'exercice de 2011, l'entreprise paie 2 800 $ de moins en impôts que s'il n'y avait eu aucune différence entre les valeurs comptable et fiscale des immobilisations (80 000 $ – 73 000 $ = 7 000 $ × 40 %). Par ailleurs, cette diminution résultant de la différence temporelle entre le traitement comptable et le traitement fiscal de l'amortissement, l'entreprise devra inévitablement verser les sommes qu'elle n'a pas payées en 2011 (au moment où le bien sera complètement amorti d'un point de vue fiscal), d'où l'obligation de comptabiliser un passif d'impôts différés de 2 800 $.

La charge totale d'impôts présentée au compte de résultat de 2011 sera donc de 42 000 $:

Charge d'impôts exigibles	39 200 $
Plus : Impôts différés	2 800 $
Charge d'impôts	42 000 $

Le même raisonnement s'applique aux deux autres exercices. Le processus d'établissement du passif différé se présente comme suit :

	Valeur comptable	Valeur fiscale	Différence temporelle	Taux d'imposition	Passif d'impôts différés
Coût d'acquisition	100 000 $	100 000 $	0 $		
Amortissement – 2011	20 000 $	27 000 $	7 000 $		
Valeur nette – 2011	80 000 $	73 000 $	7 000 $	40 %	2 800 $
Amortissement – 2012	20 000 $	21 000 $	1 000 $		
Valeur nette – 2012	60 000 $	52 000 $	8 000 $	40 %	3 200 $
Amortissement – 2013	20 000 $	12 000 $	(8 000 $)		
Valeur nette – 2013	40 000 $	40 000 $	0 $	40 %	0 $

Il en découle, dans le compte de résultat, les conséquences suivantes sur la charge d'impôts :

	2011	2012	2013
Résultat avant impôts	100 000 $	100 000 $	100 000 $
Revenu imposable	98 000 $	104 000 $	113 000 $
Charge (économie) d'impôts :			
– exigibles (revenu imposable × 40 %)	39 200 $	41 600 $	45 200 $
– différée	2 800 $	400 $*	(3 200 $)**
– totale	42 000 $	42 000 $	42 000 $
Solde des passifs d'impôts différés (état de la situation financière)	2 800 $	3 200 $	0 $

* Passifs d'impôts différés, 2012 – Passifs d'impôts différés, 2011 = 3 200 $ – 2 800 $

** Passifs d'impôts différés, 2013 – Passifs d'impôts différés, 2012 = 0 $ – 3 200 $

Les tableaux précédents permettent de noter les faits suivants :

- dans le compte de résultat, la charge totale d'impôts est restée constante pour les trois années, bien que l'impôt exigible ait crû au cours des trois exercices ;
- dans l'état de la situation financière, le solde des impôts différés est nul après la troisième année, puisque les différences sont temporelles, c'est-à-dire qu'elles se résorbent avec le temps.

À la mesure de la charge d'impôts s'ajoute une autre composante : le report de pertes fiscales. Une entité qui réalise une perte au cours d'une période n'est pas assujettie à l'impôt. De plus, dans une telle situation, les autorités fiscales lui permettent de récupérer des impôts payés dans le passé ou de réduire les impôts qu'elle devra payer à l'avenir. C'est ce qu'on appelle le « report de pertes ». Au Canada, les autorités fiscales permettent aux entreprises de reporter une perte fiscale 3 ans dans le passé et jusqu'à 20 ans dans l'avenir. L'exemple suivant illustre un cas de report de pertes fiscales :

Exemple 5

Report de pertes fiscales

Une entité enregistre une perte fiscale de 20 000 $ au cours de sa troisième année d'existence. Elle est normalement assujettie à un taux d'imposition de 25 %. Au cours des deux années précédentes, elle avait réalisé des revenus imposables de 5 000 $ et 10 000 $, respectivement. Elle peut donc recouvrer les impôts qu'elle a versés au gouvernement au cours des deux derniers exercices, soit 3 750 $ (25 % × 15 000 $). Dans son état de la situation financière, elle inscrira donc un actif d'impôts à recevoir de 3 750 $, qui sera également constaté dans son compte de résultat à la rubrique Recouvrement d'impôts dû à un report en arrière de perte. Ayant réalisé une perte fiscale de 20 000 $ et ayant reporté 15 000 $ dans le passé, il lui reste la possibilité de reporter 5 000 $ dans l'avenir. Elle constatera un actif d'impôts différés et un recouvrement d'impôts dû à un report dans l'avenir dans la mesure où il est probable qu'elle puisse disposer de revenus imposables dans l'avenir. Dans le cas où l'entité estime improbable qu'elle dispose de bénéfices futurs sur lesquels ses pertes fiscales pourront être imputées, elle doit attendre que les bénéfices fiscaux se réalisent.

7.5 LES AVANTAGES DU PERSONNEL

Le régime d'avantages du personnel est une entente conclue entre la société et ses salariés, en vertu de laquelle celle-ci s'engage, en échange des services rendus par les salariés, à leur procurer des avantages après leur période d'emploi.

Pour l'entreprise, ces avantages constituent des charges importantes. Dans les états financiers, elle doit les imputer à l'exercice pendant lequel les salariés ont rendu les services leur y donnant droit, dans le but de constater un passif et une charge durant l'exercice en question. En substance, les régimes d'avantages du personnel font partie de la rémunération du salarié.

En vertu de certains de ces régimes, l'entité est tenue de fournir au salarié, au cours d'exercices financiers ultérieurs, des avantages en contrepartie de services rendus durant l'exercice courant. Le coût relatif à ces avantages futurs est constaté dans l'exercice au cours duquel le salarié les gagne, étant donné que l'obligation de verser les prestations se constitue à mesure que le salarié rend les services.

Selon l'IAS 19, les avantages du personnel sont constitués des quatre composantes suivantes :

1. les avantages du personnel à court terme, comme les salaires et les cotisations de sécurité sociale, les congés payés et les congés de maladie, l'intéressement et les primes (si elles sont payables dans les 12 mois suivant la fin de la période) ainsi que les avantages non pécuniaires (comme l'assistance médicale, le logement, les voitures et les biens ou services gratuits ou subventionnés) dont bénéficient les membres du personnel en activité ;
2. les avantages postérieurs à l'emploi, comme les pensions et autres prestations de retraite, l'assurance-vie postérieure à l'emploi et l'assistance médicale postérieure à l'emploi ;
3. les autres avantages à long terme, comme les congés liés à l'ancienneté ou congés sabbatiques, les jubilés et autres avantages liés à l'ancienneté, les indemnités pour invalidité de longue durée et, s'ils sont payables 12 mois ou plus après la fin de la période, l'intéressement, les primes et les rémunérations différées ;
4. les indemnités de fin de contrat de travail.

Parmi tous ces avantages, les éléments liés aux prestations de retraite entraînent certaines difficultés de comptabilisation.

7.5.1 Les prestations de retraite

De nombreuses sociétés ont instauré des régimes de retraite au profit de leurs employés. Ces régimes servent à accumuler des fonds provenant de cotisations du personnel, de l'employeur (la société) ou des deux, dans le but de verser à l'employé une rente, appelée « prestations », lorsqu'il atteindra l'âge de la retraite.

On distingue deux types de régimes de retraite selon qu'ils sont à « cotisations définies » ou à « prestations définies ».

A Les régimes à cotisations définies

Un régime de retraite à cotisations définies est une entente contractuelle qui oblige l'employeur à verser chaque année une cotisation égale à un pourcentage fixé d'avance du salaire annuel de chaque employé. Selon le régime, l'employé peut aussi être amené à cotiser ; on parle alors de « régime contributif ». Les fonds sont confiés à un fiduciaire, qui les fait fructifier pour le compte de l'employé. Au moment de sa retraite, ce dernier reçoit le solde de son compte ou, s'il préfère, peut acheter en contrepartie de ce solde une rente viagère dont l'importance sera en grande partie proportionnelle au solde.

Dans ce type de régime, l'employé court un risque : la rente de retraite est fonction des intérêts (dividendes, gains de capital) générés par le fonds durant ses années de service. Ainsi, un krach boursier pourrait diminuer sa rente de retraite. Inversement, dans des circonstances très favorables, l'employé peut tirer profit des rendements exceptionnels de son fonds.

B Les régimes à prestations définies

Dans un régime à prestations définies, ce ne sont pas les cotisations qui sont fixées d'avance, mais les rentes (ou prestations) de retraite versées aux salariés. Par exemple, le régime peut garantir une rente de retraite annuelle équivalant à 2 % du salaire moyen gagné durant les trois années de service au cours desquelles l'employé a été le mieux rémunéré, multiplié par le nombre total d'années de service. Ainsi, un employé ayant travaillé 30 ans et reçu un salaire moyen de 50 000 $ les trois dernières années bénéficiera d'une rente de retraite annuelle de 30 000 $ (30 × 2 % × 50 000 $).

Dans les régimes à prestations définies, l'employeur ne s'engage pas à payer des cotisations, mais des prestations. Souvent, la date de paiement de ces prestations est très éloignée. La charge de retraite annuelle au titre des prestations versées pour les services rendus au cours d'une année donnée ne sera donc pas égale au montant cotisé au régime, car celui-ci est établi par l'employeur. Cette charge sera plutôt égale au coût actualisé de la proportion de la rente que l'employé a gagnée par son travail durant l'exercice. En d'autres termes, la charge annuelle équivaudra à la somme qu'il faudrait investir aujourd'hui pour que le fonds dispose d'assez d'argent pour payer annuellement, à compter du départ à la retraite de l'employé, la portion de rente qu'il a gagnée durant l'année, et ce, jusqu'à son décès.

Ce montant est estimé par un actuaire, à partir des hypothèses qu'il juge les plus probables en matière de taux d'intérêt futurs, de taux de mortalité, de roulement du personnel de l'entreprise, etc. Toute différence entre le montant estimatif et la cotisation que l'employeur a réellement versée au régime durant l'année est cumulée dans l'état de la situation financière. Cette différence apparaît soit dans le passif, à la rubrique Passif au titre de prestations définies (si la cotisation versée est inférieure au coût actualisé), soit dans l'actif, à la rubrique Actif au titre de prestations définies (si la cotisation versée est supérieure au coût actualisé). Il s'agit du seul montant figurant dans l'état de la situation financière de l'employeur au titre du régime de retraite.

Les fonds cumulés dans le régime de retraite ne sont pas compris dans l'état de la situation financière de l'employeur, puisque celui-ci ne peut utiliser ces sommes à d'autres fins que le paiement de rentes de retraite. Les fonds cumulés sont la propriété du régime de retraite, qui constitue une entité juridique distincte produisant ses propres états financiers. Néanmoins, la valeur de l'actif total du régime de retraite est présentée en notes aux états financiers de l'employeur. Par ailleurs, la note sur les avantages du personnel donne aussi des renseignements sur la « valeur actuarielle des prestations définies ». Cette valeur correspond au coût actualisé de la proportion des rentes cumulée par les employés depuis leur date d'embauche jusqu'à celle de l'état de la situation financière. En d'autres termes, il s'agit du montant que le fonds devrait contenir aujourd'hui, compte tenu des taux d'intérêt prévus, pour pouvoir payer la proportion des rentes à laquelle les employés ont droit, eu égard au travail qu'ils ont accompli jusqu'à présent. Voyons un exemple.

Exemple 6

Valeur actuarielle des prestations définies

La société XYZ a un seul employé, qui compte 10 ans d'ancienneté. Il prendra sa retraite dans 15 ans, et le régime de retraite à prestations définies de l'entreprise lui garantit une rente de retraite égale à 2 % de son salaire de fin de carrière multiplié par le nombre d'années de service. L'actuaire prévoit que cet employé vivra 12 ans après son départ à la retraite, que le taux d'intérêt à long terme sera de 10 % et que l'employé gagnera un salaire de 50 000 $ au moment de sa retraite.

La valeur actuarielle des prestations définies à ce jour correspond donc au coût actualisé de la proportion des rentes déjà acquise par l'employé. La rente déjà acquise par l'employé est de 10 000 $ (10 ans × 2 % × 50 000 $). Il est donc assuré d'une rente de retraite de 10 000 $ par an. Puisque son espérance de vie est de 12 ans après son départ à la retraite et que le taux d'intérêt est de 10 %, le coût actualisé de cette proportion des rentes s'élève à 16 345 $. Théoriquement, cela signifie que, si le fonds de retraite renferme aujourd'hui 16 345 $ (investis à un taux de 10 %), il contiendra dans 15 ans des sommes suffisantes pour verser à l'employé 10 000 $ par an pendant 12 ans.

La comparaison de l'actif du fonds et de la valeur actuarielle des prestations définies permet donc au lecteur de juger de la santé du régime de retraite. Si l'actif du fonds est supérieur à la valeur actuarielle des prestations définies, on est en présence d'un « surplus actuariel ». Dans le cas contraire, on parle de « déficit actuariel ». En théorie, si l'employeur versait toujours à la caisse de retraite le strict montant de la charge annuelle calculée par l'actuaire, et si les hypothèses de ce dernier se révélaient exactes, il n'y aurait ni surplus ni déficit : l'actif du fonds serait égal à la valeur actuarielle des prestations définies. Cependant, en pratique, ces montants ne sont jamais parfaitement égaux en raison des facteurs suivants :

- cotisations excédentaires ou insuffisantes de la part de l'employeur ;
- écarts entre la réalité et les hypothèses actuarielles ;
- révision des hypothèses actuarielles ;
- modifications apportées au régime, avec effet rétroactif.

7.6 LES PARTICIPATIONS DANS D'AUTRES ENTITÉS

Pour une entreprise qui souhaite prendre de l'expansion, une des stratégies de développement consiste à acquérir une participation dans d'autres entreprises. Il existe différents types de placements, classés selon le degré d'influence qu'exercera l'entité qui achète le placement dans la société dite « émettrice ». Ce degré d'influence dépend principalement du pourcentage d'actions avec droit de vote que détient la société acheteuse, ou entité « participante ». Par exemple, une entité détenant plus de 50 % des actions avec droit de vote est présumée exercer un contrôle sur la société émettrice, laquelle est, dans ce cas, considérée comme sa filiale. Cela peut également être le cas lorsque la société participante détient moins de 50 % des actions avec droit de vote de la société émettrice, si le degré d'influence qu'elle exerce sur cette dernière est tel qu'elle la contrôle dans les faits. Il importe donc de déterminer si d'autres facteurs que la détention d'actions avec droit de vote permettent à la société participante d'exercer une influence sur la société émettrice. Par ailleurs, il arrive que la société participante influe sur les politiques financières et opérationnelles de la société émettrice sans toutefois exercer un contrôle sur celle-ci. Selon les normes comptables, une entreprise détenant

20 % ou davantage des droits de vote est présumée avoir une influence notable. Bien sûr, le degré d'influence peut être important en deçà de ce seuil si l'entité acheteuse exerce un pouvoir décisionnel important sur l'entité émettrice.

Du point de vue de la comptabilité, ce sont le pourcentage d'actions avec droit de vote détenues par la société acheteuse et son degré d'influence sur la société émettrice qui déterminent la méthode de comptabilisation du placement dans les états financiers de l'entité participante.

Les normes internationales d'information financière (IFRS) distinguent trois catégories de placements selon le degré d'influence de l'entité participante :

- placement dans une société associée : l'entité participante détient entre 20 et 50 % des actions avec droit de vote de l'entité émettrice ou exerce sur elle une influence notable par l'entremise d'autres facteurs ;
- placement dans une filiale : l'entité participante détient plus de 50 % des actions avec droit de vote de l'entité émettrice ou la contrôle de fait par l'entremise d'autres facteurs ;
- placement dans une coentreprise : deux parties ou plus conviennent, en vertu d'un accord contractuel, d'exercer une activité économique sous contrôle conjoint.

7.6.1 La comptabilisation d'une participation dans des entreprises associées

Une entité participante effectue un placement dans une société associée lorsqu'elle est en mesure d'exercer une influence notable[2] sur la société émettrice, c'est-à-dire de participer aux décisions de politiques financières et opérationnelles d'une activité économique, sans toutefois exercer un contrôle ou un contrôle conjoint sur ces politiques. On considère habituellement que l'entité participante qui détient entre 20 et 50 % des actions avec droit de vote en circulation de la société émettrice est en mesure d'exercer une influence notable. Là encore, ce pourcentage sert de balise. Il faut également vérifier les rapports existant entre l'entité participante et la société émettrice et évaluer l'influence globale exercée. Lorsqu'une entité participante est en mesure d'exercer une influence notable sur une société émettrice pour en faire une entreprise associée, elle doit comptabiliser sa participation dans l'entreprise associée selon la méthode de la mise en équivalence.

Dans un premier temps, selon cette méthode, le coût d'acquisition de la participation est comptabilisé dans l'état de la situation financière de la société participante, au poste Participation dans une entreprise associée. Dans un deuxième temps, on ajuste la valeur d'acquisition de la participation, tout d'abord en ajoutant au coût d'acquisition de la participation dans la société associée la quote-part de son résultat revenant à l'entité participante, puis en diminuant la valeur de la participation de la quote-part

2. Norme IAS 28 : Participations dans des entreprises associées

des dividendes déclarés par la société émettrice revenant à la société participante. De la même manière, en cas de perte de la société émettrice, on diminuera le coût de la participation dans la société associée de la quote-part de la perte revenant à la société participante.

Selon cette méthode, le dividende déclaré par la société émettrice n'est pas considéré comme un revenu de placement. Le revenu de placement correspond à la quote-part du résultat net de l'entreprise associée revenant à la société participante. Voici un exemple.

Exemple 7

Méthode de la mise en équivalence

Une société participante, la société A, achète 30 % des actions avec droit de vote de la société B. Le coût d'acquisition de cette participation est de 50 000 $. À la fin du premier exercice, la société B réalise un résultat net de 10 000 $ et déclare un dividende de 1 000 $.

Dans les états financiers de la société A, le poste Participation dans la société associée B sera de 52 700 $:

Coût d'acquisition de la participation	50 000 $
Plus: Quote-part du résultat net de la société B (30 % × 10 000 $)	3 000 $
Moins: Dividende déclaré par la société B à la société A (30 % × 1 000 $)	(300 $)
	52 700 $

7.6.2 La comptabilisation d'une participation dans une filiale

Dans le cas d'une participation dans une filiale, l'acquéreur (« société mère ») est considéré comme ayant le contrôle de la société émettrice (« filiale »), puisque la société mère contrôle la majorité des droits de vote rattachés aux actions de la filiale en question ou, bien qu'elle détienne moins de 50 % des actions avec droit de vote, exerce un contrôle de fait, en raison de son degré d'influence. Ce mode d'acquisition est prisé des investisseurs en raison de sa relative simplicité administrative, car la société acquise conserve la propriété de ses actifs. Légalement, les deux sociétés subsistent. Aucune ressource ne change de propriétaire légal; seules les actions de la société acquise font l'objet d'un transfert entre les détenteurs précédents et l'acquéreur.

Pour traduire ce contrôle, on recourt à un processus comptable nommé « consolidation ». En résumé, la consolidation consiste à regrouper en un seul jeu les états financiers de toutes les filiales et ceux de la société-mère, puisque, dans les faits, tous les actifs et passifs des filiales appartiennent à cette dernière.

Dans les états financiers consolidés, la participation dans la filiale ne figure pas dans l'état de la situation financière. Le principe de base consiste à additionner tous les postes de l'état du résultat global, de l'état de la situation financière, de l'état des variations des capitaux propres et du tableau des flux de trésorerie des filiales à ceux de la société mère, que les filiales soient détenues à 100 % ou à moins de 100 %. Ce processus est appelé « consolidation intégrale ». La justification de ce traitement tient au fait que, dès que la société mère détient plus de 50 % des actions avec droit de vote d'une filiale (ou exerce sur elle un contrôle de fait en raison d'autres facteurs), elle est en mesure d'exploiter la totalité de ses actifs et de ses activités, même si elle ne la détient qu'à 80 %, par exemple. Cela signifie aussi que le groupe d'actionnaires minoritaires (détenant ici 20 % des actions avec droit de vote), ou actionnaires sans contrôle, doit se soumettre à la volonté de la société mère en ce qui concerne la totalité des biens investis. Ainsi, le processus de consolidation intégrale permet à l'utilisateur de mesurer plus précisément le risque d'un placement de la société mère dans ses filiales.

Sans entrer dans le processus technique de consolidation, voici comment interpréter les postes des états financiers consolidés.

7.6.3 L'état du résultat global consolidé

Les produits et les charges (ventes, coût des ventes, coûts commerciaux, charges administratives, etc.) inscrits dans le compte de résultat consolidé représentent la somme de ces postes pour toutes les sociétés du groupe consolidé.

Par ailleurs, toutes les opérations internes (entre les entreprises du groupe) sont éliminées. Par exemple, les ventes de la filiale à la société mère sont exclues des ventes consolidées. De même, les dividendes que la société mère reçoit de ses filiales ne figurent pas dans le compte de résultat consolidé. En somme, on ne présente dans cet état que les opérations effectuées avec des intervenants externes, le groupe de sociétés étant considéré comme une entité économique en soi.

Il serait faux de dire d'une société mère détenant moins de 100 % des actions de sa filiale qu'elle possède 100 % de ses résultats. C'est pourquoi les postes Participation ne donnant pas le contrôle, Part des actionnaires sans contrôle ou Participation minoritaire doivent figurer dans le compte de résultat et le résultat global. Il s'agit de la part des résultats qui revient aux actionnaires minoritaires des filiales.

7.6.4 L'état de la situation financière consolidée

Pour la consolidation de l'état de la situation financière, il faut additionner la totalité des actifs et des passifs (trésorerie, stocks, immobilisations, fournisseurs, dettes non courantes, etc.) de l'état de la situation financière des filiales à ceux de la société mère. Par ailleurs, lors de la consolidation, on élimine les dettes ou les montants à recevoir d'une autre société du groupe.

Dans le cas d'une filiale détenue à moins de 100 %, notons que les actifs et passifs sont repris en totalité dans l'état de la situation financière consolidé. Toutefois, le processus de consolidation intégrale oblige à reconnaître la quote-part des éléments de l'état de la situation financière n'appartenant pas au groupe consolidé. Nous retrouvons alors les postes Participation ne donnant pas le contrôle, Part des actionnaires sans contrôle ou Participation minoritaire, qui représentent la part des actifs nets (actifs moins passifs) du groupe consolidé appartenant aux actionnaires minoritaires. Un de ces postes apparaît dans la section des capitaux propres de l'état de la situation financière.

7.6.5 La comptabilisation d'une participation dans une coentreprise

Une coentreprise est un groupement par lequel plusieurs personnes ou entités s'associent selon des modalités diverses. Par cet accord, elles s'engagent à mener en coopération une activité industrielle ou commerciale, ou décident de mettre en commun leurs ressources et d'exercer un contrôle commun sur cette activité en vue d'atteindre un objectif particulier, tout en prévoyant partager les frais et les résultats. Le contrôle commun d'une activité économique est le pouvoir, exercé collectivement, de définir de manière durable les politiques stratégiques en matière d'exploitation et d'investissement d'une société. Le pouvoir exercé collectivement implique le consentement unanime des parties. On distingue trois catégories d'associations dans une coentreprise :

- les activités contrôlées conjointement ;
- les actifs contrôlés conjointement ;
- les entités contrôlées conjointement.

La comptabilisation d'une participation dans une coentreprise varie en fonction du type d'association choisie par les parties impliquées. Lorsque des coentrepreneurs s'associent pour des activités contrôlées conjointement ou pour contrôler conjointement des actifs, chacun d'eux doit comptabiliser ces activités en ajoutant à ses propres états financiers les actifs, passifs, produits et charges qui lui reviennent.

Lorsque des coentrepreneurs contrôlent une entité conjointement, chacun d'eux doit comptabiliser sa participation dans la coentreprise, qui produit ses propres états financiers en utilisant soit la consolidation proportionnelle, soit la méthode de la mise en équivalence décrite précédemment.

Dans l'état de la situation financière découlant de la méthode de la consolidation proportionnelle, la participation dans la coentreprise ne figure **pas** au poste Participation dans une coentreprise. Ce type de placement est décrit dans la note qui détaille les conventions comptables utilisées, sous la rubrique Participation. De fait, pour appliquer la méthode de la consolidation proportionnelle, on additionne les postes des états financiers de la coentreprise à ceux des états financiers du coentrepreneur en tenant compte de la part que ce dernier détient dans la coentreprise. Ainsi, chacun des actifs, des passifs, des produits et des charges placés sous contrôle conjoint est inscrit proportionnellement dans les postes correspondants des états financiers de l'un et l'autre des coentrepreneurs.

Cette méthode diffère de la consolidation intégrale, puisque aucun des partenaires n'exerce d'influence dominante. Il n'y a donc pas de participation minoritaire pour ce type d'entité.

La méthode de la consolidation proportionnelle permet au coentrepreneur de mieux rendre compte de la substance de sa participation dans la coentreprise et de la réalité économique. En effet, il ne contrôle pas les ressources de la coentreprise, car le contrôle est partagé ; son droit à l'actif, au passif et aux résultats est limité à sa quote-part. L'information ainsi fournie permet aux utilisateurs de bien évaluer le risque auquel s'expose le coentrepreneur, car elle reflète fidèlement la part des activités qu'il exerce et des ressources financières dont il dispose.

Dans la méthode de la consolidation proportionnelle, on considère que les postes des états financiers du coentrepreneur et la part qui lui revient des postes de la coentreprise relèvent d'une seule entité économique. Les états financiers consolidés sont le fruit d'une opération extracomptable qui consiste à combiner, moyennant certains redressements, les postes des états financiers du coentrepreneur et la part lui revenant des postes de la coentreprise. Cette méthode doit être appliquée uniformément à tous les états financiers du coentrepreneur (état du résultat global, état des variations des capitaux propres, état de la situation financière et tableau des flux de trésorerie).

7.7 LES EFFETS DES VARIATIONS DES COURS DES MONNAIES ÉTRANGÈRES

La participation dans une entité peut entraîner un autre enjeu comptable lorsque l'entité concernée utilise une monnaie différente de celle de la société participante pour exercer ses activités. En effet, lors du travail de consolidation des états financiers sous contrôle de la société mère, il est nécessaire de convertir dans une même monnaie les états financiers des filiales, des entreprises associées ou de coentreprises qui sont libellés dans une autre monnaie que celle choisie par l'entité publiante.

De plus, le processus de conversion des monnaies s'applique aussi aux opérations effectuées en monnaies étrangères. En effet, il est fréquent qu'une entité effectue des opérations en devises pour acheter ou vendre des biens ou des services, et ce, même si elle ne possède pas de filiales à l'étranger.

Les états financiers doivent rendre compte de manière uniforme des états financiers de filiales étrangères ou de coentreprises ainsi que des opérations effectuées en monnaies étrangères. Pour ce faire, il existe des normes comptables portant sur la conversion de monnaies, que nous présentons brièvement à la page suivante.

Une entreprise est tenue d'enregistrer toutes ses transactions dans une même monnaie afin d'être en mesure de dresser des états financiers. Elle doit donc convertir en monnaie dite fonctionnelle toutes ses transactions effectuées en monnaies étrangères. Selon les normes comptables internationales, la monnaie fonctionnelle est celle de l'environnement économique primaire dans lequel l'entreprise évolue. La monnaie retenue est normalement celle dans laquelle la plus grande partie de ses transactions se négocient. Pour déterminer la monnaie fonctionnelle, une entité tient compte de divers facteurs, notamment :

- la monnaie dans laquelle les ventes sont libellées et réglées ;
- la monnaie dans laquelle les charges sont libellées et payées ;
- la monnaie dans laquelle l'entreprise a reçu son financement.

7.7.1 La conversion de transactions effectuées en monnaies étrangères

Une entreprise effectue des transactions en monnaies étrangères lorsqu'elle traite à l'aide d'une monnaie autre que sa monnaie fonctionnelle. Par exemple, une entreprise canadienne dont la monnaie fonctionnelle est le dollar canadien effectue une transaction dans une monnaie étrangère si elle vend des biens en dollars américains.

Lorsqu'une entreprise effectue de telles transactions (achat, vente, paiement, recette, déboursé, emprunt, prêt, etc.), elle doit les enregistrer initialement dans la monnaie fonctionnelle, en appliquant au montant en monnaie étrangère le cours de change comptant entre la monnaie fonctionnelle et la monnaie étrangère à la date de la transaction, c'est-à-dire le cours de change à la date de la transaction.

Ultérieurement, à la date de *reporting* ou de fin d'exercice, cette entreprise doit convertir les actifs et les passifs résultant de ces transactions selon que ceux-ci sont des éléments monétaires ou des éléments non monétaires.

Dans l'état de la situation financière, les éléments comme la trésorerie, les comptes clients et les dettes diverses sont considérés comme des éléments monétaires. En effet, quelle que soit la situation, une dette de un million de dollars exigera toujours un remboursement de un million de dollars. Un élément est considéré comme monétaire si le nombre d'unités de monnaie qui y est associé est fixé d'avance par contrat ou autrement. Les postes monétaires doivent donc être convertis au cours de change en vigueur à la date de *reporting* ou de fin d'exercice. Exprimée en dollars canadiens, la valeur de tels postes varie dans le temps en fonction des cours de change. Le fait de régulariser périodiquement la valeur de ces postes en fonction du nouveau cours de change amène à constater des gains ou des pertes de change, qui représentent la différence entre le montant converti en monnaie fonctionnelle à la date de la transaction et celui calculé à la date de *reporting*, en résultat net dans l'état du résultat global.

Les actifs non monétaires, comme les stocks et les immobilisations, sont convertis en dollars canadiens en fonction du cours de change en vigueur au moment de leur acquisition ou de leur fabrication (taux historique). Ce traitement sert à exprimer en dollars canadiens le coût historique réel des stocks et des immobilisations, comme si ceux-ci avaient été achetés (ou produits) directement au Canada en dollars canadiens. Il en va ainsi pour tous les autres actifs et passifs dits « non monétaires ». Les stocks et les immobilisations sont des éléments non monétaires, car le nombre d'unités de monnaie (dollars américains ou autre devise) associé à ces éléments n'est pas fixé d'avance. L'écart de change est donc nul, étant donné que ce type de transactions a été enregistré à l'origine en fonction du cours de change à la date de la transaction.

7.7.2 La conversion d'états financiers en monnaies étrangères

Il arrive également qu'une entreprise doive convertir ses états financiers afin qu'ils puissent être intégrés dans les états financiers de l'entité présentant les états financiers par voie de consolidation, de consolidation proportionnelle ou de mise en équivalence.

Selon la norme IAS 21, l'entreprise en question doit convertir ses états financiers en monnaie de présentation[3] à l'aide des procédures suivantes :

- conversion de tous les postes d'actifs et de passifs de l'état de la situation financière au cours de change en vigueur à la fin de l'exercice (cours courant) ;
- conversion des postes de produits et de charges au cours de change en vigueur aux dates de transactions ou au cours moyen en vigueur durant l'exercice ;
- présentation de tous les écarts de change (ou écarts de conversion) dans le poste Gains et pertes de change latents sur conversion des états financiers de l'état des variations des capitaux propres.

7.8 LES SECTEURS OPÉRATIONNELS

Il n'est pas rare qu'une entreprise œuvre dans plusieurs secteurs d'activité. Elle peut offrir des biens et services différents, ou effectuer des ventes dans des secteurs géographiques diversifiés. Afin de mieux informer les utilisateurs sur sa performance financière, une telle entreprise est tenue de donner des informations sur chacun de ces éléments. Comme les états financiers d'une entreprise révèlent sa situation financière et ses résultats d'exploitation de façon globale, elle doit ajouter par voie de notes aux états financiers certains renseignements sur ses secteurs d'activité.

Selon la norme comptable internationale IFRS 8, un secteur opérationnel est une composante d'une entité :

- qui se livre à des activités à partir desquelles elle est susceptible d'acquérir des produits des activités ordinaires et d'engager des charges (y compris des produits des activités ordinaires et des charges relatifs à des transactions avec d'autres composantes de la même entité) ;

3. La monnaie de présentation est la monnaie utilisée pour présenter les états financiers.

- dont les résultats opérationnels sont régulièrement examinés par le principal décideur opérationnel de l'entité en vue de prendre des décisions en matière de ressources à affecter au secteur et à évaluer sa performance;
- pour laquelle des informations financières isolées sont disponibles. En fait, un secteur opérationnel reflète la façon de gérer d'une entreprise. Pour qu'un gestionnaire puisse prendre de bonnes décisions, il a besoin d'informations sur les opérations dont il est responsable. L'entreprise a le devoir de communiquer une partie de cette information par voie de note aux états financiers.

Pour se conformer aux normes en vigueur, l'entreprise doit notamment fournir les informations suivantes relativement à chaque secteur opérationnel:

- les produits des activités ordinaires provenant de clients externes;
- les produits des activités ordinaires provenant de transactions avec d'autres secteurs opérationnels de la même entité;
- les produits d'intérêts;
- les charges d'intérêts;
- les amortissements d'actifs corporels et incorporels;
- les éléments significatifs de produits et de charges;
- la quote-part de l'entité dans le résultat des entités associées et des coentreprises comptabilisées selon la méthode de la mise en équivalence;
- la charge ou le produit d'impôts sur le résultat;
- les éléments significatifs sans contrepartie en trésorerie, autres que les amortissements sur actifs corporels et incorporels.

Quant au degré de détail des informations à fournir, il doit, dans la mesure du possible, correspondre à l'information financière utilisée pour les états financiers de l'entreprise. Il va de soi que la somme des renseignements sectoriels doit correspondre au total des postes présentés dans les états financiers de l'entreprise.

CHAPITRE 8

LE TABLEAU DES FLUX DE TRÉSORERIE

SOMMAIRE

Comme nous l'avons annoncé dans le chapitre 2, nous consacrerons tout le chapitre 8 au tableau des flux de trésorerie. Cet état financier s'ajoute aux autres états vus précédemment. L'état de la situation financière présente la situation financière de l'entreprise en ce qui a trait à ses actifs, passifs et capitaux propres à une date donnée; le compte de résultat permet de connaître les résultats de l'exploitation de l'entreprise pour un exercice donné; l'état des variations des capitaux propres fait état des opérations ayant influé sur les capitaux propres entre le début et la fin de l'exercice, soit, principalement, les variations du capital, des résultats non distribués et des autres éléments du résultat global. Certains renseignements, utiles pour les lecteurs des états financiers, ne ressortent toutefois pas de façon évidente de ces divers états.

Prenons l'exemple de l'état de la situation financière. Bien que celui-ci établisse la liste des actifs et des passifs de l'entreprise à la fin de l'exercice courant (et habituellement, à titre comparatif, à la fin de l'exercice précédent), il ne précise pas comment ceux-ci ont été gérés durant l'exercice. En d'autres termes, cet état financier ne permet pas de savoir quelles opérations (notamment l'acquisition et la vente d'actifs non courants, l'obtention de nouveaux prêts et le remboursement d'emprunts) ont eu un effet sur les actifs et les passifs durant l'exercice, ni de connaître l'incidence de ces opérations sur la trésorerie.

De son côté, le compte de résultat présente les produits engendrés et les charges engagées dans le cadre des activités d'exploitation, d'investissement et de financement. Toutefois, il ne rend pas forcément compte des entrées ni des sorties de trésorerie liées à ces activités. Il n'en précise pas non plus le montant exact.

Ces entrées et sorties de trésorerie, appelées «flux de trésorerie», sont un indice précieux de la viabilité à court terme de l'entreprise. Comme cette évaluation de la solvabilité est au cœur du processus décisionnel des investisseurs et des créanciers, la direction a intérêt à fournir, dans ses états financiers, des renseignements sur la manière dont elle assure la survie immédiate de l'entreprise. C'est pour répondre à ce besoin que les dirigeants ajoutent normalement aux trois premiers états financiers un état portant exclusivement sur la trésorerie, appelé «tableau des flux de trésorerie», qui détaille les entrées et sorties de trésorerie et d'équivalents de trésorerie au cours de la période.

Le tableau des flux de trésorerie explique ainsi la variation de la trésorerie et des équivalents de trésorerie. (La trésorerie comprend les fonds en caisse – ou encaisse – et les dépôts à vue, alors que les équivalents de trésorerie incluent les placements à court terme, très liquides, facilement convertibles en un montant connu de trésorerie et soumis à un risque négligeable de changement de valeur.)

Dans ce chapitre:

- Nous analyserons le lien entre les divers états financiers et le tableau des flux de trésorerie.
- Nous verrons comment reconnaître les divers types de flux de trésorerie.
- Nous comprendrons comment s'élabore la présentation des composantes des flux de trésorerie.

8.1 LES FLUX DE TRÉSORERIE – LIENS AVEC LES DIVERS ÉTATS FINANCIERS

Voyons en quoi consistent les flux de trésorerie selon les divers états financiers.

8.1.1 Les flux de trésorerie

Les flux de trésorerie correspondent aux entrées (encaissements) et aux sorties (décaissements) de trésorerie. L'encaissement peut découler de plusieurs types d'opérations, comme la réception d'une somme payable par un client, un emprunt consenti par une banque ou la vente d'un actif non courant. Ces opérations se traduisent alors par une augmentation de la trésorerie.

À l'inverse, lorsque l'entreprise émet un chèque ou verse de l'argent comptant, elle effectue un décaissement. Le décaissement découle de plusieurs types d'opérations, comme le remboursement du capital et le paiement des intérêts d'un emprunt, ou encore l'acquisition au comptant d'immobilisations ou de biens destinés à la vente. Peu importe la nature économique de l'opération, le décaissement constitue toujours une sortie de fonds qui fait diminuer la trésorerie.

8.1.2 La comptabilité d'engagement (et la notion de spécialisation ou d'indépendance des exercices)

Comme nous l'avons vu au chapitre 3, la comptabilité d'engagement et la notion de spécialisation (ou indépendance) des exercices exigent que les produits et les charges d'un exercice donné soient comptabilisés dans les états financiers portant sur cet exercice précis, peu importe le moment où se produisent les encaissements et les décaissements correspondants.

Revoyons ce principe à l'aide d'une opération et faisons le lien avec les flux de trésorerie. Imaginons que, le 25 mai 2011, une société appelée Les Entreprises L.M.M. inc. vend à crédit des marchandises pour un montant de 5 000 $ à l'un de ses clients, livraison comprise. Elle pose comme condition de crédit que le client en question puisse payer son achat dans un délai d'un mois suivant la vente, soit le 25 juin 2011.

Voici comment Les Entreprises L.M.M. enregistre cette opération. Elle inscrit dans ses registres comptables une vente en date du 25 mai 2011. Au même moment, elle inscrit que le client lui doit une somme de 5 000 $, qu'il doit régler avant le 25 juin 2011.

Lorsqu'elle établit ses états financiers au 31 mai 2011, soit à la fin de son exercice financier, elle y inclut un montant de 5 000 $ à la fois dans ses clients (débiteurs) et dans ses ventes. Le 25 juin 2011, la société Les Entreprises L.M.M. reçoit le chèque du client. Elle inscrit alors l'encaissement des 5 000 $ en question et annule le montant initialement inscrit aux clients (débiteurs). La vente est donc enregistrée dans le compte de résultat pour l'exercice financier terminé le 31 mai 2011, bien que l'encaissement n'ait eu lieu qu'au cours de l'exercice suivant, débutant le 1er juin 2011 et se terminant le 31 mai 2012.

Illustrons maintenant ces notions dans le cadre d'un exercice complet. Reprenons l'exemple des Entreprises L.M.M. Le compte de résultat de cette société, présenté dans le **tableau 8.1,** montre qu'elle a inscrit des ventes de 1 800 000 $ durant l'exercice se terminant le 31 mai 2011.

Interrogeons-nous sur le montant réellement encaissé pour ces ventes inscrites dans le compte de résultat. Puisque le poste Débiteurs de l'état de la situation financière de 2011 présente un montant de 130 000 $, cela implique qu'il faut soustraire des 1 800 000 $ de ventes les 130 000 $ des débiteurs afin de déterminer les encaissements. En revanche, la rubrique Débiteurs de 2010 comportait un montant de 80 000 $, somme vraisemblablement encaissée en 2011 et devant donc être ajoutée aux ventes de 2011 pour déterminer les encaissements de 2011. Ainsi, les encaissements totaux pour 2011 se calculent comme suit :

$$\underset{\text{(ventes 2011)}}{1\,800\,000\ \$} + \underset{\text{(débiteurs 2010)}}{80\,000} - \underset{\text{(débiteurs 2011)}}{130\,000} = 1\,750\,000\ \$$$

tableau 8.1 Compte de résultat des Entreprises L.M.M.

LES ENTREPRISES L.M.M. INC.
COMPTE DE RÉSULTAT
de l'exercice terminé le 31 mai 2011

Ventes		1 800 000 $
Coût des ventes		990 000
Marge brute		810 000
Coûts commerciaux		
Salaires et avantages sociaux	90 000 $	
Publicité	20 000	
Livraisons	40 000	
Amortissement des immobilisations	50 000	200 000
Charges administratives		
Salaires et avantages sociaux	115 000	
Assurances et taxes	70 000	
Papeterie et impression	50 000	
Télécommunications	55 000	
Entretien des immobilisations	15 000	
Amortissement des immobilisations	150 000	455 000
		655 000
Résultat d'exploitation		155 000

tableau 8.1 **Compte de résultat des Entreprises L.M.M.**

LES ENTREPRISES L.M.M. INC.
COMPTE DE RÉSULTAT
de l'exercice terminé le 31 mai 2011

Autres produits et charges		
Gain à la vente d'immobilisations	(5 000)	
Intérêts débiteurs	68 000	63 000
Résultat avant impôts		92 000
Charge d'impôts (impôts exigibles)		16 000
Résultat net		76 000 $

tableau 8.2 **État de la situation financière des Entreprises L.M.M.**

LES ENTREPRISES L.M.M. INC.
ÉTAT DE LA SITUATION FINANCIÈRE
au 31 mai 2011

ACTIF	**2011**	**2010**
Actif courant		
Trésorerie	**19 000 $**	60 000 $
Débiteurs	**130 000**	80 000
Stocks de marchandises	**160 000**	200 000
Charges payées d'avance	**15 000**	10 000
	324 000	350 000
Immobilisations corporelles (note 1)	**1 190 000**	1 110 000
	1 514 000 $	1 460 000 $
PASSIF		
Passif courant		
Créditeurs	**120 000 $**	170 000 $
Impôt à payer	**15 000**	11 000
Tranche de la dette non courante échéant à moins d'un an	**41 000**	27 000
	176 000	208 000
Dette non courante (note 2)	**620 000**	640 000
	796 000	848 000
CAPITAUX PROPRES		
Capital-actions (note 3)	**210 000**	150 000
Résultats non distribués	**508 000**	462 000
	718 000	612 000
	1 514 000 $	1 460 000 $

tableau 8.2 État de la situation financière des Entreprises L.M.M.

LES ENTREPRISES L.M.M. INC.
ÉTAT DE LA SITUATION FINANCIÈRE
au 31 mai 2011

	Coût	Amortissement cumulé	Coût non amorti 2011	Coût non amorti 2010
1. Immobilisations corporelles				
Terrain	300 000 $		**300 000 $**	300 000 $
Bâtiment	800 000	320 000 $	**480 000**	520 000
Matériel roulant	200 000	105 000	**95 000**	100 000
Mobilier et agencements	600 000	285 000	**315 000**	190 000
	1 900 000 $	710 000 $	**1 190 000 $**	1 110 000 $

	2011	2010
2. Dette non courante		
Emprunt hypothécaire, 9,5 %, remboursable par versements mensuels de 7 400 $, y compris les intérêts, échéant en 2014	**640 000 $**	667 000 $
Emprunt, 10 %, garanti par nantissement commercial sur du matériel roulant, remboursable par versements mensuels de 960 $, y compris les intérêts, échéant en 2014	**21 000**	
	661 000	667 000
Tranche échéant à moins d'un an	**41 000**	27 000
	620 000 $	640 000 $
3. Capital-actions		
1 100 actions de catégorie A participatives avec droit de vote, sans valeur nominale (1 000 actions en 2010)	**160 000 $**	100 000 $
350 actions de catégorie B à dividendes non cumulatifs de 10 %, sans valeur nominale	**50 000**	50 000
	210 000 $	150 000 $

Au cours de l'exercice, l'entreprise a émis 100 actions de catégorie A en contrepartie de 60 000 $ en espèces.

8.1.3 La conversion des divers états financiers en flux de trésorerie

Nous venons de voir que les ventes sont inscrites dans le compte de résultat au moment même où elles ont lieu, qu'on en ait ou non reçu le paiement. La consultation de l'état de la situation financière nous a permis de comprendre qu'une partie des ventes figurant dans le compte de résultat était encore impayée et que, par conséquent, celle-ci devait faire partie de la rubrique Débiteurs de l'état de la situation financière.

Bien sûr, l'exemple que nous avons examiné pour illustrer ce principe était relativement simple. Il nous a cependant permis de constater qu'il est possible d'opérer le calcul visant à établir les flux de trésorerie. Ainsi, même si les états financiers ne donnent pas directement des flux de trésorerie, ils permettent de les reconstituer. Voyons à présent comment il faut procéder pour déterminer l'ensemble des flux de trésorerie liés à un exercice financier.

8.2 L'ÉTABLISSEMENT DES FLUX DE TRÉSORERIE

Rappelons que notre objectif est de renseigner le lecteur sur les flux de trésorerie générés ou utilisés. Pour ce faire, nous regrouperons les activités de l'entité selon trois groupes distincts : les activités d'exploitation ou activités opérationnelles, les activités d'investissement et les activités de financement.

8.2.1 Les composantes du tableau des flux de trésorerie

Dans un premier temps, le lecteur veut juger de la capacité de l'entreprise à générer des flux de trésorerie à même le *résultat net* obtenu au cours de l'exercice, soit celui qui figure dans le compte de résultat (tableau 8.1, p. 174). Il faut alors déterminer, pour chacun des postes du compte de résultat, quels flux de trésorerie générés ou utilisés sont liés aux produits et charges de l'exercice. Les normes comptables proposent deux méthodes pour présenter les flux de trésorerie générés par l'exploitation, soit la méthode directe et la méthode indirecte. Nous décrirons ces deux méthodes plus loin. Nous nous concentrerons dans un premier temps sur le calcul des flux de trésorerie.

Une fois que les flux de trésorerie provenant de l'exploitation sont déterminés, le lecteur voudra connaître quels *investissements* ont été effectués avec ces flux de trésorerie et quelles ont été les *sources de financement* obtenues ou remboursées pour effectuer les investissements requis. Ce sont respectivement les flux de trésorerie liés aux activités d'investissement et ceux liés aux activités de financement qui informeront le lecteur de ces deux types de décisions. Illustrons le tout par un exemple.

Exemple 1

Illustration des flux de trésorerie

La société BIX dégage un résultat net de 200 000 $. Nous constatons que ce résultat net a généré des flux de trésorerie liés à l'exploitation de 250 000 $. BIX est en pleine croissance et décide d'investir 400 000 $ en achetant de nouvelles immobilisations. Puisque l'entreprise a généré 250 000 $ de trésorerie à même ses activités, il lui manque 150 000 $ pour financer ses acquisitions d'immobilisations. BIX décide de contracter un prêt pour la moitié du montant des immobilisations, soit 200 000 $, auprès d'une institution financière. Voici un tableau résumant les flux de trésorerie.

Flux générés par l'exploitation	250 000 $
Flux liés aux activités de financement	200 000 $
Flux liés aux activités d'investissement	(400 000) $
Trésorerie à la fin[1]	**50 000 $**

Dans ce qui suit, nous expliquerons d'abord la façon de calculer chacune des trois composantes du tableau des flux de trésorerie en présentant les éléments des autres états financiers qui sont utilisés pour déterminer les flux de trésorerie liés à l'exploitation, à l'investissement et au financement. Pour les activités d'exploitation, nous débutons par une analyse détaillée de chacun des flux. Ceci nous permettra de présenter cette information selon la méthode directe que nous décrirons plus loin. Cette façon de faire permet de mieux saisir l'aspect technique de la conversion des produits et charges en encaissements et décaissements. Soulignons que cette analyse nous permettra également de procéder à la présentation des flux de trésorerie selon la méthode indirecte à la section 8.3.2.

8.2.2 Les flux de trésorerie liés aux activités d'exploitation

Établissons d'abord les flux de trésorerie survenus dans le cadre de l'exploitation de l'entreprise, qu'il s'agisse des produits générés par les activités de production, de vente et de livraison de biens ou de prestation de services, ou des charges engendrées par ces activités. Comme les activités d'exploitation déterminent généralement le résultat net et qu'elles engendrent des actifs et des passifs courants figurant dans l'état de la situation financière, nous nous reporterons à ces postes pour reconstituer les flux de trésorerie liés aux activités d'exploitation.

1. Dans l'hypothèse où la trésorerie a un solde de zéro au début.

A Les ventes et les débiteurs

Comme nous l'avons vu dans la section 8.1.2, l'état de la situation financière de la société Les Entreprises L.M.M. inc., illustré par le **tableau 8.2,** p. 175, présente les débiteurs à 80 000 $ au 31 mai 2010, soit au début de l'exercice, contre 130 000 $ un an plus tard, soit à la fin de l'exercice. Le compte de résultat du tableau 8.1 révèle pour sa part que les ventes de l'exercice terminé le 31 mai 2011 se sont établies à 1 800 000 $. Pour connaître les encaissements de l'exercice, utilisons la formule suivante :

Débiteurs au début	+	Ventes de l'exercice	–	Débiteurs à la fin	=	Encaissements de l'exercice

Appliquons cette formule à nos données, comme suit :

Débiteurs au début de l'exercice	80 000 $
Plus : Ventes de l'exercice	1 800 000
Total possible des encaissements	1 880 000
Moins : Débiteurs à la fin de l'exercice	130 000
Encaissements de l'exercice	1 750 000 $

En ajoutant aux débiteurs au 31 mai 2010 les ventes de l'exercice terminé le 31 mai 2011, on obtient un total de 1 880 000 $ (80 000 $ + 1 800 000 $), soit le montant maximal qui aurait pu être encaissé des débiteurs (clients) au cours de l'exercice 2011. Si l'on soustrait de cette somme les clients de 130 000 $ au 31 mai 2011, on obtient le total des encaissements liés aux ventes de l'exercice, soit 1 750 000 $.

B Les achats, les stocks et les créditeurs

Cette fois, nous voulons connaître le montant des flux de trésorerie affectés aux achats, c'est-à-dire les sommes décaissées durant l'exercice pour régler les achats de la société, peu importe le moment où ceux-ci ont effectivement été réalisés. Comme l'indique le tableau 8.1 (p. 174), le coût des ventes pour l'exercice terminé le 31 mai 2011 se chiffre à 990 000 $.

En partant du coût des ventes, le calcul lié aux décaissements pour les achats se fait en deux étapes. Premièrement, il faut trouver le montant des achats effectués au cours de l'exercice. Ensuite, il faut calculer les décaissements en considérant la variation des créditeurs dans l'état de la situation financière, entre le début et la fin de l'exercice, comme nous l'avons fait ci-dessus pour les débiteurs.

Déterminons d'abord les achats de l'exercice. Les achats sur lesquels reposent nos calculs sont compris dans le coût des ventes. Le niveau des stocks se lit dans l'état de la situation financière, sous le poste Stocks de marchandises. Pour connaître les stocks des Entreprises L.M.M., reportons-nous à l'état de la situation financière du tableau 8.2 (p. 175).

À partir d'ici, pour déterminer les flux de trésorerie affectés aux achats, on reconstitue le montant des achats.

Si :

Coût des ventes = Stocks au début + Achats − Stocks à la fin

Alors :

Coût des ventes − Stocks au début + Stocks à la fin = Achats

Appliquons la formule aux données de notre exemple, ainsi :

Coût des ventes	990 000 $
Moins : Stocks au début	200 000
	790 000
Plus : Stocks à la fin	160 000
Achats de l'exercice	950 000 $

Puisque nous connaissons maintenant le montant des achats, nous pouvons déterminer le total des décaissements.

La société a effectué des achats de 950 000 $ au cours de l'exercice terminé le 31 mai 2011. Elle devait déjà 170 000 $ à ses fournisseurs (créditeurs) au début de cet exercice, relativement à des achats effectués au cours d'exercices précédents. Si elle avait voulu les régler tous, elle aurait dû décaisser 1 120 000 $. Or, à la fin de l'exercice 2011, elle devait toujours 120 000 $ à ses fournisseurs. En fait, elle ne leur a versé qu'un total de 1 000 000 $ (1 120 000 $ – 120 000 $) au cours de l'exercice terminé le 31 mai 2011, comme le démontre la formule suivante :

Créditeurs au début + Achats de l'exercice − Créditeurs à la fin = Décaissements de l'exercice

Appliquons cette formule à nos données, comme suit :

Créditeurs au début de l'exercice		170 000 $
Plus :	Achats de l'exercice	950 000
Total possible des décaissements		1 120 000
Moins :	Créditeurs à la fin de l'exercice	120 000
Décaissements de l'exercice		1 000 000 $

C Les autres charges, les charges payées d'avance et les autres créditeurs

Nous souhaitons maintenant connaître les flux de trésorerie de l'exercice qui ont été affectés au règlement des autres charges, c'est-à-dire les décaissements ayant servi à payer des frais autres que les achats. Notre exemple porte sur les coûts commerciaux et les charges administratives. En règle générale, ces autres charges sont liées à des sommes impayées en fin d'exercice, par exemple les créditeurs autres que les fournisseurs qui figurent au passif de l'état de la situation financière, ou encore à des sommes payées d'avance qui se retrouvent dans le poste Charges payées d'avance de l'actif de l'état de la situation financière. Puisque, en général, les états financiers ne donnent pas le détail des charges payées d'avance et des autres créditeurs, c'est l'ensemble de ces charges que l'on convertit en décaissements. Par ailleurs, les décaissements servant à payer les intérêts et l'impôt sur les bénéfices feront l'objet d'une communication distincte dans le tableau des flux de trésorerie. Nous convertirons ces charges en décaissements séparément.

Voyons le tout dans le cadre de notre exemple des Entreprises L.M.M. inc. Dans l'état de la situation financière du tableau 8.2 (p. 175), les créditeurs ont déjà fait l'objet de l'analyse puisque nous les avons considérés comme étant entièrement liés aux achats de marchandises. Il n'y a donc aucun créditeur à part les fournisseurs. En ce qui a trait aux charges payées d'avance, on note dans l'actif de l'état de la situation financière un montant de 15 000 $ à la fin de l'exercice 2011. Or, cette somme a été décaissée dans l'exercice, mais ne figure pas dans les charges du compte de résultat puisqu'elle est liée à des activités du prochain exercice. Il faut donc, pour reconstituer les décaissements, additionner cette somme aux autres charges de l'exercice figurant dans le compte de résultat du tableau 8.1 (p. 174). On obtient le coût maximal des services que la société aurait pu recevoir durant l'exercice 2011, soit 470 000 $. De ce total, 10 000 $ ont été décaissés avant l'exercice 2011, soit le solde des charges payées d'avance au 31 mai 2010. Par conséquent, on doit soustraire ce montant du coût maximal des services pour obtenir le total des décaissements durant l'exercice 2011, soit 460 000 $, comme l'indique la formule suivante :

Charges payées d'avance à la fin	+	Autres charges de l'exercice	−	Charges payées d'avance au début	=	Décaissements de l'exercice

Charges payées d'avance à la fin		15 000 $
Plus :	Autres charges de l'exercice (coûts commerciaux + charges administratives – amortissements) (200 000 $ + 455 000 $ – 200 000 $)	455 000
		470 000
Moins :	Charges payées d'avance au début	10 000
Décaissements de l'exercice		460 000 $

À ce stade, il importe de noter que certains postes de compte de résultat ne seront pas considérés dans les décaissements puisque ces éléments de produits ou de charges ne constituent pas une entrée ou une sortie de trésorerie.

Dans notre exemple, *l'amortissement des immobilisations,* présenté dans les coûts commerciaux et les charges administratives, et le *gain à la vente d'immobilisations* ne font pas partie de l'analyse des flux de trésorerie liés à l'exploitation. L'amortissement ne constitue pas une sortie d'argent, mais une répartition du coût de l'actif sur la durée d'utilité prévue par l'entité. Quant au gain obtenu lors de la vente d'immobilisations, il ne représente pas l'entrée d'argent puisqu'il est le résultat de la différence entre le prix de vente et la valeur comptable de l'immobilisation. Nous verrons plus loin que le coût d'achat des immobilisations ou leur prix de vente ont un effet sur un autre élément du tableau des flux de trésorerie, la rubrique Activités d'investissement.

Finalement, comme nous l'avons mentionné ci-dessus, les décaissements liés aux autres charges ne prennent pas en compte l'impôt sur les bénéfices et les intérêts débiteurs, dont nous traiterons dans les deux prochaines sous-sections.

D Les intérêts débiteurs

Des intérêts débiteurs (frais d'intérêts) de 68 000 $ figurent dans le compte de résultat du tableau 8.1 (p. 174). L'état de la situation financière ne présente aucun intérêt à payer dans le passif courant. Les décaissements relatifs aux intérêts équivalent donc à la charge présentée dans le compte de résultat. En pareil cas, aucun ajustement des éléments provenant du compte de résultat net n'est requis. S'il y avait eu des intérêts à payer, nous aurions pu suivre le raisonnement suivant :

Intérêts à payer au début	+	Charge d'intérêts	–	Intérêts à payer à la fin	=	Décaissements liés aux intérêts

Les normes IFRS précisent que les intérêts et les dividendes versés et les intérêts et dividendes reçus peuvent être présentés avec les activités liées à l'exploitation. Toutefois, les entités peuvent choisir de les classer dans les flux de trésorerie de financement (versés) ou encore d'investissement (reçus) si les intérêts ou dividendes représentent le coût d'obtention de ressources financières ou des rendements sur investissements.

E L'impôt sur les bénéfices

À combien se chiffrent les décaissements affectés au paiement des impôts en 2011 ? Le compte de résultat présente une charge d'impôts exigibles de 16 000 $. Or, l'état de la situation financière indique un impôt à payer de 11 000 $ au début de l'exercice 2011. La formule suivante permet de connaître le décaissement réel de l'exercice :

Impôt à payer au début	+	Charge d'impôts de l'exercice	–	Impôt à payer à la fin	=	Décaissement de l'exercice

Appliquons-la maintenant à nos données :

Impôt à payer au début de l'exercice	11 000 $
Plus : Charge d'impôts exigibles de l'exercice	16 000
	27 000
Moins : Impôt à payer à la fin de l'exercice	15 000
Décaissement de l'exercice	12 000 $

On constate que le montant maximal d'impôts qui aurait pu être décaissé durant l'exercice 2011 s'élève à 27 000 $. Étant donné qu'il reste 15 000 $ d'impôt à payer au 31 mai 2011, on peut déduire que le décaissement réellement effectué durant l'exercice se chiffre à 12 000 $.

On remarquera cependant que la société Les Entreprises L.M.M. ne présente pas d'impôts différés. Si tel avait été le cas, il aurait fallu déduire la charge d'impôts différés de la charge totale d'impôts, celle-ci n'ayant pas d'incidence sur les flux de trésorerie.

F Le résultat net

Le **tableau 8.3** de la page suivante résume les calculs effectués précédemment et illustre de quelle façon les différents éléments du compte de résultat peuvent être convertis en flux de trésorerie. Dans la colonne Ajustements, on constate que les encaissements sur les ventes sont inférieurs de 50 000 $ aux ventes inscrites dans le compte de résultat. Aussi, les décaissements sont, quant à eux, inférieurs de 184 000 $ aux charges inscrites.

tableau 8.3 La conversion du résultat net en flux de trésorerie

LES ENTREPRISES L.M.M. INC.
COMPTE DE RÉSULTAT
de l'exercice terminé le 31 mai 2011

		Ajustements			
	Résultats selon la comptabilité d'engagement	Éléments liés aux flux de trésorerie liés à l'exploitation[2]	Éléments sans effet sur les flux de trésorerie liés à l'exploitation	Flux de trésorerie	
Ventes (voir A)	1 800 000 $	+ 80 000 $ – 130 000 – 50 000		1 750 000 $	Encaissements provenant des ventes aux clients
Coût des ventes (voir B)	990 000	+ 170 000 – 120 000 + 160 000 – 200 000		1 000 000	Décaissements relatifs aux achats auprès de fournisseurs
Charges autres que amortissement (voir C)	455 000	+ 15 000 – 10 000		460 000	Décaissements relatifs aux autres charges
Amortissement des immobilisations	200 000		– 200 000 $		
Gain à la vente d'immobilisations	(5 000)		+ 5 000 $		
Intérêts débiteurs (voir D)	68 000			68 000	Décaissements relatifs aux frais d'intérêt
Impôt sur les bénéfices (voir E)	16 000	+ 11 000 – 15 000		12 000	Décaissements relatifs à l'impôt
	1 724 000	+ 11 000	– 195 000 $	1 540 000	
Résultat net	76 000 $	– 61 000 $	+ 195 000 $[3]	210 000 $	Entrées nettes de trésorerie

À la lecture de ce tableau, on constate que les efforts consentis par la société pour son exploitation durant l'exercice 2011 se sont traduits par un résultat net de 76 000 $ et des entrées nettes de trésorerie de 210 000 $. Étant donné que l'état de la situation financière présente une trésorerie de 60 000 $ au 31 mai 2010, ces entrées nettes auraient dû porter la trésorerie à 270 000 $ au 31 mai 2011.

2. Voir également le tableau 8.7, p. 193.

3. Dans ce tableau, le fait d'enlever une charge se transforme en une addition au résultat.

Or, celle-ci se chiffre à 19 000 $ seulement. On peut en déduire que Les Entreprises L.M.M. a effectué d'autres opérations qui ont occasionné une diminution nette de la trésorerie. Ces opérations s'inscrivent dans les activités d'investissement et de financement, que nous abordons ci-dessous.

8.2.3 Les flux de trésorerie liés aux activités d'investissement et de financement

Jusqu'ici, toutes les conversions ne visaient qu'à calculer la variation de trésorerie liée à l'exploitation de l'entreprise. D'autres opérations, dont nous n'avons pas encore tenu compte, engendrent aussi des flux de trésorerie. Il s'agit d'opérations liées aux activités d'investissement, comme l'achat d'immobilisations, ou aux activités de financement, comme l'émission de capital-actions. Examinons-les afin de déterminer les flux de trésorerie auxquels elles donnent lieu.

Alors que la reconstitution des flux de trésorerie liés aux activités d'exploitation faisait appel à l'actif et au passif courants de l'état de la situation financière, celle des flux de trésorerie liés aux activités d'investissement et de financement fait appel aux postes non courants de l'état de la situation financière. Les activités d'investissement relèvent de l'acquisition et de la cession d'actifs non courants, ainsi que des autres placements ne faisant pas partie des équivalents de trésorerie. Quant aux activités de financement, elles se rapportent à des activités qui modifient l'ampleur et la composition des capitaux propres et des capitaux empruntés de l'entreprise.

A Les immobilisations corporelles

Le poste Immobilisations corporelles comprend les actifs non courants qu'une société utilise dans le cours normal de ses affaires. Ainsi, si la société Les Entreprises L.M.M. acquiert au comptant 20 000 $ de nouvelles immobilisations corporelles le 1er juin 2010, elle inscrira dans ses registres comptables un décaissement de 20 000 $ à cette date. Dans le chapitre 2, nous avons expliqué que l'entreprise inscrit ses immobilisations corporelles dans l'état de la situation financière, car celles-ci procurent des avantages sur plusieurs exercices. Or, dans le compte de résultat, seul l'amortissement est inscrit comme charge annuelle, laquelle ne correspond pas au décaissement total de 20 000 $ effectué lors de l'acquisition. Il ressort de cette explication que, bien que le décaissement ait eu lieu le 1er juin 2010, l'utilisation de l'immobilisation va se traduire par une charge annuelle d'amortissement pendant plusieurs exercices.

Illustrons cet ajustement à l'aide d'un exemple. À la lecture du tableau 8.2 (p. 175), on observe que le poste d'investissement net en immobilisations des Entreprises L.M.M. est passé de 1 110 000 $ à 1 190 000 $ durant l'exercice, soit une augmentation de 80 000 $. Cette augmentation nette ne représente pas nécessairement les dépenses en immobilisations engagées durant l'exercice 2011. D'autres renseignements, dont les flux de trésorerie liés à cette augmentation, sont nécessaires à notre compréhension des opérations qui se sont déroulées au cours de l'exercice. On obtient ces renseignements en consultant les notes complémentaires aux états financiers, en comparant les soldes et en s'adressant aux représentants de l'entreprise. On y constate ce qui suit :

- la société a acheté un camion d'une valeur de 35 000 $ au moyen d'un emprunt de 30 000 $;
- la société a vendu 20 000 $ de mobilier dont la valeur nette se chiffrait à 15 000 $;
- la société a réaménagé ses bureaux et fait l'acquisition de mobilier pour une somme de 260 000 $.

Portons d'abord notre attention sur la deuxième opération, soit la vente du mobilier. Le gain de 5 000 $ provenant de cette vente et inscrit au compte de résultat ne constitue pas l'entrée de trésorerie, puisque l'encaissement lié à la vente du mobilier est de 20 000 $.

À la suite de ces trois transactions, la diminution nette de la trésorerie se chiffre donc à 275 000 $, soit le montant total des acquisitions (35 000 $ + 260 000 $) moins le prix de vente de 20 000 $, si l'on exclut l'encaissement résultant d'un emprunt de 30 000 $ dont nous parlerons plus loin.

Le rapprochement complet de la variation du montant net des immobilisations durant l'exercice doit tenir compte de l'amortissement[4].

		Variation des immobilisations corporelles	Encaissements (décaissements)
Valeur nette au début de l'exercice		1 110 000 $	
Plus :	Acquisitions de l'exercice		
	Camion	35 000	(35 000)
	Mobilier et agencement	260 000	(260 000)
		1 405 000	
Moins :	Ventes de l'exercice		
	Mobilier (valeur nette)	15 000[5]	20 000
	Amortissement de l'exercice (50 000 + 150 000)	200 000[6]	
		215 000	
Valeur nette à la fin de l'exercice		1 190 000 $	
Diminution nette de la trésorerie			(275 000 $)

4. Rappelons que la valeur nette (valeur comptable) des immobilisations représente le coût d'acquisition moins l'amortissement cumulé.

5. Se reporter à la note précédente.

6. Dans le compte de résultat, on retrouve 50 000 $ dans les coûts commerciaux et 150 000 $ dans les charges administratives.

B La dette non courante

En analysant les passifs courants lors de la conversion des éléments du compte de résultat pour obtenir les flux de trésorerie liés à l'exploitation, nous n'avons pas tenu compte de la tranche de la dette non courante échéant à moins d'un an, car ce passif n'est pas lié à l'exploitation, mais au financement de l'entreprise. On connaîtra les répercussions des variations de ce passif sur la trésorerie en étudiant les opérations qui se rapportent à la dette non courante.

La note 2 du tableau 8.2 (p. 176) indique que la dette non courante est passée de 667 000 $ à 661 000 $ durant l'exercice 2011, soit une diminution nette de 6 000 $. Cette diminution découle d'abord des versements de capital sur l'emprunt hypothécaire de 27 000 $[7], soit la tranche échéant au cours de l'exercice qui se termine le 31 mai 2011.

Ensuite, la société a emprunté 30 000 $ pour l'achat du camion. Les versements de capital inhérents à cette dette se chiffrent à 9 000 $, puisque subsiste un solde de 21 000 $.

Dette non courante au début de l'exercice		667 000 $
Plus :	Emprunt de l'exercice	30 000
		697 000
Moins :	Remboursements de capital de l'exercice (27 000 $ + 9 000 $)	36 000
Dette non courante à la fin de l'exercice		661 000 $

On observe que la diminution de la trésorerie relative aux remboursements de capital de la dette à long terme se chiffre à 6 000 $, soit les remboursements de 36 000 $ moins l'emprunt de 30 000 $. Quant aux intérêts versés, nous en avons déjà tenu compte dans la sous-section 8.2.2 D, lors de la conversion des résultats d'exploitation en flux de trésorerie.

7. On constatera que la diminution de la dette ne correspond pas aux sommes réellement payées durant l'exercice. En supposant que tous les versements mensuels de 7 400 $ ont été effectués, le décaissement total se chiffre à 88 800 $. La différence de 61 800 $ représente les intérêts versés sur l'emprunt, lesquels sont compris dans les charges du compte de résultat. En effet, la dette enregistrée dans l'état de la situation financière représente toujours le capital de l'emprunt. Les intérêts correspondent à la rémunération versée par l'emprunteur au prêteur pour la jouissance du capital et ne constituent une dette qu'au moment où le versement périodique (en capital et intérêts) arrive à échéance. Les intérêts débiteurs d'un exercice donné impayés à la fin de l'exercice figurent généralement dans le passif courant et font l'objet d'un poste distinct.

C Le capital-actions

L'augmentation du capital-actions est expliquée dans la note 3 du tableau 8.2 (p. 176). L'émission de 100 actions de catégorie A a donné lieu à une augmentation de l'encaisse de 60 000 $.

D Les résultats non distribués

La lecture du compte de résultat du tableau 8.1 (p. 174) montre que le résultat net de 76 000 $ a contribué à l'augmentation des résultats non distribués. Au 31 mai 2011, on devrait donc constater des résultats non distribués s'élevant à 538 000 $ si aucune distribution de dividendes n'a été effectuée. Pour le vérifier et pour connaître les variations survenues au cours de l'exercice, examinons le **tableau 8.4,** qui présente l'état des variations des capitaux propres.

tableau 8.4 État des variations des capitaux propres

LES ENTREPRISES L.M.M. INC.
ÉTAT DES VARIATIONS DES CAPITAUX PROPRES

	Capital-actions		Résultats	Total capitaux
	Catégorie A	Catégorie B	non distribués	propres
Solde au 1er juin	100 000 $	50 000 $	462 000 $	612 000 $
Résultat net de l'exercice			76 000	76 000
Dividendes			(30 000)	(30 000)
Émission d'actions	60 000	0		60 000
Total	**160 000 $**	**50 000 $**	**508 000 $**	**718 000 $**

On note que la société a déclaré 30 000 $ de dividendes durant l'exercice 2011, réduisant ainsi ses résultats non distribués à 508 000 $. Notons que la déclaration de dividendes ne signifie pas forcément que les dividendes ont été versés durant l'exercice. Pour valider le paiement, il faut examiner le passif courant de l'état de la situation financière. En effet, si les dividendes n'ont pas été versés durant l'exercice, on voit alors apparaître dans le passif courant le poste Dividendes à payer. Chez Les Entreprises L.M.M., le passif courant n'indique aucun dividende à payer au 31 mai 2011. On peut donc en déduire que tous les dividendes déclarés ont été versés, ce qui a entraîné une diminution équivalente de la trésorerie.

Nous avons passé en revue l'ensemble des postes qui peuvent être convertis en flux de trésorerie. Le moment est enfin venu de traiter de la présentation du tableau des flux de trésorerie.

8.3 LA PRÉSENTATION DU TABLEAU DES FLUX DE TRÉSORERIE

Le tableau des flux de trésorerie sert à montrer l'effet des activités de l'entreprise sur sa trésorerie.

Plus particulièrement, il a pour objet d'aider les utilisateurs des états financiers à évaluer la trésorerie et les équivalents de trésorerie, la solvabilité de l'entreprise de même que sa capacité à s'autofinancer et à distribuer des dividendes à ses actionnaires.

Avant d'étudier le contenu et la présentation du tableau des flux de trésorerie, voyons en quoi consiste la trésorerie.

8.3.1 La trésorerie et les équivalents de trésorerie

La trésorerie et les équivalents de trésorerie comprennent les espèces et quasi-espèces, c'est-à-dire les actifs dont l'entreprise peut disposer facilement. Ces espèces et quasi-espèces se composent notamment des fonds en caisse, des dépôts à vue et des placements à court terme facilement monnayables et soumis à un risque négligeable de changement de valeur, comme les dépôts à terme (lorsque ceux-ci peuvent être retirés en tout temps sans pénalité).

Les éléments qui composent la trésorerie et les équivalents de trésorerie varient d'une entreprise à l'autre, selon la nature de l'actif et de l'activité. Il revient à la direction de l'entreprise de déterminer, dans certaines circonstances, les actifs possédant les caractéristiques requises pour être considérés comme de la trésorerie ou des équivalents de trésorerie. C'est pourquoi les éléments qui composent la trésorerie ou les équivalents de trésorerie doivent être précisés dans le tableau des flux de trésorerie. De cette façon, il permet d'établir la variation de la trésorerie et équivalents de trésorerie d'un exercice à l'autre. Dans l'exemple que nous avons choisi pour illustrer cette question, l'encaisse est le seul élément qui compose la trésorerie.

8.3.2 La présentation des composantes du tableau des flux de trésorerie

Le tableau des flux de trésorerie comprend, comme nous l'avons déjà mentionné, les trois rubriques suivantes (que nous détaillerons ci-dessous) : Activités d'exploitation, Activités de financement et Activités d'investissement. La présentation de ces activités permettra de déterminer les variations de trésorerie et équivalents de trésorerie au cours de l'exercice.

Notons que les entreprises doivent présenter la rubrique Activités d'exploitation en premier lieu, mais qu'elles peuvent produire les deux autres dans l'ordre de leur choix.

A Les activités d'exploitation

Les renseignements figurant dans la rubrique Activités d'exploitation visent à aider les utilisateurs à évaluer dans quelle mesure l'entreprise peut financer ses activités sans recourir à des sources de financement externes. En d'autres termes, ils permettent aux utilisateurs d'estimer si les flux de trésorerie produits par l'exploitation suffisent à couvrir ceux qui sont utilisés pour remplacer des actifs, effectuer de nouveaux investissements, rembourser des dettes et verser des dividendes. Les flux de trésorerie liés aux activités d'exploitation peuvent être présentés de deux façons : la méthode directe et la méthode indirecte.

A.1 La méthode directe

La méthode directe a pour but de renseigner le lecteur sur les entrées et sorties de trésorerie liées aux principales catégories de l'exploitation. Cette méthode donne davantage d'informations pour estimer les flux de trésorerie futurs que la méthode indirecte, qui ne permet pas une analyse aussi détaillée des flux liés à l'exploitation. Le **tableau 8.5** illustre la façon de présenter les activités d'exploitation en utilisant la méthode directe. Tous les calculs préalablement effectués ont été présentés au tableau 8.3 ; ils permettent de déterminer les entrées de trésorerie de 1 750 000 $ provenant des ventes et les sorties de trésorerie liées aux achats (1 000 000 $), aux autres charges (460 000 $), aux intérêts versés (68 000 $) et aux impôts payés (12 000 $) afin d'obtenir les flux de trésorerie provenant des activités d'exploitation pour un montant de 210 000 $.

tableau 8.5 Flux de trésorerie des Entreprises L.M.M. établis selon la méthode directe

LES ENTREPRISES L.M.M. INC.
TABLEAU DES FLUX DE TRÉSORERIE
de l'exercice terminé le 31 mai 2011

Activités d'exploitation (voir le calcul au tableau 8.3)	
Entrées de trésorerie – ventes	1 750 000 $
Sorties de trésorerie – achats	(1 000 000)
Sorties de trésorerie – autres charges	(460 000)
Intérêts versés	(68 000)
Impôts payés	(12 000)
Flux de trésorerie provenant des activités d'exploitation	210 000
Activités de financement	
Emprunts	30 000
Remboursement d'emprunts	(36 000)
Émission d'actions	60 000
Dividendes	(30 000)
Flux de trésorerie provenant des activités de financement	24 000

tableau 8.5 **Flux de trésorerie des Entreprises L.M.M. établis selon la méthode directe**

LES ENTREPRISES L.M.M. INC. TABLEAU DES FLUX DE TRÉSORERIE de l'exercice terminé le 31 mai 2011	
Activités d'investissement	
Vente d'immobilisations corporelles	20 000
Acquisition d'immobilisations corporelles	(295 000)
Flux de trésorerie affectés aux activités d'investissement	(275 000)
Diminution de la trésorerie	41 000
Trésorerie au début de l'exercice	60 000
Trésorerie à la fin de l'exercice	19 000 $

A.2 La méthode indirecte

Quant à la méthode indirecte (voir le **tableau 8.6**), elle est dérivée de la méthode directe. Le montant du résultat net sert de point de départ (et non chacune de ses composantes), puis est ajusté pour refléter les flux de trésorerie générés à même le résultat net. Notons que, quelle que soit la méthode utilisée, les flux de trésorerie générés par l'exploitation donnent le même montant. Dans notre exemple, Les Entreprises L.M.M. a généré 210 000 $ de flux de trésorerie provenant de l'exploitation pour l'exercice terminé le 31 mai 2011. Les calculs servant à obtenir ce montant ont déjà été effectués au tableau 8.3. Cependant, ici nous obtenons l'effet global apparaissant à la dernière ligne du tableau 8.3.

tableau 8.6 **Flux de trésorerie des Entreprises L.M.M. établis selon la méthode indirecte**

LES ENTREPRISES L.M.M. INC. TABLEAU DES FLUX DE TRÉSORERIE de l'exercice terminé le 31 mai 2011	
Activités d'exploitation	
Résultat net	76 000 $
Éléments sans effet sur la trésorerie liés à l'exploitation	
Amortissement des immobilisations corporelles	200 000
Gain à la vente d'immobilisations corporelles	(5 000)
(voir le tableau 8.3)	271 000
Variation nette des éléments du fonds de roulement	
hors trésorerie liés à l'exploitation (voir le tableau 8.7)	(61 000)
Flux de trésorerie provenant des activités d'exploitation	210 000)

tableau 8.6 Flux de trésorerie des Entreprises L.M.M. établis selon la méthode indirecte

LES ENTREPRISES L.M.M. INC. TABLEAU DES FLUX DE TRÉSORERIE de l'exercice terminé le 31 mai 2011	
Activités de financement	
Emprunts	30 000
Remboursement d'emprunts	(36 000)
Émission d'actions	60 000
Dividendes	(30 000)
Flux de trésorerie provenant des activités de financement	24 000
Activités d'investissement	
Vente d'immobilisations corporelles	20 000
Acquisition d'immobilisations corporelles	(295 000)
Flux de trésorerie provenant des activités d'investissement	(275 000)
Diminution de la trésorerie	41 000
Trésorerie au début de l'exercice	60 000
Trésorerie à la fin de l'exercice	19 000 $

Ainsi, les particularités de la méthode indirecte sont celles-ci :

- **Le résultat net.** Le calcul commence par le résultat net présenté dans le compte de résultat, soit un montant de 76 000 $.
- **Les éléments sans effet sur la trésorerie.** Puisque le point de départ est le résultat net, il faut s'assurer que les postes de produits et de charges qui ne constituent jamais des entrées ou sorties de trésorerie sont éliminés pour reconstituer les éléments de trésorerie. Ainsi, dans notre exemple, l'amortissement (50 000 $ + 150 000 $) est une charge qui réduit le résultat net. Cependant, puisqu'elle n'a pas d'effet sur la trésorerie, elle doit être ajoutée au résultat net. Le traitement inverse sera appliqué au gain découlant de la vente d'immobilisations corporelles. Ce gain de 5 000 $, qui a augmenté le résultat net, n'a pas affecté la trésorerie et sera donc soustrait du résultat net pour reconstituer la trésorerie ou les flux de trésorerie. En plus, ce gain est lié à une opération en relation avec les immobilisations, dont l'effet sur la trésorerie apparaîtra dans la rubrique Activités d'investissement. D'autres postes, qui ne représentent pas des entrées ou des sorties de trésorerie, feront l'objet de redressements à la baisse ou à la hausse dans cette section pour déterminer les flux de trésorerie liés à l'exploitation.
- **La variation nette des éléments du fonds de roulement hors trésorerie liés à l'exploitation.** Ces éléments sont constitués de tous les postes de l'actif et du passif courants autres que la trésorerie. Les tableaux 8.3 et **8.7** présentent les ajustements

globaux de 61 000 $ effectués lors de la conversion des éléments du résultat net en flux de trésorerie. Ces renseignements indiquent notamment que, durant l'exercice 2011, l'entreprise a « investi » de la trésorerie dans les postes suivants : Clients, Charges payées d'avance et Créditeurs. Au lieu de considérer individuellement chacun de ces postes, on présente, en général, l'effet sur le résultat net de façon globale.

- **Les flux de trésorerie liés aux intérêts et aux impôts.** On constate que l'utilisation de la méthode indirecte ne permet pas de distinguer les sommes versées par Les

tableau 8.7 Ajustement du résultat net des éléments liés à l'exploitation : variation nette des éléments du fonds de roulement hors trésorerie liés à l'exploitation

Effets sur la trésorerie
(voir également le tableau 8.3, p. 184)

Augmentation des clients	– 50 000 $	31 mai 2011	130 000 $
		31 mai 2010	80 000
Diminution des stocks de marchandises	+ 40 000	31 mai 2011	160 000
		31 mai 2010	200 000
Augmentation des charges payées d'avance	– 5 000	31 mai 2011	15 000
		31 mai 2010	10 000
Diminution des créditeurs	– 50 000	31 mai 2011	120 000
		31 mai 2010	170 000
Augmentation de l'impôt sur le bénéfice à payer	+ 4 000	31 mai 2011	15 000
		31 mai 2010	11 000 $
Variation nette des éléments du fonds de roulement hors trésorerie liés à l'exploitation	– 61 000 $		

Entreprises L.M.M. en intérêts et en impôts. Précisons que l'information portant sur les sorties de trésorerie liées aux intérêts et sur les entrées et sorties de trésorerie relatives aux impôts peut être utile aux lecteurs d'états financiers. Elle doit donc leur être présentée séparément.

Le **tableau 8.8** illustre les différences entre les modes de présentation du tableau des flux de trésorerie, selon qu'on emploie la méthode directe ou la méthode indirecte.

tableau 8.8 **Flux de trésorerie : comparaison entre la méthode directe et la méthode indirecte**

Activités d'exploitation		
Méthode directe		**Méthode indirecte**
Conversion des produits du compte de résultat en encaissements – Conversion des charges du compte de résultat en décaissements		Résultat net ± Éléments sans effet sur la trésorerie liée à l'exploitation, inclus dans le résultat net de l'exercice ± Variation nette des éléments du fonds de roulement hors trésorerie liés à l'exploitation
Flux de trésorerie provenant de l'exploitation	=	Flux de trésorerie provenant de l'exploitation
Activités de financement		
Même démarche, quelle que soit la méthode utilisée		
Activités d'investissement		
Même démarche, quelle que soit la méthode utilisée		

B Les activités de financement et d'investissement

Les activités de financement et d'investissement sont présentées de la même façon, qu'on utilise la méthode directe ou indirecte pour les activités d'exploitation.

La rubrique Activités de financement sert à montrer dans quelle mesure l'entreprise a eu recours au financement (par dettes ou par capitaux propres) pour augmenter sa trésorerie et l'incidence qu'a la réduction de la dette et du capital-actions sur la trésorerie. Elle comprend donc les encaissements d'emprunts à long terme, d'emprunts bancaires courants, d'émission d'actions, ainsi que les décaissements servant à rembourser la dette non courante et à financer des opérations portant sur le capital-actions, comme le rachat d'actions. Pour ce qui est des Entreprises L.M.M., les activités de financement ont donné lieu à des flux de trésorerie de 2 400 $ provenant d'emprunts, d'émission d'actions et de dividendes.

Les dividendes payés en espèces s'inscrivent généralement dans les activités de financement, mais peuvent aussi s'inscrire dans les activités d'exploitation.

Quant aux renseignements présentés dans la rubrique Activités d'investissement, ils aident les utilisateurs à évaluer le montant de trésorerie utilisé par l'entreprise pour acquérir des actifs non courants et, inversement, le montant de trésorerie provenant de la vente d'actifs non courants. Cette rubrique comprend donc les entrées et les sorties de trésorerie découlant de la vente et de l'acquisition d'actifs non courants.

Dans le cas des Entreprises L.M.M., les flux de trésorerie attribuables aux opérations ayant porté sur les actifs non courants sont liés aux immobilisations corporelles et, quelle que soit la méthode choisie, sont présentés de manière identique.

C La variation des flux de trésorerie de l'exercice

Comme il a été démontré aux tableaux 8.5 et 8.6, le tableau des flux de trésorerie permet de déterminer que, dans le cas des Entreprises L.M.M., la trésorerie avait un solde de 60 000 $ en début d'exercice, qui a diminué de 41 000 $ au cours de l'exercice pour se fixer à 19 000 $ en fin d'exercice. Cette variation provient d'activités d'exploitation qui ont généré 21 000 $ de flux de trésorerie, alors que les activités de financement ont généré 24 000 $ du flux de trésorerie ; mais, à cause d'un investissement net de 275 000 $ dans les immobilisations, la diminution de la trésorerie a été de 41 000 $.

CONCLUSION

Dans ce chapitre, nous avons présenté le tableau des flux de trésorerie, ses composantes et son fonctionnement. Cet état financier, qui nous permet de juger de la provenance et de l'utilisation des flux de trésorerie pour un exercice donné, s'avère précieux pour les investisseurs et les créanciers puisqu'il permet de porter un jugement sur la santé financière de l'entreprise du point de vue de sa trésorerie. Dans le chapitre 9, nous proposons une analyse plus détaillée de l'interprétation des composantes du tableau des flux de trésorerie. De plus, en annexe au présent chapitre, nous montrons le tableau des flux de trésorerie de Thomson Reuters Corporation ainsi que certains commentaires sur cet état.

ANNEXE 8.1

Le tableau des flux de trésorerie de Thomson Reuters Corporation

Nous présentons, à titre d'illustration, le tableau des flux de trésorerie pour l'entreprise Thomson Reuters Corporation en 2010.

On y retrouvera les quatre éléments principaux, présentés dans ce chapitre, qui permettent les énoncés suivants:

1. Au cours de l'exercice 2010, la trésorerie a diminué de 247 millions $ US, alors qu'elle avait augmenté de 270 millions $ US au cours de l'exercice 2009.
2. Les activités d'exploitation, appelées ici activités opérationnelles, permettent de générer un flux de trésorerie de 2 655 millions $ US en 2010, quasiment équivalent à celui généré en 2009 (2 666 millions $ US).
3. Les activités d'investissement, quant à elles, entraînent une sortie de trésorerie de 1 675 millions de US $ en 2010 et de 1 365 millions $ US en 2009.
4. Les activités de financement se traduisent, dans le cas de Thomson Reuters Corporation, par une sortie nette de trésorerie de 1 219 et de 1 051 millions $ US en 2010 et 2009 respectivement. Au cours de ces deux exercices, la sortie nette de trésorerie s'explique par d'importants remboursements d'emprunts (1 683 et 1 249 millions $ US en 2010 et 2009 respectivement) et versements de dividendes (901 et 907 millions $ US globalement en 2010 et 2009 respectivement), dont le montant total est supérieur au montant de nouvelles dettes émises (1 367 et 1 107 millions de US $ en 2010 et 2009 respectivement).

THOMSON REUTERS CORPORATION
TABLEAU CONSOLIDÉ DES FLUX DE TRÉSORERIE

(en millions de dollars américains)	Notes	Exercices terminés les 31 décembre **2010**	2009
Flux de trésorerie liés aux :			
ACTIVITÉS OPÉRATIONNELLES			
Résultat net		**933**	867
Ajustements pour :			
Dotation aux amortissements des immobilisations corporelles		**457**	509
Dotation aux amortissements des logiciels		**572**	548
Dotation aux amortissements des autres immobilisations incorporelles identifiables		**545**	499
Impôt différé	23	**(205)**	(544)
Ajustements de la juste valeur des dérivés incorporés	19	**72**	147
(Profits nets) pertes nettes de change et (profits nets) pertes nettes sur instruments financiers dérivés		**(91)**	182
Autre charge non opérationnelle	8	**-**	385
Autres	27	**433**	290
Variation du fonds de roulement et d'autres éléments	27	**(55)**	(219)
Flux de trésorerie opérationnels liés aux activités poursuivies		**2 661**	2 664
Flux de trésorerie opérationnels liés aux activités abandonnées	10	**(6)**	2
Flux de trésorerie liés aux activités opérationnelles, montant net		**2 655**	2 666
ACTIVITÉS D'INVESTISSEMENT			
Acquisitions, déduction faite de la trésorerie acquise	28	**(612)**	(349)
Produits tirés d'autres cessions, déduction faite des impôts payés		**26**	56
Dépenses d'investissement, moins le produit des cessions		**(1 097)**	(1 097)
Autres activités d'investissement		**8**	3
Flux de trésorerie d'investissement liés aux activités poursuivies		**(1 675)**	(1 387)
Flux de trésorerie d'investissement liés aux activités abandonnées	10	**-**	22
Flux de trésorerie liés aux activités d'investissement, montant net		**(1 675)**	(1 365)
ACTIVITÉS DE FINANCEMENT			
Produit tiré du placement de titres d'emprunt	19	**1 367**	1 107
Remboursement de la dette	19	**(1 683)**	(1 249)
Prélèvements sur les facilités d'emprunt à court terme, montant net		**5**	4
Dividendes versés sur les actions privilégiées		**(3)**	(2)
Dividendes versés sur les actions ordinaires	24	**(898)**	(905)
Autres activités de financement		**(7)**	(6)
Flux de trésorerie liés aux activités de financement, montant net		**(1 219)**	(1 051)
Différences de conversion relatives à la trésorerie et aux équivalents de trésorerie		**(8)**	20
(Diminution) augmentation de la trésorerie et des équivalents de trésorerie		**(247)**	270
Trésorerie et équivalents de trésorerie au début de l'exercice	12	**1 111**	841
Trésorerie et équivalents de trésorerie à la fin de l'exercice	12	**864**	1 111

CHAPITRE 9

L'ANALYSE DES ÉTATS FINANCIERS

SOMMAIRE

9.1 LES INTERROGATIONS SUSCITÉES PAR L'ANALYSE

Les états financiers réunissent des données de nature économique, plutôt quantitatives, destinées à renseigner des lecteurs aussi nombreux qu'hétérogènes sur les activités économiques d'une entreprise. Les données publiées sont très souvent le point de départ d'un processus décisionnel, tant à l'intérieur qu'à l'extérieur de l'entreprise. En ce sens, l'interprétation de l'information financière revêt une importance considérable et intéresse non seulement les intervenants directs, mais l'économie dans son ensemble. Ces renseignements ne sont pas une fin en soi, même si leur compilation représente en quelque sorte la phase finale d'une série d'événements échelonnés sur une période se limitant généralement à un exercice financier de 12 mois.

Bien que les préparateurs des états financiers, ainsi que les auditeurs qui en attestent la fidélité, soient soumis aux contraintes d'un cadre de normalisation, celui-ci évolue sans cesse. À cela s'ajoutent une sensibilisation accrue des utilisateurs et une amélioration de leurs connaissances. Il n'est donc pas étonnant que l'analyse des états financiers suscite constamment des interrogations chez ceux qui les examinent. Il est toutefois possible de suggérer un modèle général d'analyse que chacun adapterait à ses besoins propres. Ainsi, le modèle que nous proposons, qui s'inspire du système d'analyse financière de DuPont[1], est très flexible ; néanmoins, nous ne prétendons pas qu'il soit infaillible.

Il est important de souligner que l'interprétation des états financiers ne saurait être absolue. Elle doit se faire sur la base de points de référence propres à l'entreprise et à son secteur d'activité.

Un tel exercice sert des objectifs multiples. Tout d'abord, il aide à situer l'entreprise dans son contexte financier historique afin d'établir son évolution. Ensuite, il permet de la définir au sein de son secteur d'activité, non seulement en termes absolus, mais en fonction du comportement des autres entreprises y évoluant. Enfin, il contribue à dégager les données nécessaires pour prévoir le comportement futur de l'entreprise observée. Selon ses besoins, l'utilisateur insistera sur un ou plusieurs de ces éléments.

En raison de la diversité des groupes d'utilisateurs, il est impossible de formuler ici des objectifs adaptés à chacun d'eux. Afin de souligner les divers besoins et objectifs des utilisateurs souhaitant approfondir leur examen des états financiers, nous résumons la situation dans le **tableau 9.1**.

---

1. Modèle mis sur pied par les cadres de la société DuPont de Nemours dans les années 1960.

tableau 9.1 Les divers utilisateurs des états financiers et leurs besoins[2]

	Les actionnaires (actuels et potentiels)	La collectivité	Les membres du conseil d'administration	Les employés	Les organismes de réglementation	Les clients et les créanciers
Principal intérêt économique	Plus-value de la participation, dividendes	Apport à l'assiette fiscale, respect de l'environnement	Protection du capital physique, humain et financier, profits	Emplois, sécurité	Conformité, recettes fiscales	Service, viabilité
Décisions clés	Investissement, vente, conservation	Décisions relatives au développement économique et au développement durable	Gestion des risques	Objet des négociations	Intervention ou non-intervention	Opérations à conclure ou non

Pour être efficace, un modèle d'analyse des états financiers doit fournir des réponses adéquates aux questions de l'analyste. Le **tableau 9.2** résume les questions posées.

tableau 9.2 Exemples de questions posées lors de l'analyse

A. Au regard de l'objectif de l'analyse, que doit-on comprendre des informations consignées dans les états financiers, mais aussi dans le rapport de gestion, le rapport annuel et d'autres documents publics disponibles ? **(Indicateurs relatifs aux composantes des activités de l'entité et distinction des activités exceptionnelles.)**

B. Quelle est la croissance de l'entité ? **(Indicateurs de la croissance de l'entité.)**

Au regard des états financiers,

C. Quelle est la performance de l'entité par rapport aux produits, à l'investissement dans l'actif et aux capitaux propres ? **(Indicateurs de la performance de l'entité.)**

D. Quelle est la « qualité » de la gestion de l'exploitation ? **(Indicateurs sur l'activité et l'exploitation de l'entité.)**

E. Quelle est la structure financière en matière d'apport de capitaux propres et de sources de financement ? **(Indicateurs sur le financement de l'entité.)**

F. Quelle est la situation financière en matière de liquidité-solvabilité ? **(Indicateurs sur la liquidité et la solvabilité de l'entité.)**

G. Comment se comparent les informations d'une année à l'autre, au regard de la concurrence ou encore du secteur d'activité de l'entité ? **(Indicateurs d'étalonnage.)**

2. Adapté de Daniel Blake RUBEINSTEIN et David BARNES, « Un processus de normalisation plus dynamique », *CA Magazine*, novembre 1988, p. 39.

Ces questions nous amènent à identifier les sources d'information dont dispose l'analyste (section 9.2), la démarche d'analyse (section 9.3), l'examen des états financiers (section 9.4), l'utilisation des ratios (sections 9.5 et 9.6) et les limites inhérentes à l'analyse des états financiers (section 9.7).

9.2 LES SOURCES D'INFORMATION

La **figure 9.1** donne des exemples de diverses sources d'information utiles à l'analyse. On remarque que le jeu complet des états financiers constitue l'un des éléments que l'on compare avec d'autres afin d'en savoir plus sur une entreprise.

figure 9.1 Les sources d'information

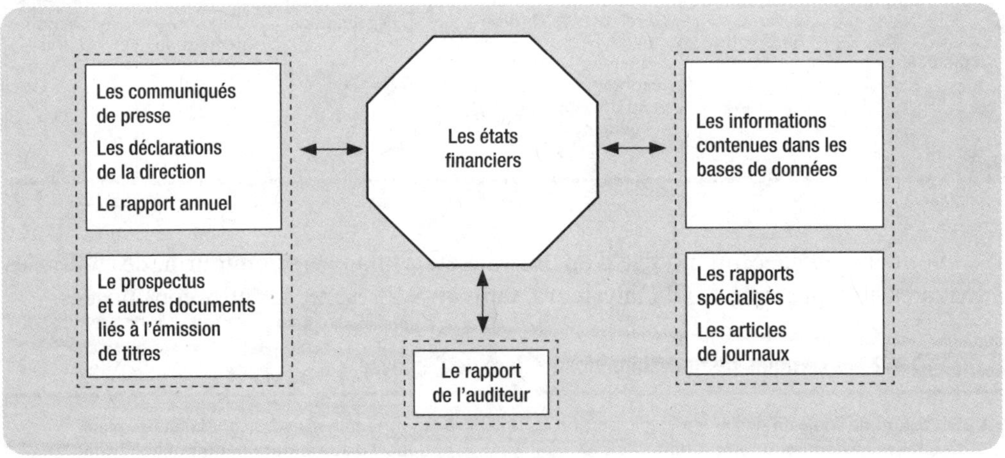

9.2.1 Les communiqués de presse, les déclarations de la direction, le rapport annuel et les prospectus

Au cours de l'exercice, l'entreprise publie de temps à autre des informations sur ses activités par l'entremise de communiqués de presse ou de déclarations de la direction. Pour les sociétés cotées, ce type de publications est réglementé. L'entreprise produit aussi un rapport de gestion contenant des données quantitatives et des informations essentielles qui rendent compte du contexte de ses résultats. Ce rapport de gestion est souvent inséré dans un rapport annuel où l'on trouve notamment un résumé des activités principales de l'entreprise, une description des divers secteurs dans lesquels elle exerce ses activités, le message du président aux actionnaires ainsi que les états financiers accompagnés du rapport de la direction et du rapport de l'auditeur.

Lorsqu'une entreprise désire émettre des titres pour obtenir des fonds du public, elle doit au préalable publier un prospectus lié à cette émission publique de titres. Ce document, généralement exhaustif, décrit en détail les activités de l'entité. Le lecteur consultera avec profit le Système électronique de données, d'analyse et de recherche (SEDAR), à l'adresse www.sedar.com. Ce site, reconnu comme une source d'information facile à utiliser, est riche d'exemples : il donne accès aux rapports annuels des sociétés ouvertes ainsi qu'à toute autre information déposée auprès des Autorités canadiennes en valeurs mobilières (communiqués de presse, rapports financiers trimestriels, etc.). On peut y rechercher l'information par nom de société, par type de document et par date de dépôt. De plus, ce site présente les adresses des sites de différentes places boursières et d'organismes de réglementation du Canada et des États-Unis. Le pendant américain du SEDAR est l'Electronic Data Gathering, Analysis, and Retrieval system (EDGAR), accessible à l'adresse www.sec.gov/edgar.shtml. Pour la France, on consultera le site de l'Autorité des marchés financiers (AMF) à l'adresse www.amf-france.org.

9.2.2 Les états financiers trimestriels et annuels

Comme nous l'avons déjà vu, l'entité publie obligatoirement des états financiers annuels et peut le faire plus souvent (tous les trimestres pour les sociétés cotées).

Il est important de bien comprendre ces états financiers mais aussi les notes qui les accompagnent, car elles permettent de mieux interpréter les données auxquelles elles se rapportent. Les explications et les tableaux contenus dans ces notes constituent une source supplémentaire d'information, souvent nécessaire pour tirer des conclusions significatives. On peut y trouver, par exemple, une description des dettes et des autres engagements financiers à long terme, ou encore un tableau des catégories d'immobilisations détenues par l'entreprise.

Comme nous l'avons mentionné, il faut analyser et interpréter les états financiers en tenant compte du ou des secteurs d'activité de la société étudiée. C'est notamment pour cette raison que, selon les normes comptables internationales, l'information sectorielle doit faire l'objet d'une note dans les états financiers annuels. Elle permet au lecteur de déterminer d'emblée la nature des activités de l'entreprise et le lieu où elle les exerce. Elle renseigne également sur la ventilation des résultats entre chacune des activités en question. Pour prendre des décisions en matière d'exploitation, les dirigeants disposent de renseignements financiers sur chacun des secteurs d'activité et des secteurs géographiques importants.

En plus des états financiers à usage externe que certaines sociétés sont tenues de publier, les entreprises établissent des rapports financiers à l'intention des utilisateurs internes. La présentation et le regroupement des données varient selon les besoins de ces derniers, mais ces rapports ont néanmoins un trait commun : l'information y est détaillée, contrairement à celle des états préparés pour un usage externe, qui est concise. Conçus principalement pour être exploités dans le cadre des activités quotidiennes de gestion de l'exploitation, les états financiers internes procurent des données supplémentaires qui, dans certains cas, permettent de nuancer des conclusions obtenues autrement.

Cependant, l'accès à ce type d'information est très limité. En effet, diffusés hors de la société, ces états financiers internes risqueraient de profiter aux entreprises concurrentes (ou de ne pas présenter un intérêt immédiat pour le lecteur ne participant pas à la gestion de l'entreprise). Les réticences à communiquer une documentation jugée confidentielle n'ont donc rien de surprenant.

9.2.3 Le rapport de l'auditeur

Le rapport de l'auditeur vise à offrir une assurance raisonnable que les états financiers, pris dans leur ensemble, donnent une image fidèle de l'entreprise, conformément au référentiel comptable retenu.

Occasionnellement, l'auditeur émet un rapport comprenant des restrictions (accompagnées d'une description des faits qui les justifient). Elles peuvent prendre les formes suivantes :

- une réserve ;
- une opinion carrément défavorable (si, pour cause de dérogation aux normes comptables, les états financiers sont susceptibles de donner une image faussée) ;
- une impossibilité d'émettre une opinion (en raison d'une limitation dans son travail).

Avant d'analyser les états financiers, il est primordial de lire le rapport de l'auditeur. Aucune analyse judicieuse n'est possible sans en prendre connaissance.

Il convient également de souligner que le travail de l'auditeur s'inscrit dans le « cadre comptable » et ne porte ni sur l'efficacité de la gestion de l'entreprise ni sur sa survie à long terme.

9.2.4 Les bases de données statistiques

Quels que soient les calculs effectués à partir des données financières, il est indispensable de disposer de points de référence pour interpréter les résultats de façon satisfaisante et valable. Pour ce faire, il est possible de consulter certaines bases de données. Nous ne saurions trop insister sur la nécessité de s'assurer de la concordance des « secteurs » de la base de données consultée et de l'entité étudiée. Il arrive cependant que celle-ci soit difficile à établir. Il faut donc au préalable bien étudier les entités comprises dans la base de données. Si ce n'est pas possible, la comparaison pourra se faire directement avec des états financiers d'un concurrent. Il peut également arriver que le calcul de certains ratios varie d'une base de données à une autre. Il convient donc de vérifier soigneusement les modalités de calcul de chaque base de données avant de les utiliser.

Le **tableau 9.3** donne quelques exemples de bases de données.

tableau 9.3 Exemples de bases de données

Base de données	Auteur ou éditeur	Adresse Internet
Corporatefocus	Infinancials	www.infinancials.com
eStatement Studies	The Risk Management Association	www.rmahq.org/
FPinfomart.ca	Canwest Publishing Inc.	www.fpinfomart.ca/
Indicateurs de performance financière des entreprises canadiennes	Statistique Canada	www.statcan.gc.ca/
Key Business Ratios	Dun & Bradstreet	kbr.dnb.com/
Mergent Online	Mergent Inc.	www.mergent.com/
NetAdvantage	Standard & Poor's	www.netadvantage.standardpoor.com
Orbis	Bureau van Dijk	www.bvdep.com/fr/ORBIS.html
ProQuest Historical Annual Reports	Micromedia ProQuest	www.proquest.com/en-US/catalogs/databases/detail/pq_hist_annual_repts.shtml
Yahoo ! Finance	Yahoo ! Inc.	ca.finance.yahoo.com/
Les moteurs de recherche donnent accès à d'autres bases de données.		

Certaines de ces bases de données exigent des frais d'utilisation. Toutefois, dans plusieurs institutions, les étudiants peuvent les consulter gratuitement par l'entremise de leur bibliothèque universitaire.

9.2.5 Les analyses spécialisées et les articles de journaux

Pour bien ancrer l'analyse de l'entité étudiée, il est essentiel de connaître son secteur d'activité et de savoir ce que font ses concurrents. Pour ce faire, on peut consulter les bulletins et les rapports spécialisés publiés par les banques, les grandes maisons de courtage en valeurs mobilières, les cabinets d'experts-comptables, les conseillers, les associations professionnelles, industrielles et commerciales, etc. Il est également utile de se reporter à certaines publications destinées au grand public, comme les revues, journaux et autres périodiques consacrés au monde des affaires. On y trouve aussi bien des renseignements d'ordre général sur la situation économique et les tendances des marchés que des données sur des entreprises ou des secteurs d'activité particuliers.

9.3 LA DÉMARCHE D'ANALYSE

L'analyse financière peut être menée dans des situations très diverses. Il est donc impossible de présenter de façon détaillée toutes les étapes que devrait comporter la démarche d'analyse. Néanmoins, dans tous les cas, l'objectif général de l'analyse financière est *a priori* la prise de décision. Pour atteindre cet objectif, une analyse devrait toujours comporter les éléments suivants :

- la définition de l'objectif de l'analyse ;
- la collecte des données ;
- le traitement des données ;
- l'interprétation des résultats obtenus par le traitement des données.

9.3.1 La définition de l'objectif de l'analyse

L'analyse financière d'une entreprise peut être faite pour de multiples raisons. Par exemple, elle peut être menée pour mesurer la performance de ses dirigeants, pour estimer son risque de crédit ou pour l'évaluer dans le cadre d'une acquisition. De plus, les outils analytiques disponibles (en particulier, les ratios) sont nombreux, et le volume de données qui peuvent être traitées est généralement important. Compte tenu de la multiplicité des objectifs, des outils et des données, si l'on veut que l'analyse soit réellement utile (c'est-à-dire qu'elle permette de prendre une décision), il est primordial de définir le plus tôt et le plus clairement possible l'objectif poursuivi par l'analyste. La définition de cet objectif permettra, en particulier, de sélectionner correctement les outils à utiliser. L'emploi des ratios est instructif, encore faut-il que ceux qu'on retient soient pertinents.

9.3.2 La collecte des données

La collecte des données doit permettre non seulement d'obtenir les informations qui seront nécessaires au traitement des données (qui repose largement sur le calcul de ratios), mais aussi de rassembler des informations pertinentes pour interpréter les résultats obtenus après ce traitement. Les données nécessaires aux deux étapes suivantes de la démarche d'analyse sont ainsi les états financiers et les données portant sur le contexte économique et le secteur dans lequel l'entreprise évolue.

9.3.3 Le traitement des données

L'étape de traitement des données comprend évidemment une phase calculatoire, à laquelle elle ne doit cependant pas se réduire. Avant de se lancer dans les calculs, l'analyste doit prendre connaissance des états financiers de l'entreprise, notamment les notes aux états financiers, lesquelles contiennent des informations nécessaires à une analyse pertinente. Par exemple, il est essentiel que l'analyste sache quelles normes comptables applique l'entreprise (normes IFRS ou normes comptables pour les entreprises à capital fermé), quelles options elle a retenues en ce qui a trait aux méthodes comptables (par exemple, utilise-t-elle le modèle du coût ou le modèle de réévaluation pour évaluer ses immobilisations corporelles ?), quels choix elle a faits pour structurer certaines de ses opérations (par exemple, a-t-elle recours à des contrats de location-financement ?).

Ensuite, l'analyste peut effectuer des calculs qui lui permettront de comparer les données de l'entreprise, que ce soit dans le temps ou avec les données d'entreprises similaires. En effet, pour pouvoir effectuer des comparaisons, il est nécessaire de recourir à des ratios et à des taux, car leurs valeurs permettent de relativiser les données figurant dans les états financiers.

Les différences existant dans les méthodes comptables, au cours du temps ou entre entreprises, peuvent avoir une incidence sur les ratios calculés. Pour que la comparaison ait un sens, il peut donc être nécessaire d'ajuster certains éléments des états financiers.

9.3.4 L'interprétation des résultats obtenus par le traitement des données

La dernière étape de la démarche d'analyse consiste à interpréter les données traitées. Cette phase correspond à l'analyse en tant que telle. Cependant, elle ne peut être menée de manière pertinente qu'à condition que toutes les étapes précédentes aient été effectuées.

Dans toute démarche d'analyse, quelques précautions sont de rigueur. Tout d'abord, il faut indiquer que la nomenclature des ratios fréquemment utilisés n'est pas normalisée. Il est donc fréquent que deux personnes désignent un même ratio en utilisant une terminologie différente. Il arrive également que deux personnes emploient le même nom pour un ratio, mais qu'elles aient utilisé une formule de calcul différente. Ensuite, la démarche d'analyse peut être contrainte par la disponibilité des données. Enfin, l'analyste doit être flexible et ouvert d'esprit dans sa démarche afin de répondre au mieux à l'objectif qu'il aura fixé.

Différentes techniques permettent d'effectuer une analyse approfondie des états financiers. Nous allons maintenant les présenter en détail.

9.4 L'IMPORTANCE DE L'EXAMEN DES ÉTATS FINANCIERS ET DES ACTIVITÉS DE L'ENTITÉ

Pour bien comprendre toute la signification des états financiers, il importe d'en saisir d'abord le contenu en s'intéressant aux postes présents et aux méthodes comptables utilisées. D'abord sommaire, cette prise de contact se fera de plus en plus détaillée. L'analyste fera également le lien entre ces états financiers et ce qu'il a appris des activités de l'entité, ainsi qu'avec ce qu'il connaît de l'évolution de l'économie en général.

Il serait également pertinent de pouvoir comparer les pratiques comptables de l'entreprise étudiée avec celles de ses concurrents.

L'utilisateur pourra alors passer à l'analyse de chacun des états financiers et à la lecture attentive des notes pour compléter cette prise de contact.

Accorder une attention particulière au tableau des flux de trésorerie

Parce qu'il est mal compris, le tableau (ou l'état) des flux de trésorerie est souvent négligé. Il n'en demeure pas moins un état financier important. En effet, de nombreux utilisateurs se préoccupent de l'incidence que les opérations enregistrées ont sur les liquidités de l'entreprise, particulièrement manifeste dans cet état financier. L'interprétation du tableau des flux de trésorerie constitue donc une étape importante du processus d'analyse, car il présente l'origine des mouvements de trésorerie et précise les activités qui y ont donné lieu au cours de l'exercice.

Les préoccupations de l'utilisateur déterminent l'angle sous lequel il examine les mouvements de trésorerie. Ainsi, le fournisseur comme le bailleur de fonds se préoccupent de la capacité de l'entreprise de remplir ses obligations, tandis que l'actionnaire, avant tout soucieux du rendement de son investissement, souhaite s'assurer que les gestionnaires, dans une perspective à plus long terme, savent protéger son capital tout en le faisant fructifier.

Malheureusement, l'état de la situation financière et l'état du résultat global ne présentent pas toujours de façon évidente la solvabilité et la viabilité à court terme d'une entreprise. Ainsi, une entreprise peut présenter un résultat net positif (bénéfice), tout en connaissant des problèmes de liquidités. Il a été largement démontré, notamment à la suite de récessions économiques, que le manque de liquidités est un indicateur précieux du risque de faillite d'une entreprise.

Plus encore que pour évaluer la probabilité de faillite, on utilise principalement le tableau des flux de trésorerie pour rechercher des renseignements sur la capacité d'une entreprise de respecter ses engagements. En ce sens, le rythme auquel elle produit des liquidités à partir de ses activités courantes est un indice de sa capacité financière actuelle et de ses besoins de financement futurs, surtout à court terme. Par exemple, lorsqu'une entreprise accuse depuis plusieurs années un déficit de trésorerie attribuable à ses activités courantes, cela suggère un recours croissant aux sources de financement externes (cette situation ne pourrait évidemment être que temporaire).

L'objet premier de cet état est d'expliquer la variation de la trésorerie et des équivalents de trésorerie. Apparaissant normalement en bas de l'état, celle-ci constitue la contribution dans l'exercice à l'augmentation ou à la diminution du solde de la trésorerie et des équivalents de trésorerie. Nous proposons d'interpréter le tableau des flux de trésorerie à la lumière des points qui apparaissent dans l'encadré ci-dessous.

Interpréter le tableau des flux de trésorerie

1. **Repérer les sources de VARIATIONS DE LA TRÉSORERIE ET DES ÉQUIVALENTS DE TRÉSORERIE**

   Le tableau des flux de trésorerie est bâti pour présenter clairement l'origine des variations de la trésorerie et des équivalents de trésorerie. L'origine des variations est liée soit aux activités d'exploitation (activités opérationnelles), soit aux activités d'investissement et de financement.

   Le lecteur peut ainsi identifier les sources de variations de trésorerie et leurs effets sur le solde des liquidités en fin d'exercice (excédent ou déficit), et se questionner sur la gestion des liquidités de l'entreprise : que génère-t-elle par l'exploitation ? Quels investissements a-t-elle effectués ? Quels sont les besoins de financement, et comment ont-ils été satisfaits ?

2. **Repérer, dans les ACTIVITÉS D'EXPLOITATION, les éléments sans effet sur la trésorerie**

   Certains éléments compris dans les activités d'exploitation, comme l'amortissement ou les impôts différés, n'ont aucun effet sur les flux de trésorerie. (Ils ne constituent pas des flux de trésorerie.)

   Par ailleurs, l'analyste examine les autres éléments qui apparaissent dans les activités d'exploitation. S'ils ne sont pas présentés distinctement dans le compte de résultat, on peut y repérer, par exemple, des gains ou des pertes sur dispositions d'actifs (les dispositions d'actifs étant reprises dans la section des investissements).

3. **Repérer la MARGE D'AUTOFINANCEMENT**

   La marge d'autofinancement correspond aux flux de trésorerie provenant des activités d'exploitation avant la variation nette des éléments du fonds de roulement hors trésorerie liés à l'exploitation. Il s'agit des liquidités potentielles que pourrait générer l'entité si elle ne devait pas « investir » dans des clients, dans des stocks ou dans des fournisseurs. Il faut interpréter cette marge comme une capacité de générer des liquidités avant de faire intervenir le fonds de roulement.

4. **Repérer, dans les activités d'exploitation, la variation nette des ÉLÉMENTS DU FONDS DE ROULEMENT HORS TRÉSORERIE LIÉS À L'EXPLOITATION**

   Souvent, cette information est également présentée dans une note aux états financiers, qu'il faut alors consulter. Plus précisément, la variation nette des éléments du fonds de roulement hors trésorerie liés à l'exploitation constitue l'ajustement requis pour transformer le résultat net en flux de trésorerie. Cependant, et c'est là son aspect important, il révèle comment l'entité a investi ou désinvesti dans le fonds de roulement. Une augmentation globale de cet élément signifie que cet argent n'est pas disponible puisqu'il a été investi, par exemple, dans les clients et dans les stocks. L'analyste doit donc aller au-delà de l'élément de rapprochement vers une base de caisse pour s'interroger sur la raison de cette variation. S'agit-il d'un changement de politique ? S'agit-il de changements dans les activités ? A-t-on plutôt réussi, tout simplement, à maîtriser le recouvrement des comptes clients ou à négocier des conditions avantageuses avec les créanciers ? Les variations dans les postes du fonds de roulement liés à l'exploitation donnent alors des pistes d'analyse qu'il faut corroborer avec les informations liées aux activités de l'entité.

5. **Repérer le détail des ACTIVITÉS D'INVESTISSEMENT**

   Les éléments qui apparaissent dans cette section révèlent à la fois les activités d'investissement (acquisitions d'actifs) et de désinvestissement (dispositions d'actifs) dans les actifs non courants, sous l'angle des flux de trésorerie. L'information qui apparaît ici est importante puisqu'elle permet d'établir que l'entité a acquis des actifs (immobilisations, autres entreprises, etc.) ou généré des créances à long terme. L'analyste doit faire immédiatement un lien avec les activités de l'entité. L'acquisition d'une entreprise, par exemple, augmente ses actifs, ce qui entraîne de nouvelles activités. Quel en est (ou quel en sera) l'effet sur le rendement de l'entité et sur les différents indicateurs qui y sont reliés ? Le détail des activités d'investissement pourrait aussi, par exemple, expliquer une variation dans l'amortissement des immobilisations. De la même façon, des dispositions d'actifs peuvent avoir un effet important (tant positif que négatif) sur les résultats de l'entité. Au-delà de l'effet sur la trésorerie, les éléments associés aux activités d'investissement permettent de mettre en lumière les projets de l'entité. L'interprétation ne peut évidemment se faire sur la seule base des chiffres ; il faut la mettre en rapport avec les activités de l'entité.

   À ce stade, il est également possible de dégager ici les « flux de trésorerie disponibles ». Il s'agit des flux de trésorerie reliés à l'exploitation auxquels on soustrait les activités d'investissement reliées aux immobilisations. On obtient ainsi les flux de trésorerie disponibles (ou libres ; souvent désignés par l'équivalent anglais *free cash flow*) pour satisfaire aux exigences des créanciers à long terme et le paiement des dividendes.

Flux de trésorerie générés par l'exploitation	XXX
Moins :	
Activités d'investissement reliées aux immobilisations	XXX
Flux de trésorerie disponibles (*free cash flows*)	XXX

Cette notion de flux de trésorerie disponibles n'est pas normalisée, ce qui amène certaines entreprises à en utiliser des variantes. Par conséquent, les flux de trésorerie disponibles ne sont pas présentés dans les états financiers. Une entreprise qui a recours à ce concept l'expliquera donc dans une autre section du rapport annuel.

6. **Repérer, dans les ACTIVITÉS DE FINANCEMENT, le montant des dividendes versés**

   Normalement, une entité n'emprunte pas à long terme pour payer un dividende courant. L'analyste doit donc faire le lien entre les flux de trésorerie reliés aux activités d'exploitation et les flux de trésorerie disponibles afin de déterminer si ces derniers sont suffisants, notamment pour distribuer des dividendes.

7. **Repérer le détail des autres ACTIVITÉS DE FINANCEMENT**

   L'analyse des éléments qui apparaissent dans cette section permet de repérer les variations dans le financement externe à long terme et le financement par l'émission de capital-actions. Ces modes de financement influent sur la structure financière de l'entité ainsi que sur les charges ultérieures. L'émission de dettes entraîne une nouvelle charge d'intérêt, mais elle permet d'acheter des actifs générant de nouvelles activités et apportant un résultat additionnel. (L'inverse est aussi vrai dans le cas d'un remboursement de dettes.) Par ailleurs, le financement par émission de capitaux propres (actions) a aussi des effets puisqu'il modifie la structure financière de l'entité. De plus, contrairement aux remboursements de dettes, le dividende est la plupart du temps discrétionnaire. Comme nous l'avons mentionné précédemment, les éléments liés aux activités de financement doivent aussi être rattachés aux activités de l'entité.

Finalement, l'analyse du tableau des flux de trésorerie, à laquelle on procède séparément ou conjointement avec l'analyse des ratios qui sera présentée un peu plus loin dans ce chapitre, permet à l'analyste de porter un jugement non seulement sur les états financiers de l'entité, mais aussi sur ses activités.

Avant de poursuivre avec des aspects plus techniques de l'analyse des états financiers, nous introduisons un exemple qui nous permettra d'illustrer les aspects présentés ultérieurement.

tableau 9.4 Illustration

AUX QUATRE VENTS INC.

Aux Quatre Vents inc. est une entreprise œuvrant dans l'industrie de la vente au détail dont les actions se transigent sur le marché public. Elle exploite environ 80 points de vente où prédominent les produits santé et qui comprennent des stations-service se distinguant par leur souci « vert ». Ses succursales offrent des produits de « dépannage » et de restauration rapide de haute qualité (par exemple, du café équitable et des repas sur le pouce comprenant salades, sushis, etc.) ainsi que du carburant. Les stations-service se démarquent à la fois par leur design architectural, leur gestion et leur respect de l'environnement (réservoirs spéciaux, récupération des vapeurs, distributeurs adaptés, etc.). Les états financiers de l'entreprise Aux Quatre Vents inc. sont présentés ci-dessous.

AUX QUATRE VENTS INC.
ÉTATS CONSOLIDÉS DE LA SITUATION FINANCIÈRE
au 31 mars (en milliers de dollars canadiens)

	Réf. ratio	2011 $	2010 $
ACTIF			
Courant			
Trésorerie et équivalents de trésorerie	B1	3 600	2 362
Placements	B2	1 500	1 200
Clients	B3	4 195	3 317
Stocks	B4	7 408	6 368
Frais payés d'avance	B5	138	225
	B6	16 841	13 472
Immobilisations corporelles	B7	29 138	27 860
Goodwill	B8	6 710	6 710
Autres actifs non courants	B9	2 228	2 283
Impôts différés	B10	427	393
	B11	55 344	50 718
PASSIF			
Courant			
Fournisseurs et charges à payer	B12	14 045	12 338
Impôts sur le résultat à payer	B13	310	777
Tranche de la dette non courante échéant à court terme	B14	20	8
	B15	14 375	13 123
Dette non courante	B16	14 017	14 492
Autres éléments de passifs non courants	B17	4 230	4 005
Impôts différés	B18	1 827	1 315
	B19	34 449	32 935
Capitaux propres			
Capital-actions	B20	5 813	5 705
Résultats non distribués	B21	14 177	11 448
Cumul des autres éléments du résultat global	B22	905	630
	B23	20 895	17 783
	B24	55 344	50 718

tableau 9.4 Illustration

AUX QUATRE VENTS INC.
ÉTATS CONSOLIDÉS DES VARIATIONS DES CAPITAUX PROPRES

Pour les exercices terminés le 31 mars (en milliers de dollars canadiens)

	Capital-actions privilégié $	Capital-actions ordinaire $	Résultats non distribués $	Cumul des gains/pertes latents sur placements disponibles à la vente $	Total $
Solde au 31 mars 2009	128	5 577	8 500	677	14 882
Variation des capitaux propres du 1er avril 2009 au 31 mars 2010					
Résultat net			3 274		3 274
Variation de la juste valeur des placements disponibles à la vente				(47)	(47)
Dividendes sur actions ordinaires			(326)		(326)
Solde au 31 mars 2010	128	5 577	11 448	630	17 783
Variation des capitaux propres du 1er avril 2010 au 31 mars 2011					
Émission d'actions ordinaires		108			108
Résultat net			3 155		3 155
Variation de la juste valeur des placements disponibles à la vente				275	275
Dividendes sur actions ordinaires			(426)		(426)
Solde au 31 mars 2011	128	5 685	14 177	905	20 895

tableau 9.4 Illustration

AUX QUATRE VENTS INC.
COMPTES DE RÉSULTAT CONSOLIDÉS

Pour les exercices terminés le 31 mars (en milliers de dollars canadiens)

	Réf. ratio	2011 $	2010 $
Ventes	R1	256 167	201 457
Coût des ventes	R2	219 108	168 048
Marge brute	R3	37 059	33 409
Coûts commerciaux et charges administratives	R4	28 982	25 207
Amortissement des immobilisations*	R5	2 875	2 230
	R6	31 857	27 437
Résultat (bénéfice) d'exploitation	R7	5 202	5 972
Frais financiers	R8	910	800
Résultat (bénéfice) avant impôts	R9	4 292	5 172
Impôts sur le résultat (bénéfice)			
Impôts exigibles	R10	659	1 820
Impôts différés	R11	478	78
Résultat net (bénéfice net)	R12	3 155	3 274

* Le compte de résultat est présenté selon la méthode des charges par fonction. Pour aider à la communication des composantes de la performance financière (IAS 1), et pour notre analyse, l'entité inclut l'amortissement en tant que poste supplémentaire.

tableau 9.4 Illustration

AUX QUATRE VENTS INC.
ÉTATS CONSOLIDÉS DU RÉSULTAT GLOBAL

Pour les exercices terminés le 31 mars (en milliers de dollars canadiens)

	2011 $	2010 $
Résultat net	3 155	3 274
Autres éléments du résultat global		
Variation de la juste valeur des placements disponibles à la vente	275	(47)
Résultat global	3 430	3 227

tableau 9.4 Illustration

AUX QUATRE VENTS INC.
TABLEAUX DES FLUX DE TRÉSORERIE CONSOLIDÉS

Pour les exercices terminés le 31 mars (en milliers de dollars canadiens)

	2011 $	2010 $
Activités d'exploitation		
Résultat net	3 155	3 274
Éléments sans effet sur la trésorerie		
Amortissement	2 875	2 230
Impôts différés	478	78
Marge d'autofinancement	6 508	5 582
Variation nette des éléments du fonds de roulement hors trésorerie liés à l'exploitation	(591)	(725)
	5 917	4 857
Activités d'investissement		
Acquisition d'immobilisations	(4 153)	(7 230)
Placements	(25)	162
Variation nette des autres actifs	55	140
	(4 123)	(6 928)
Activités de financement		
Produit de l'émission d'actions	108	–
Variation de la dette non courante	(463)	(1 016)
Dividendes versés	(426)	(326)
Variation nette des autres passifs	225	250
	(556)	(1 092)
Variation nette de la trésorerie et des équivalents de trésorerie	1 238	(3 163)
Trésorerie et équivalents de trésorerie au début de l'exercice	2 362	5 525
Trésorerie et équivalents de trésorerie à la fin de l'exercice	3 600	2 362

9.5 L'ANALYSE VERTICALE ET L'ANALYSE HORIZONTALE

L'analyse verticale consiste à exprimer les postes figurant dans les états financiers sous forme de pourcentages : pourcentage de l'actif total pour les éléments de l'état de la situation financière et pourcentage du chiffre d'affaires (ventes) pour ceux du compte de résultat. L'analyse horizontale, également appelée analyse des tendances, permet d'observer l'évolution, en pourcentage, d'un même élément sur plusieurs périodes. Couramment utilisées lors de la préparation des rapports financiers destinés aux gestionnaires, ces techniques d'analyse, très faciles à appliquer, permettent aussi à l'utilisateur externe d'atteindre les deux objectifs suivants :

1. situer l'entreprise par rapport à des entreprises comparables ;
2. comparer les résultats avec les résultats antérieurs, tout en dégageant des tendances pour établir des prévisions.

Au-delà des parallèles qu'elle permet d'établir, l'analyse verticale amène l'observateur à prendre conscience des données générales dont il a besoin pour étayer ses conclusions. Elle permet de ventiler la composition du patrimoine de l'entreprise, c'est-à-dire les montants investis dans ses actifs, ainsi que sa structure financière. Les pourcentages obtenus dans le compte de résultat permettent de déterminer l'importance de certaines charges. Il est également possible de recourir à l'analyse horizontale. Toutefois, l'étude de l'évolution de certains postes peut exiger le recours à certaines techniques plus complexes qui ne sont pas abordées dans le présent ouvrage.

En raison de la simplicité des méthodes d'analyse verticale et horizontale, leur application est fortement encouragée. L'analyste qui les applique se forge une première impression, qu'il précisera par la suite à l'aide des résultats tirés des ratios. Nous reviendrons sur cet aspect dans la section suivante.

Le **tableau 9.5**, qui comprend les pourcentages comparatifs d'Aux Quatre Vents inc., illustre en premier lieu l'analyse verticale, laquelle consiste à exprimer chaque poste de l'état de la situation financière en pourcentage de l'actif total et chaque poste du compte de résultat en pourcentage des ventes (ou chiffre d'affaires). Cette étape permet à l'analyste de se familiariser rapidement avec la structure financière de l'entreprise ainsi qu'avec la manière dont elle a utilisé ses ressources. Dans une deuxième étape, on calcule les variations, tant en montant qu'en pourcentage. Quelques commentaires sur le tableau ci-après seront formulés ultérieurement.

tableau 9.5 **Illustration**

AUX QUATRE VENTS INC.
ÉTATS CONSOLIDÉS DE LA SITUATION FINANCIÈRE
au 31 mars (en milliers de dollars canadiens)

	Réf. ratio	2011		2010		Variations 2011-2010	
		$	% / Actif total %*	$	% / Actif total %*	$	%*
ACTIF							
Courant							
Trésorerie et équivalents de trésorerie	B1	3 600	6,5	2 362	4,7	1 238**	52,4***
Placements	B2	1 500	2,7	1 200	2,4	300	25,0
Clients	B3	4 195	7,6	3 317	6,5	878	26,5
Stocks	B4	7 408	13,4	6 368	12,6	1 040	16,3
Frais payés d'avance	B5	138	0,2	225	0,4	(87)	(38,7)
	B6	16 841	30,4	13 472	26,6	3 369	25,0
Immobilisations corporelles	B7	29 138	52,6	27 860	54,9	1 278	4,6
Goodwill	B8	6 710	12,1	6 710	13,2	0	0,0
Autres actifs non courants	B9	2 228	4,0	2 283	4,5	(55)	(2,4)
Impôts différés	B10	427	0,8	393	0,8	34	8,7
	B11	55 344	100,0	50 718	100,0	4 626	9,1

* Les chiffres étant arrondis, certains totaux peuvent différer du total indiqué.

** 3 600 – 2 362 = 1 238

*** (3 600/2 362) – 1

tableau 9.5 Illustration

AUX QUATRE VENTS INC.
ÉTATS CONSOLIDÉS DE LA SITUATION FINANCIÈRE

au 31 mars (en milliers de dollars canadiens)

	Réf. ratio	2011		2010		Variations 2011-2010	
		$	% / Actif total %*	$	% / Actif total %*	$	%*
Passif							
Courant							
Fournisseurs et charges à payer	B12	14 045	25,4	12 338	24,3	1 707	13,8
Impôts sur le résultat à payer	B13	310	0,6	777	1,5	(467)	(60,1)
Tranche de la dette non courante échéant à court terme	B14	20	0,0	8	0,0	12	150,0
	B15	14 375	26,0	13 123	25,9	1 252	9,5
Dette non courante	B16	14 017	25,3	14 492	28,6	(475)	(3,3)
Autres éléments de passifs non courants	B17	4 230	7,6	4 005	7,9	225	5,6
Impôts différés	B18	1 827	3,3	1 315	2,6	512	38,9
	B19	34 449	62,2	32 935	64,9	1 514	4,6
Capitaux propres							
Capital-actions	B20	5 813	10,5	5 705	11,2	108	1,9
Résultats non distribués	B21	14 177	25,6	11 448	22,6	2 729	23,8
Cumul des autres éléments du résultat global	B22	905	1,6	630	1,2	275	43,7
	B23	20 895	37,8	17 783	35,1	3 112	17,5
	B24	55 344	100,0	50 718	100,0	4 626	9,1

* Les chiffres étant arrondis, certains totaux peuvent différer du total indiqué.

tableau 9.5 Illustration

AUX QUATRE VENTS INC.
COMPTES DE RÉSULTAT CONSOLIDÉS

Pour les exercices terminés le 31 mars (en milliers de dollars canadiens)

		2011		2010		Variations 2011-2010	
	Réf. ratio	$	% / Ventes %*	$	% / Ventes %*	$	%*
Ventes	R1	256 167	100,0	201 457	100,0	54 710	27,2
Coût des ventes	R2	219 108	85,5	168 048	83,4	51 060	30,4
Marge brute	R3	37 059	14,5	33 409	16,6	3 650	10,9
Coûts commerciaux et charges administratives	R4	28 982	11,3	25 207	12,5	3 775	15,0
Amortissement des immobilisations	R5	2 875	1,1	2 230	1,1	645	28,9
	R6	31 857	12,4	27 437	13,6	4 420	16,1
Résultat (bénéfice) d'exploitation	R7	5 202	2,1	5 972	3,0	(770)	(12,9)
Frais financiers	R8	910	0,4	800	0,4	110	13,8
Résultat (bénéfice) avant impôts	R9	4 292	1,7	5 172	2,6	(880)	(17,0)
Impôts sur le résultat (bénéfice)							
Impôts exigibles	R10	659	0,3	1 820	0,9	(1 161)	(63,8)
Impôts différés	R11	478	0,2	78	0,0	400	512,8
Résultat net (bénéfice net)	R12	3 155	1,2	3 274	1,6	(119)	(3,6)

* Les chiffres étant arrondis, certains totaux peuvent différer du total indiqué.

9.6 LES RATIOS : ANALYSE APPROFONDIE

Selon le *Dictionnaire de la comptabilité et de la gestion financière*, un ratio est un « rapport entre deux grandeurs significatives de la gestion, de l'exploitation ou du fonctionnement d'une entreprise ou d'un organisme, ayant pour objet de faire ressortir leur évolution relative[3] ».

Généralement, lorsqu'on parle d'analyse des états financiers, on fait notamment référence à l'utilisation des ratios. Les nombreuses données chiffrées dont dispose l'analyste, notamment celles figurant dans les états financiers, le forcent à comparer celles qui, selon lui, permettent de dégager des conclusions. Néanmoins, il doit effectuer ces regroupements de données en gardant constamment à l'esprit les objectifs de l'analyse, c'est-à-dire en résistant à la tentation de calculer une multitude de ratios inutiles à la prise de décision.

De plus, les résultats obtenus par l'analyse au moyen de ratios ne doivent en aucun cas être considérés comme absolus. Il est particulièrement important de souligner que le calcul d'un ratio soulève plus souvent des questions qu'il n'apporte de réponse. En outre, il n'existe pas de ratios universellement reconnus. Il peut donc s'avérer hasardeux de poser un diagnostic précis sur la performance d'une entreprise en recourant seulement aux ratios, d'autant plus que leur signification réelle n'apparaît que lorsqu'ils sont mis en parallèle avec les résultats d'exercices antérieurs ou avec ceux d'entreprises comparables du même secteur. On ne doit en aucun cas formuler un jugement catégorique à partir d'un ratio, car les normes varient considérablement selon les secteurs d'activité.

Cependant, il ne faut pas sous-estimer l'importance que certains milieux attachent aux ratios. En effet, à l'occasion, la survie d'une entreprise peut être évaluée à l'aide de certains ratios particuliers. Ainsi, une société prêteuse peut exiger comme condition de prêt le maintien de certains ratios qu'elle juge importants. Dans d'autres cas, une institution financière peut limiter la marge de crédit d'un client si certains ratios n'atteignent pas un seuil jugé critique.

L'analyse des états financiers à l'aide des ratios est présentée à la **figure 9.2** en fonction de leur relation à l'exploitation, à l'actif ou au financement (passif et capitaux propres). Elle repose sur le modèle développé à l'origine par la compagnie américaine DuPont de Nemours (que nous avons adapté) : nous expliquerons en détail ce schéma général dans les pages qui suivent.

---

3. Louis MÉNARD, *Dictionnaire de la comptabilité et de la gestion financière,* Institut canadien des comptables agréés, 2e édition, Montréal, ERPI, 2004.

figure 9.2 Schéma général des ratios

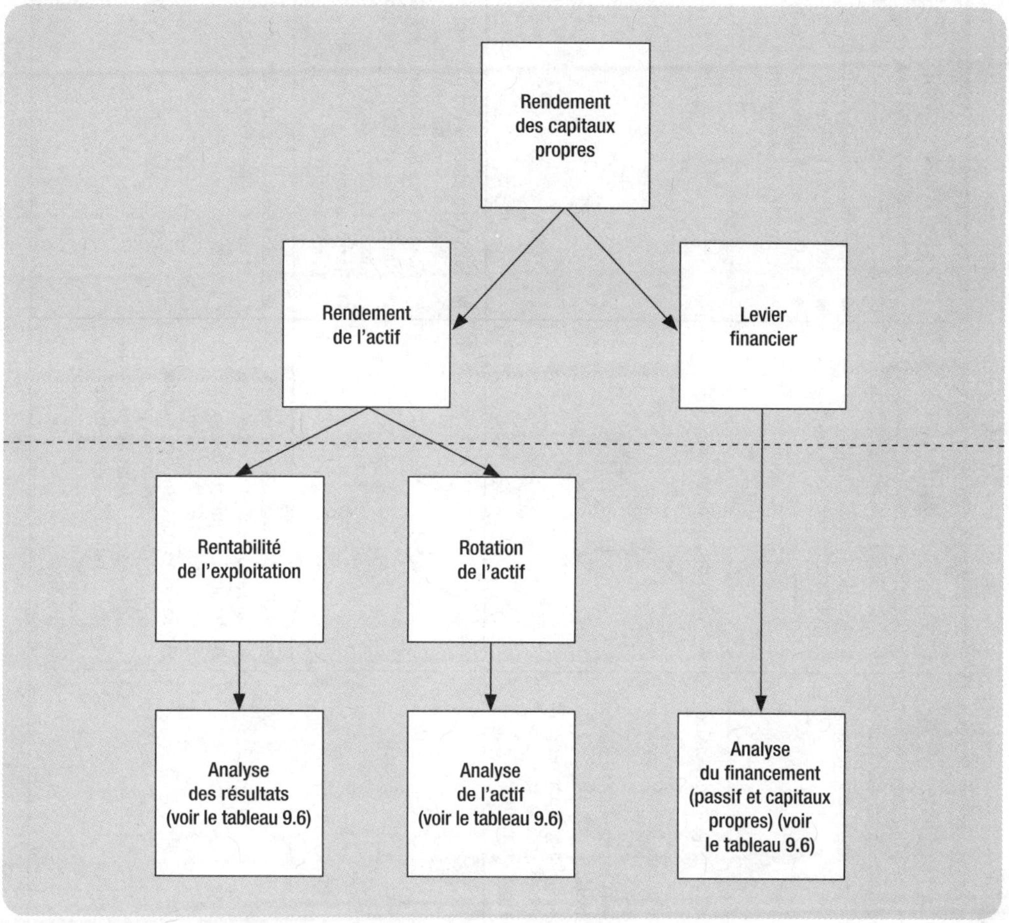

On peut présenter ces ratios de diverses façons. En effet, on peut les regrouper selon qu'il s'agit d'indicateurs reliés à la performance, à l'exploitation, au financement ou à la liquidité-solvabilité (voir le **tableau 9.6**, colonne 1). On peut également les présenter selon qu'ils se rapportent à un état financier ou à un autre (colonnes 2, 3 et 4), en étant bien conscient qu'un ratio fait intervenir deux valeurs pouvant se rapporter à plus d'un état financier.

tableau 9.6 Modèle d'analyse par les ratios

Indicateurs	Les résultats (exploitation)	L'actif (ou l'investissement)	Le financement (passif et capitaux propres)
1) **Performance :** Quelle est la performance de l'entité par rapport aux produits, à l'investissement dans l'actif et aux capitaux propres ?	■ Ratio de la marge bénéficiaire nette	■ Rendement de l'actif (ou rendement du capital investi)	■ Rendement des capitaux propres ■ Résultat par action ■ Ratio cours-bénéfice et valeur comptable d'une action
2) **Activité – exploitation :** Quelle est la « qualité » de la gestion de l'exploitation ?	■ Ratio de la marge bénéficiaire nette ■ Ratio de la marge bénéficiaire brute ■ Ratio de la marge bénéficiaire d'exploitation ■ Ratios des charges par rapport aux produits (et par rapport aux charges entre elles)	■ Ratio de rotation de l'actif	
3) **Financement :** Quelle est la structure financière en matière d'apport de capitaux propres et de capitaux externes ?			■ Ratio d'endettement par rapport à l'actif et endettement par rapport aux actifs immobilisés ■ Ratio d'endettement par rapport aux capitaux propres ■ Taux de rendement brut de l'actif total et effet de levier
4) **Liquidité-solvabilité :** Quelle est la situation financière en matière de liquidité-solvabilité ?		■ Ratio du fonds de roulement ou ratio de liquidité générale ■ Ratio de liquidité relative et de liquidité immédiate ■ Ratio de rotation des stocks, délai moyen de recouvrement des créances, délai de paiement des comptes fournisseurs et besoins en fonds de roulement d'exploitation	■ Ratio de couverture des intérêts et de remboursement du capital

9.6.1 L'analyse des résultats

Intéressons-nous tout d'abord à l'aptitude de la direction à rentabiliser son exploitation. La rentabilité de l'exploitation d'une entreprise est liée à sa capacité de maîtriser ses coûts et de générer des produits. Ainsi, une entreprise qui veut améliorer sa rentabilité peut augmenter ses ventes en maintenant ses coûts au même niveau, diminuer ses coûts sans pour autant modifier ses ventes, ou encore combiner les deux stratégies.

A La marge bénéficiaire nette

Pour se faire une idée de la rentabilité de l'exploitation d'une entreprise, il faut connaître la rentabilité de ses activités commerciales.

Le calcul de la rentabilité de l'exploitation s'effectue de la façon suivante :

$$\text{Ratio de la marge bénéficiaire nette} = \frac{\text{Résultat net}}{\text{Ventes}}$$

En appliquant cette formule aux montants d'Aux Quatre Vents inc., on constate que l'entreprise affiche une baisse des résultats pour l'exercice 2011, avec un ratio de rentabilité de l'exploitation de 1,23 %, contre 1,63 % pour l'exercice 2010, comme en témoigne le tableau suivant :

	Réf.	2011	2010
Ratio de la marge bénéficiaire nette d'Aux Quatre Vents inc.	R12 / R1	3 155 / 256 167	3 274 / 201 457
	=	1,23 %	1,63 %

Comme nous venons de le voir, le ratio de la marge bénéficiaire nette est un ratio général. Reflet de la santé de l'exploitation, il représente le résultat net généré au cours d'une période par dollar de ventes réalisées. Idéalement, toute société désire qu'il soit le plus élevé possible, puisque cela signifie qu'elle optimise ses efforts de vente. Ce ratio exige toutefois une analyse minutieuse tenant compte du contexte et du secteur d'activité. Dans certains secteurs d'activité, comme le secteur pétrolier, le ratio est élevé, tandis que dans d'autres il est relativement bas (comme dans notre exemple).

Étant donné la nature générale du ratio de la marge bénéficiaire nette, il est nécessaire de faire ressortir les éléments qui influent sur lui pour avoir une idée plus précise de l'efficacité de la direction en matière de gestion des coûts et d'exploitation de l'entreprise. Tous les éléments qui composent le résultat net jouent un rôle, autant les ventes que les diverses charges engagées pour les réaliser. Parmi celles-ci, notons le coût des ventes, l'amortissement, les frais financiers et les impôts, pour n'en nommer que quelques-unes.

La rentabilité de l'exploitation dépendant de plusieurs variables, il est nécessaire d'en analyser les diverses composantes, en particulier la marge bénéficiaire brute et la marge bénéficiaire d'exploitation.

B La marge bénéficiaire brute

Le ratio de la marge bénéficiaire brute permet d'analyser la capacité de l'entreprise à gérer a) les coûts associés aux marchandises vendues et b) les ajustements à son prix de vente en fonction des variations du coût d'achat. Le ratio de la marge bénéficiaire brute se calcule de la façon suivante (il n'est pas toujours possible de calculer ce ratio à partir des états financiers publiés) :

$$\text{Ratio de la marge bénéficiaire brute} = \frac{\text{Marge brute} = (\text{Ventes} - \text{Coût des ventes})}{\text{Ventes}}$$

Pour les exercices 2011 et 2010, Aux Quatre Vents inc. dégage une marge bénéficiaire brute de 14,47 % et 16,58 %, respectivement.

	Réf.	2011	2010
Ratio de la marge bénéficiaire brute d'Aux Quatre Vents inc.	R3 / R1	37 059 / 256 167	33 409 / 201 457
	=	14,47 %	16,58 %

C La marge bénéficiaire d'exploitation

La marge bénéficiaire d'exploitation met en relation le résultat d'exploitation (ou le résultat avant intérêts et impôts) et les ventes. Elle constitue une composante plus globale, en ce sens qu'elle tient compte de toutes les charges directement liées aux activités principales de l'entreprise. Elle vise donc à présenter au lecteur les résultats obtenus par les gestionnaires, abstraction faite des autres facteurs qui influent sur la mesure du résultat net (en particulier, la structure de financement reflétée dans les frais financiers). La comparaison est donc plus significative, même s'il est toujours hasardeux de comparer des marges d'exploitation émanant de secteurs différents. Le ratio de la marge bénéficiaire d'exploitation se calcule de la façon suivante :

$$\text{Ratio de la marge bénéficiaire d'exploitation} = \frac{\text{Résultat d'exploitation}}{\text{Ventes}}$$

Dans le cas d'Aux Quatre Vents inc., on constate que la marge bénéficiaire d'exploitation s'est détériorée, passant de 2,96 % à 2,03 % au cours des deux derniers exercices :

	Réf.	2011	2010
Ratio de la marge bénéficiaire d'exploitation d'Aux Quatre Vents inc.	R7 / R1	5 202 / 256 167	5 972 / 201 457
	=	2,03 %	2,96 %

D La structure des postes du compte de résultat

Pour faire une meilleure analyse, on peut décomposer le ratio de la marge d'exploitation en ses composantes. Il suffit de calculer des rapports entre certains frais d'exploitation particuliers et les ventes. Ainsi, le ratio des coûts commerciaux par rapport aux ventes donne une indication des efforts commerciaux ayant permis d'atteindre un chiffre d'affaires donné. Il s'agit de calculer les ratios pertinents permettant de repérer ceux qui fournissent des indices sur la rentabilité, puis d'analyser leur évolution, ce qui donne une idée de l'efficacité avec laquelle ces différentes charges sont gérées. Lorsqu'on interprète ces données, il importe de se souvenir que les dirigeants d'entreprise ne disposent pas de la même marge de manœuvre à l'égard de toutes les charges.

E Les éléments inhabituels : effets sur les ratios

Lorsqu'on procède à une analyse de l'exploitation, il faut surveiller toutes les opérations inhabituelles. La présence d'éléments exceptionnels ou d'activités abandonnées dans les postes du compte de résultat exige une attention particulière de la part du lecteur et, de ce fait, influence l'analyse. On trouve parfois de tels éléments sous des rubriques distinctes. C'est pourquoi il faut lire attentivement les états financiers pour les déceler.

9.6.2 L'analyse de l'actif

Après avoir analysé l'exploitation, nous pouvons examiner la gestion de l'actif, en commençant par le ratio de rendement de l'actif.

A Le rendement de l'actif

Pour mesurer le rendement de l'actif, on met en relation le résultat net réalisé par la société au cours d'un exercice et les ressources dont elle disposait pour y parvenir. Ce ratio exprime la rentabilité générale de l'entreprise pour une période donnée. Il se calcule de la façon suivante[4] :

$$\text{Ratio de rendement de l'actif} = \frac{\text{Résultat net}}{\text{Actif total}}$$

Le ratio de rendement de l'actif est donc révélateur pour l'ensemble des bailleurs de fonds, puisque le dénominateur utilisé pour le calculer équivaut aussi à la somme des passifs et des capitaux propres. En utilisant les montants d'Aux Quatre Vents inc., on obtient les résultats suivants :

	Réf.	2011	2010
Ratio de rendement de l'actif d'Aux Quatre Vents inc.	$\frac{R12}{B11}$	$\frac{3\,155}{55\,344}$	$\frac{3\,274}{50\,718}$
	=	5,70 %	6,46 %

De 2010 à 2011, le rendement de l'actif d'Aux Quatre Vents inc. a diminué, passant de 6,46 % à 5,70 %. Cela témoigne de la baisse de rentabilité de l'entreprise, qui voit simultanément son résultat net diminuer de 3,6 % et son actif total augmenter de 9,1 %. Il est possible de raffiner l'analyse de ce ratio en introduisant le ratio de rotation de l'actif (qui indique l'« intensité » de l'utilisation de l'actif). Poursuivons avec l'analyse de ce ratio.

B La rotation de l'actif

Le ratio de rotation de l'actif indique l'« intensité » des activités produites par le montant d'actif que possède l'entreprise. Plus ce ratio est élevé, plus l'entreprise utilise l'ensemble de ses ressources. L'utilisation qu'une entreprise fait de ses actifs peut modifier sa rentabilité globale. Ce phénomène se traduit par le rapport suivant :

4. Il convient de souligner que tous les ratios mettant en relation un élément provenant du compte de résultat et un élément provenant de l'état de la situation financière peuvent être calculés en utilisant une valeur moyenne pour l'élément provenant de l'état de la situation financière. Par exemple, le ratio de rendement de l'actif pourrait être calculé de la façon suivante : résultat net/moyenne de l'actif total (entre le début et la fin de la période).

$$\text{Ratio de rotation de l'actif (ou ratio de rotation du capital)} = \frac{\text{Ventes}}{\text{Actif total}}$$

Ce ratio indique le montant de chiffre d'affaires dégagé par dollar investi.

Calculons maintenant ce ratio pour Aux Quatre Vents inc. :

	Réf.	2011	2010
Ratio de rotation de l'actif d'Aux Quatre Vents inc.	$\frac{\text{R1}}{\text{B11}}$	$\frac{256\,167}{55\,344}$	$\frac{201\,457}{50\,718}$
	=	4,63	3,97

Comme on le constate, les ressources d'Aux Quatre Vents inc. ont généré proportionnellement plus de ventes en 2011 qu'en 2010, puisque le ratio est passé de 3,97 en 2010 à 4,63 en 2011.

Lorsque l'analyste observe une variation du ratio de rotation de l'actif au fil des années, il en recherchera la cause dans les variations non proportionnelles du numérateur et du dénominateur. Dans le cas d'Aux Quatre Vents inc., l'évolution du ratio entre 2010 et 2011 s'explique par une augmentation des ventes de 27,2 % alors que l'actif a progressé de 9,1 %.

Il est alors opportun de lier les ratios de rendement de l'actif, de la marge bénéficiaire nette et de rotation de l'actif. Cette relation se traduit de la façon suivante :

	Ratio de rendement de l'actif		Ratio de la marge bénéficiaire nette		Ratio de rotation de l'actif (ou ratio de rotation du capital)
	$\frac{\text{Résultat net}}{\text{Actif total}}$	=	$\frac{\text{Résultat net}}{\text{Ventes}}$	×	$\frac{\text{Ventes}}{\text{Actif total}}$
2011 :	5,70 %	=	1,23 %	×	4,63
2010 :	6,46 %	=	1,63 %	×	3,97

On constate que le rendement de l'actif provient de la rentabilité de l'exploitation ainsi que de l'intensité de l'utilisation de l'actif.

Ces ratios permettent d'orienter les questions de l'analyste vers l'exploitation et l'actif. En effet, ici, même si la rotation de l'actif augmente, passant de 3,97 à 4,63, la diminution de la rentabilité (marge bénéficiaire nette passant de 1,63 % à 1,23 %)

entraîne une baisse du rendement de l'actif (passant de 6,46 % à 5,70 %). Les questions de l'analyste doivent alors viser à cerner les aspects expliquant une telle variation. Pour ce faire, il peut utiliser d'autres ratios, que nous allons maintenant aborder.

C La structure de l'actif

Il s'agit de déterminer l'importance relative de chacun des postes et de déceler des tendances. Le nombre de ratios dépendra des actifs considérés. Parmi ceux-ci, on calcule souvent la relation entre la valeur nette (coût moins amortissement cumulé) des actifs immobilisés et le coût de ces actifs. Bien qu'imparfait, ce ratio renseigne sur l'âge moyen des immobilisations. Par exemple, un ratio de 70 % peut signifier que l'actif est relativement jeune.

D Le fonds de roulement

Parmi les postes de l'actif, il importe d'apprécier la structure à court terme d'une entreprise en utilisant le ratio du fonds de roulement. Le risque de liquidité à court terme d'une entreprise tient en partie à une gestion efficace des actifs et des passifs courants. Afin de juger de la qualité de cette gestion, il faut s'attarder sur le fonds de roulement, qui se calcule de la façon suivante :

$$\text{Fonds de roulement} = \text{Actif courant} - \text{Passif courant}$$

	Réf.		2011	2010
Fonds de roulement d'Aux Quatre Vents inc.	B6	Actif courant	16 841	13 472
	– B15	– Passif courant	– 14 375	– 13 123
	=		2 466	349

Un fonds de roulement positif indique que l'entreprise possède suffisamment de ressources courantes pour honorer ses dettes courantes. Toutefois, cette mesure de l'excédent des ressources courantes sur les dettes exigibles à moins d'un an est peu utile pour comparer des entreprises ou analyser des tendances, d'où le recours au ratio du fonds de roulement, qui se calcule de la façon suivante :

$$\text{Ratio du fonds de roulement (ou de liquidité générale)} = \frac{\text{Actif courant}}{\text{Passif courant}}$$

Pour Aux Quatre Vents inc., ce ratio augmente, passant de 1,03 pour 2010 à 1,17 pour 2011 :

	Réf.	2011	2010
Ratio du fonds de roulement d'Aux Quatre Vents inc.	B6	16 841	13 472
	B15	14 375	13 123
	=	1,17	1,03

Interprétés de façon absolue, ces résultats démontrent que, en 2010 et en 2011, les ressources à court terme détenues par l'entreprise permettaient, en présumant leur conversion en liquidités, de couvrir les dettes exigibles à moins d'un an. Cette affirmation repose sur le fait qu'on suppose *a priori* que les actifs courants, une fois transformés en liquidités, serviront uniquement au règlement des dettes courantes, ce qui n'est pas toujours le cas.

L'analyse du fonds de roulement exige aussi de procéder à une analyse détaillée des actifs courants, en particulier des clients et des stocks. Ces deux éléments revêtent une importance particulière, car ils varient selon la gestion qu'on en fait. En effet, une gestion efficace des stocks permet de réduire les coûts d'entreposage tout en limitant les coûts associés à l'obsolescence. Ces stocks serviront aux ventes que réalisera l'entreprise, lesquelles seront converties en créances clients et, finalement, en trésorerie. Cette trésorerie sera notamment utilisée pour régler les dettes liées à l'approvisionnement en stocks de marchandises et en services ; de là le besoin d'une gestion saine. Les ratios qui suivent visent à mettre cet aspect en lumière.

E Les liquidités

Le fonds de roulement n'indique pas nécessairement l'état des liquidités puisqu'il inclut des éléments qui ne peuvent servir immédiatement à régler des dettes. Les questions que nous venons de soulever nous conduisent à étudier un ratio qui tient uniquement compte des liquidités pouvant servir à régler le passif courant. Ces liquidités sont généralement constituées de la trésorerie, des placements courants et des clients.

$$\text{Ratio de liquidité relative} = \frac{\text{Trésorerie + Placements courants + Clients}}{\text{Passif courant}}$$

Pour nuancer nos analyses précédentes relatives au fonds de roulement d'Aux Quatre Vents inc., calculons le ratio de liquidité relative.

	Réf.	2011	2010
Ratio de liquidité relative d'Aux Quatre Vents inc.	$\frac{B1 + B2 + B3}{B15}$	$\frac{3\,600 + 1\,500 + 4\,195}{14\,375}$	$\frac{2\,362 + 1\,200 + 3\,317}{13\,123}$
	=	0,65	0,52

Afin d'évaluer les liquidités, on utilise aussi le ratio de liquidité immédiate (ou ratio de trésorerie) :

$$\text{Ratio de liquidité immédiate} = \frac{\text{Trésorerie + Placements courants}}{\text{Passif courant}}$$

Pour Aux Quatre Vents inc., nous obtenons les ratios de liquidité immédiate suivants :

	Réf.	2011	2010
Ratio de liquidité immédiate d'Aux Quatre Vents inc.	$\frac{B1 + B2}{B15}$	$\frac{3\,600 + 1\,500}{14\,375}$	$\frac{2\,362 + 1\,200}{13\,123}$
	=	0,35	0,27

Aux Quatre Vents inc. a donc 0,65 $ de liquidité relative et 0,35 $ de liquidité immédiate pour chaque dollar de dette courante en 2011. Les ratios du fonds de roulement, de liquidité relative et de liquidité immédiate permettent d'évaluer la situation financière courante à un moment donné. En aucun cas ils ne servent à évaluer le risque financier, qui exige une analyse plus poussée.

Il est maintenant nécessaire de compléter ces ratios avec une analyse des clients, des stocks et des fournisseurs, postes qui font tous partie du fonds de roulement.

F La rotation des stocks

Le coefficient de rotation des stocks joue un rôle prépondérant dans l'analyse de la trésorerie. Il représente la fréquence de vente du stock au cours de l'année.

$$\text{Coefficient de rotation des stocks} = \frac{\text{Coût des ventes}}{\text{Stocks}}$$

	Réf.	2011	2010
Coefficient de rotation des stocks d'Aux Quatre Vents inc.	$\frac{\text{R2}}{\text{B4}}$	$\frac{219\,108}{7\,408}$	$\frac{168\,048}{6\,368}$
	=	30 fois	26 fois

On peut également procéder à l'examen des stocks d'une autre façon, qui permettra les mêmes commentaires, en exprimant le rapport entre les stocks et le coût des ventes en nombre de jours. Il s'agit du délai d'écoulement des stocks, qui se calcule de la façon suivante :

$$\text{Délai d'écoulement des stocks} = \frac{\text{Stocks}}{\text{Coût des ventes}} \times 365 \text{ jours}$$

	Réf.	2011	2010
Délai d'écoulement des stocks d'Aux Quatre Vents inc.	$\frac{\text{B4}}{\text{R2}}$	$\frac{7\,408}{219\,108} \times 365$	$\frac{6\,368}{168\,048} \times 365$
	=	12 jours	14 jours

Un ratio de rotation des stocks de 30 signifie qu'Aux Quatre Vents inc. remplace 30 fois ses stocks en 2011, soit en moyenne tous les 12 jours, alors que, en 2010, l'entreprise les a remplacés 26 fois, donc environ tous les 14 jours.

Comment interpréter ce ratio ? Sans une connaissance approfondie du secteur d'activité et des pratiques de l'entreprise, il est difficile de répondre à cette question.

En général, un coefficient de rotation des stocks faible (ou un délai d'écoulement élevé) révèle un niveau de stocks ordinairement élevé, ce qui peut laisser supposer des frais d'entreposage et de manutention importants. Cependant, l'entreprise peut très bien avoir pris la décision de constituer des réserves dans la perspective d'une hausse de prix ou de prochaines difficultés d'approvisionnement.

Un coefficient de rotation des stocks élevé (ou un délai d'écoulement faible) n'est pas pour autant synonyme d'une gestion parfaite s'il laisse présager des ruptures de stocks susceptibles d'engendrer une certaine insatisfaction de la clientèle. Là encore, on doit examiner les faits sous tous les angles afin de tirer les bonnes conclusions. Pris isolément, le coefficient de rotation des stocks ne présente aucun intérêt pour l'analyste. Pour le rendre significatif, il faut le comparer aux normes du secteur et aux coefficients des exercices antérieurs, et tenir compte de facteurs comme la conjoncture économique, la politique de stockage ou encore l'acquisition d'une autre entreprise. Par exemple, il y a peu de chances qu'un revendeur de machinerie lourde atteigne un coefficient très élevé (ou un délai d'écoulement très faible). En revanche, dans notre exemple, le délai sera relativement court.

G Le délai de recouvrement des clients

Le délai de recouvrement des clients (ou débiteurs) permet d'apprécier le temps qui s'écoule entre le moment où s'effectuent les ventes et la date de l'encaissement des clients, information essentielle pour évaluer la qualité de la politique de crédit et, surtout, son application.

On peut calculer ce délai en mettant en relation le montant apparaissant dans le compte clients et le montant des ventes, ce rapport indiquant l'importance relative des clients. La relation peut ensuite être exprimée en nombre de jours de ventes que représente le solde des comptes clients :

$$\text{Délai de recouvrement des clients} = \frac{\text{Clients}}{\text{Ventes}} \times 365 \text{ jours}$$

Dans le cas d'Aux Quatre Vents inc., nous obtenons le ratio suivant :

	Réf.	2011	2010
Délai de recouvrement des clients d'Aux Quatre Vents inc.	$\frac{\text{B3}}{\text{R1}}$	$\frac{4\,195}{256\,167} \times 365$	$\frac{3\,317}{201\,457} \times 365$
	=	6 jours	6 jours

On constate que le délai de recouvrement est de six jours en 2011 et 2010. À l'aide de ces données, il est cependant impossible de se faire une opinion sur la qualité de la gestion des clients ou sur la politique de crédit. On ne peut que porter un premier jugement sur la situation actuelle par rapport aux normes du secteur.

Toutefois, un allongement de la période de recouvrement signifie probablement que l'entreprise a dû recourir à du financement supplémentaire et qu'elle devra engager des frais de financement, tout en sachant qu'un retard de recouvrement risque de nuire à la qualité de ses créances. Les entreprises qui assouplissent leur politique de crédit pour stimuler leurs ventes font parfois face à cette réalité.

À l'inverse, un délai plus court peut aussi révéler un durcissement de la politique de crédit. Quoi qu'on en pense, une telle éventualité n'est pas sans risques. En effet, certains clients pourraient s'offusquer de cette nouvelle politique et décider de se tourner vers des fournisseurs un peu moins impatients. De plus, des efforts accrus de recouvrement peuvent s'accompagner d'escomptes sur les ventes. Les clients apprécient généralement de tels escomptes, mais ces derniers constituent une charge supplémentaire, laquelle exerce un effet direct sur la trésorerie et la rentabilité.

Enfin, après avoir calculé le délai de recouvrement, il convient de se poser les questions suivantes : A-t-on cherché à faire augmenter les ventes au risque de diminuer la qualité des clients ? La proportion des ventes au comptant par rapport à celle des ventes à crédit a-t-elle varié ? A-t-on modifié la politique de crédit et de recouvrement ? La clientèle est-elle passée d'un nombre important de petits clients à un nombre restreint de gros clients, ou inversement ?

H Le délai de règlement des fournisseurs

Il existe un ratio analogue à celui des clients pour les fournisseurs (ou créditeurs), le délai de règlement des fournisseurs. Il se calcule de la façon suivante :

$$\text{Délai de règlement des fournisseurs} = \frac{\text{Fournisseurs}}{\text{Achats (ou Coût des ventes)}} \times 365 \text{ jours}$$

Pour obtenir ce ratio, nous devons dans un premier temps, en théorie, calculer le montant des achats. Pour obtenir ce montant, il faut utiliser le montant reporté dans le poste Coût des ventes et d'autres informations qui ne sont pas toujours disponibles dans les états financiers. Ainsi, en cas d'indisponibilité des informations, le montant des achats peut être remplacé par le montant apparaissant dans le poste Coût des ventes, qui peut être considéré comme une approximation :

	Réf.	2011	2010
Délai de règlement des fournisseurs d'Aux Quatre Vents inc.	$\frac{\text{B12}}{\text{R2}}$	$\frac{14\ 045}{219\ 108} \times 365$	$\frac{12\ 338}{168\ 048} \times 365$
	=	23 jours	27 jours

Une diminution du délai signifie que les fournisseurs sont payés plus rapidement.

Nous pouvons maintenant mettre en relation ces trois derniers ratios.

I Le besoin en fonds de roulement d'exploitation

L'effet combiné des trois ratios que nous venons de voir permet de mesurer la gestion du fonds de roulement d'exploitation avec ces trois principales composantes que sont les stocks, les clients et les fournisseurs. En effet, la somme du délai de recouvrement des clients et du délai d'écoulement des stocks, moins le délai de règlement des fournisseurs, renseigne sur le temps qui s'écoule entre les encaissements et les décaissements relatifs à l'exploitation courante de la société, ce qui permet de déterminer le besoin en fonds de roulement relié à l'exploitation.

Dans le cas d'Aux Quatre Vents inc., nous obtenons les données suivantes :

		2011	2010
Délai d'écoulement des stocks	(1)	12 jours	14 jours
Délai de recouvrement des clients	(2)	6 jours	6 jours
	(1) + (2)	18 jours	20 jours
Délai de règlement des fournisseurs	(3)	23 jours	27 jours
Besoin (si négatif) ou contribution (si positif) au fonds de roulement d'exploitation	**(3)-[(1) + (2)]**	5 jours	7 jours

Si l'on considère uniquement les postes du fonds de roulement reliés à l'exploitation (stocks, clients, fournisseurs), on constate, pour 2011, que les stocks demeurent en réserve durant 12 jours et que les ventes sont encaissées dans un délai de 6 jours. Il s'ensuit une période de 18 jours entre la réception des stocks et l'encaissement. Les liquidités sont donc disponibles pour effectuer les paiements aux fournisseurs, paiements qui interviennent, en moyenne, dans un délai de 23 jours. En l'occurrence, la gestion des stocks, clients et fournisseurs constitue une contribution au fonds de roulement d'exploitation. Dans le cas inverse, il y aurait un besoin en fonds de roulement d'exploitation.

9.6.3 L'analyse du financement

Abordons maintenant l'analyse du financement de l'entité, qui comprend à la fois le passif et les capitaux propres. Commençons notre analyse par le point de vue de l'actionnaire, avant de nous intéresser à celui des autres apporteurs de financement.

Les capitaux propres

A Le rendement des capitaux propres

Le tout premier moyen de financement dont dispose l'entreprise est l'apport en capitaux des actionnaires. Cette contribution traduit l'espoir que l'entreprise génère une plus-value et une rémunération sous forme de dividendes. Les ratios comptables permettent d'aider l'actionnaire à évaluer la situation, principalement par le calcul du ratio de rendement des capitaux propres. (Nous ferons intervenir plus loin l'apport des tiers et son incidence.) Le ratio de rendement des capitaux propres met en relation le résultat net produit au cours d'un exercice et les fonds investis (ou réinvestis) par les actionnaires, c'est-à-dire les capitaux propres, pour dégager ce résultat. Ce ratio mesure ainsi le rendement global de l'investissement des actionnaires pour une période donnée. (C'est pourquoi, du point de vue de l'actionnaire, ce ratio est parfois appelé « rendement du capital investi. »)

$$\text{Ratio de rendement des capitaux propres} = \frac{\text{Résultat net}}{\text{Capitaux propres}}$$

Dans le cas d'Aux Quatre Vents inc., on peut calculer le rendement des capitaux propres de la façon suivante :

	Réf.	2011	2010
Ratio de rendement des capitaux propres d'Aux Quatre Vents inc.	$\frac{R12}{B23}$	$\frac{3\,155}{20\,895}$	$\frac{3\,274}{17\,783}$
	=	15,10 %	18,41 %

On peut maintenant mettre en relation le rendement des capitaux propres et le rendement de l'actif, ainsi que la part de l'actif financé par l'investissement des propriétaires (ratio du levier financier) :

Ratio de rendement des capitaux propres	=	**Ratio de rendement de l'actif**	×	**Ratio du levier financier**
$\frac{\textbf{Résultat net}}{\textbf{Capitaux propres}}$	=	$\frac{\textbf{Résultat net}}{\textbf{Actif total}}$	×	$\frac{\textbf{Actif total}}{\textbf{Capitaux propres}}$
2011 : 15,10 %	=	**5,70 %**	×	**2,65**
2010 : 18,41 %	=	**6,46 %**	×	**2,85**

Dans cette relation, le ratio du levier financier sert à exprimer la proportion de l'actif total par rapport aux capitaux propres. Un ratio de levier financier de 2 signifie qu'on a 1 dollar de capitaux propres pour 2 dollars d'actif. Dans le cas d'Aux Quatre Vents inc., le ratio du levier financier (B11/B23) est de 2,65 (55 344/20 895) pour 2011, et de 2,85 (50 718/17 783) pour 2010. Plus ce ratio est élevé, moins la part des actionnaires dans le financement des ressources est élevée. Ainsi, environ 38 % (1/2,65) de l'actif est financé par les capitaux propres en 2011, contre 35 % (1/2,85) en 2010. Cette information apparaît aussi dans le tableau 9.5 (p. 217). On voit l'effet de cette structure de financement, en particulier en 2010. Toutefois, ce ratio doit être mis en perspective avec d'autres ratios que nous verrons plus loin.

Pour le moment, nous compléterons cette information à l'aide du calcul du résultat par action, du ratio cours/bénéfice et de la valeur comptable d'une action.

B Le résultat par action

Le résultat par action (ou « bénéfice par action ») constitue une mesure du rendement complémentaire du point de vue de l'actionnaire. Ce ratio est le seul dont le calcul fasse l'objet de normes précises. Il est par ailleurs obligatoire de le présenter dans les états financiers de sociétés ouvertes.

Le résultat par action s'exprime par le rapport suivant :

$$\text{Résultat par action} = \frac{\text{Résultat net disponible aux actionnaires ordinaires}^{5}}{\text{Nombre d'actions ordinaires en circulation}}$$

Ce calcul n'est pertinent que pour les actions auxquelles est rattaché le droit de participer sans restriction au résultat de la société.

C Le ratio cours/bénéfice

Ce ratio sert surtout aux personnes s'intéressant au comportement du marché boursier :

$$\text{Ratio cours/bénéfice} = \frac{\text{Cours des actions ordinaires}}{\text{Résultat par action}}$$

Ce ratio indique l'évaluation boursière d'un placement dans des actions par rapport au résultat. Par exemple, un ratio de 12 signifie que l'investisseur est prêt à payer 12 fois le résultat annuel par action pour acquérir une action. Si l'on fait abstraction de l'aspect spéculatif, cela sous-entend également que l'investisseur consent à attendre 12 ans pour récupérer son capital ; le ratio ne tient pas compte du rendement annuel que l'investisseur exige de son placement.

5. Résultat net – dividendes sur les actions autres qu'ordinaires.

D La valeur comptable d'une action

La valeur comptable d'une action permet d'établir la valeur « comptable » de chaque action. Elle est basée sur la valeur comptable des capitaux propres pour chacune des actions détenues. Cette valeur est purement comptable, mais elle permet un rapprochement avec les valeurs des actions cotées en Bourse.

$$\text{Valeur comptable d'une action} = \frac{\text{Capitaux propres}}{\text{Nombre d'actions}}$$

L'endettement

En étudiant les diverses sources de capitaux d'une entreprise, l'analyste peut découvrir 1) comment elle se finance (structure du capital) et 2) comment elle peut tirer parti de sa situation d'endettement.

Un faible niveau d'endettement est souvent synonyme de bonne santé financière. Il ne faut toutefois pas en tirer des conclusions hâtives. Il est tentant d'interpréter positivement le fait qu'une entreprise s'autofinance, ce qui n'est pas erroné en soi. Toutefois, une entreprise souhaitant atteindre une certaine croissance doit composer avec les risques et mettre à profit sa capacité d'endettement : l'existence de dettes est donc inévitable et même positive pour les actionnaires.

Le recours au financement externe assure la croissance de l'entreprise, sans exiger un nouvel apport en capitaux propres. Cependant, l'entreprise doit savoir gérer efficacement cet endettement pour préserver sa solvabilité à long terme.

Une saine gestion de l'endettement repose sur de multiples facteurs liés aux résultats d'exploitation et aux ressources que le financement a permis d'acquérir. Dans une perspective de continuité de son exploitation, l'entreprise doit accorder un intérêt particulier à sa capacité d'acquérir des ressources par voie de financement, ce qui constitue une garantie satisfaisante aux yeux des prêteurs, et à sa marge d'emprunt disponible, destinée à amortir les chocs en cas de difficultés.

E Le ratio d'endettement

Pour évaluer la capacité de financement à long terme, on doit déterminer dans quelle mesure l'actif total d'une société est grevé de dettes. À cette fin, on recourt au ratio d'endettement. La valeur obtenue demeure tout au plus un indice de l'importance des capitaux empruntés et des capitaux propres dans le financement total ; il ne vise nullement à évaluer la santé financière. Le calcul du ratio d'endettement peut s'effectuer de deux façons :

$$\text{Ratio d'endettement par rapport aux actifs} = \frac{\text{Passif courant + Passif non courant}}{\text{Actif total}}$$

ou

$$\frac{\text{Dette non courante}}{\text{Actif non courant}}$$

Les éléments composant le passif courant sont généralement exigibles dans les 12 mois suivant la date de l'état de la situation financière, donc « à moins d'un an ». Ils sont acquittés grâce aux flux de trésorerie provenant de l'exploitation et, au besoin, de moyens de financement temporaires courants. Les dettes exigibles à moins d'un an s'inscrivent donc dans un processus continu ; l'investisseur n'a pas à en tenir compte lorsqu'il analyse la structure financière à long terme afin d'évaluer le risque financier couru. C'est pourquoi il est préférable de restreindre l'analyse aux formes de financement à long terme. Même si, en théorie, la dette non courante n'est pas permanente, on sait qu'en pratique une entreprise qui acquiert des immobilisations au moyen d'emprunts à long terme les renouvellera à l'échéance ou contractera de nouveaux emprunts au fil d'un processus récurrent.

Par ailleurs, rappelons que les éléments courants et non courants de l'état de la situation financière remplissent des fonctions différentes. Ainsi, les créanciers ont intérêt à connaître la proportion du financement des ressources apporté par les titulaires de créances à long terme et par les actionnaires. Pour leur part, les titulaires de créances à long terme n'acceptent pas facilement d'assumer un niveau de risque supérieur à celui des actionnaires.

De ce fait, on utilisera le ratio d'endettement à long terme pour connaître l'importance relative de la dette non courante par rapport aux capitaux propres. Ce calcul permet de déterminer dans quelle mesure le financement à long terme de l'entreprise provient de sources externes.

$$\text{Ratio d'endettement à long terme par rapport aux capitaux propres} = \frac{\text{Dette non courante}}{\text{Capitaux propres}}$$

Calculons ce ratio pour Aux Quatre Vents inc. :

	Réf.	2011	2010
Ratio d'endettement à long terme d'Aux Quatre Vents inc.	$\frac{B16}{B23}$	$\frac{14\,017}{20\,895}$	$\frac{14\,492}{17\,783}$
	=	0,67	0,81

Comme on peut le constater, la dette non courante représente 67 % des capitaux propres d'Aux Quatre Vents inc. en 2011, contre 81 % en 2010, alors qu'en chiffres absolus elle est à peu près identique.

F La couverture du remboursement du capital et des intérêts

S'il est intéressant de connaître l'apport des créanciers, on s'accorde toutefois à dire qu'il est également primordial de savoir si une entreprise est en mesure de couvrir ses intérêts et ses remboursements de capital.

Pour ce faire, on recourt au ratio de couverture des intérêts, qui mesure dans quelle proportion les résultats d'exploitation excèdent les intérêts. Ce ratio se calcule de la façon suivante :

$$\text{Ratio de couverture des intérêts} = \frac{\text{Résultat avant intérêts et impôts}}{\text{Intérêts de l'exercice}}$$

Ce ratio montre la capacité des activités courantes de couvrir les frais de financement fixes lorsqu'ils deviennent exigibles. Dès lors, on connaît l'effet de ces frais sur la rentabilité de l'exploitation. Si les besoins de financement augmentent, on peut prévoir que les intérêts augmenteront également. En toute logique, l'entreprise perçue favorablement affichera une rentabilité croissant à un rythme au moins équivalent à celui des frais de financement. Par conséquent, un ratio de couverture des intérêts qui croît plus rapidement que les intérêts eux-mêmes constitue un signe de santé florissante et de saine gestion.

On obtient les résultats suivants pour Aux Quatre Vents inc. :

	Réf.	2011	2010
Ratio de couverture des intérêts d'Aux Quatre Vents inc.	$\frac{R7}{R8}$	$\frac{5\,202}{910}$	$\frac{5\,972}{800}$
	=	5,72	7,47

Dans le cas d'Aux Quatre Vents inc., une augmentation des frais financiers combinée à une baisse de rentabilité entraîne une baisse du ratio de couverture des intérêts.

Ce ratio ne tient pas compte des remboursements de capital exigés par les prêteurs. Afin de pallier cette omission, l'analyste peut calculer un autre ratio, le ratio de couverture du remboursement du capital et des intérêts. Dans ce calcul, l'ajout des remboursements de capital aux facteurs déjà connus exige d'exprimer la valeur des remboursements dans une unité de mesure commune, en l'occurrence le dollar avant impôts. Or, les remboursements de dettes, non admissibles à une déduction du revenu imposable, s'effectuent à même le résultat net (résultat après impôts), disponible une fois la facture fiscale acquittée. En conséquence, chaque dollar versé aux créanciers au titre des remboursements du capital oblige l'exploitation à produire un résultat suffisamment élevé pour que l'entreprise puisse auparavant s'acquitter de ses obligations envers les autorités fiscales. La formule du ratio de couverture du remboursement du capital et des intérêts est la suivante :

$$\text{Ratio de couverture du remboursement du capital et des intérêts} = \frac{\text{Résultat avant intérêts et impôts}}{\text{Intérêts} + [\text{Remboursement de capital } (1 / 1 - \text{Taux d'imposition})]}$$

G Le rendement brut de l'actif total et l'effet de levier

Le fait que l'entreprise se finance à l'aide de capitaux provenant de tiers permet de mesurer l'effet de levier. Dans son *Dictionnaire de la comptabilité et de la gestion financière,* Louis Ménard le définit comme un « effet, sur le bénéfice et le rendement des actions, d'un financement par emprunt plutôt que par instruments de capitaux propres ou tout autre instrument dont le rendement est lié aux résultats[6] ».

Cette mesure permet donc de connaître l'incidence des dettes sur le résultat net. Cette notion exige de calculer le ratio de rendement brut de l'actif total. Ce rendement, fondé sur une hypothèse quasi impossible à concrétiser, est utile dans l'absolu pour comparer l'effet de levier financier réel à l'effet de levier présumé si la société n'avait contracté aucun passif dans le contexte économique actuel. Cette hypothèse suggère une absence totale de financement externe, effaçant du même coup l'élément de passif de l'identité fondamentale. L'actif net de l'entreprise (fonds ou capitaux propres) devient automatiquement synonyme d'actif total, puisque les capitaux empruntés sont inexistants.

Le rendement brut de l'actif total, qui repose, nous l'avons vu, sur l'hypothèse d'un financement exclusivement interne, prend tout son sens lorsqu'il est comparé avec le rendement global de l'entreprise, obtenu en calculant le ratio de rendement des capitaux propres. Le rendement brut de l'actif total se calcule de la façon suivante :

$$\text{Ratio de rendement brut de l'actif total} = \frac{(\text{Résultat avant intérêts et impôts}) \times (1 - \text{Taux d'imposition})}{\text{Actif total}}$$

6. Louis MÉNARD, *Dictionnaire de la comptabilité et de la gestion financière,* Institut canadien des comptables agréés, 2e édition, Montréal, ERPI, 2004.

Dans cette formule, on utilise le résultat avant intérêts et impôts (soit l'équivalent du résultat net, auquel on ajoute les intérêts, inexistants selon l'hypothèse d'un endettement nul, et les impôts). Pour prendre en compte l'aspect fiscal, on ajuste le résultat avant intérêts et impôts en le multipliant par (1 – taux d'imposition). Le résultat, correspondant au montant du résultat net qui aurait été obtenu sans apport de passif, est finalement comparé à l'actif total (selon l'hypothèse où il n'y a pas de dette, les capitaux propres sont égaux à l'actif total).

L'entreprise bénéficie d'un effet de levier positif lorsque le ratio de rendement des capitaux propres excède le ratio de rendement brut de l'actif total ainsi calculé. Le financement actuel a donc un effet favorable sur la rentabilité, ce qui équivaut à « faire de l'argent avec l'argent des autres ». Il est inutile de s'attarder sur les effets bénéfiques d'un effet de levier positif à l'égard de la viabilité d'une entreprise. À l'inverse, la société aux prises avec un effet défavorable y verra le signe de problèmes en matière de solvabilité.

Pour Aux Quatre Vents inc., le calcul du ratio de rendement brut de l'actif total donne les résultats suivants :

		2011	2010
Ratio de rendement brut de l'actif total d'Aux Quatre Vents inc.		$\frac{3\,818}{55\,344}$	$\frac{3\,780}{50\,718}$
	=	6,90 %	7,45 %

Le ratio de rendement des capitaux propres (15,10 %) excédant le ratio de rendement brut de l'actif total (6,90 %), on peut donc dire qu'Aux Quatre Vents inc. bénéficie d'un effet de levier positif.

9.6.4 L'analyse des flux de trésorerie

Ces dernières années, la palette de l'analyste s'est enrichie de nouveaux ratios, complémentaires de ceux que nous venons de voir. Il s'agit notamment des ratios obtenus à partir de l'information apparaissant dans le tableau des flux de trésorerie. En effet, même si la notion de résultat net est capitale, il n'en demeure pas moins qu'il n'est pas suffisant, pour une entité, de réaliser un profit. Encore faut-il que ce profit génère une entrée nette de fonds. Ainsi, des analystes calculent certains des ratios que nous venons d'expliquer en y intégrant les flux de trésorerie provenant de l'exploitation. Nous en présentons brièvement deux à la page suivante.

A Les flux de trésorerie et l'actif

Il se peut que l'analyste souhaite connaître non seulement le niveau de résultat généré par les actifs (rendement de l'actif), mais aussi l'ampleur des flux de trésorerie dégagés par cet investissement. Il s'agit alors d'une variante du ratio de rendement de l'actif exprimé en flux monétaires :

Flux de trésorerie provenant de l'exploitation / Actif total

		2011	2010
Ratio de flux de trésorerie provenant de l'exploitation / Actif total d'Aux Quatre Vents inc.		5 917 / 55 344	4 857 / 50 718
	=	0,11	0,10

B Les flux de trésorerie et les ventes

La relation suggérée ici consiste à établir un rapport entre le niveau d'activité, représenté par les ventes, et les flux de trésorerie qui en résultent (rapport semblable à la relation entre résultat net et ventes). Autrement dit, l'augmentation (ou la réduction) du niveau d'activité génère-t-elle un effet positif (ou négatif) sur les flux de trésorerie ? Le ratio se calcule de la façon suivante :

Flux de trésorerie provenant de l'exploitation / Ventes

	2011	2010
Ratio de flux de trésorerie provenant de l'exploitation / Ventes d'Aux Quatre Vents inc.	5 917 / 256 167	4 857 / 201 457
	0,02	0,02

Chaque dollar de vente génère 0,02 $ de flux de trésorerie.

9.6.5 La synthèse des ratios

Maintenant que nous avons présenté les différents ratios, voyons quels constats se dégagent du regroupement de certains d'entre eux en ce qui a trait aux dimensions suivantes :

- la performance générale ;
- l'exploitation ;
- le financement ;
- la liquidité-solvabilité.

Pour ce faire, nous utiliserons certains éléments de la démarche apparaissant au tableau 9.6 (p. 222).

Dans les pages qui suivent, nous ferons une lecture horizontale de ce tableau, complémentaire de l'approche verticale que nous avons utilisée dans la présentation des ratios du présent chapitre[7].

AUX QUATRE VENTS INC.

En comparant les données d'Aux Quatre Vents inc. pour 2011 et 2010, on constate une augmentation des activités de l'entreprise. En effet, ses ventes augmentent de 27,2 % (de 201 457 à 256 167 $), son actif augmente de 9,1 % (de 50 718 à 55 344 $), et son résultat net diminue de 3,6 % (de 3 274 à 3 155 $).

A La performance générale

La performance générale d'Aux Quatre Vents inc. en ce qui a trait aux indicateurs de marge bénéficiaire, de rendement de l'actif et des capitaux propres se présente ainsi :

	2011	2010
Marge bénéficiaire nette	1,23 %	1,63 %
Rendement de l'actif	5,70 %	6,46 %
Rendement des capitaux propres	15,10 %	18,41 %

Ces indicateurs généraux montrent que :

- la marge bénéficiaire nette (qui mesure la rentabilité des opérations en déterminant le résultat net réalisé pour chaque dollar de vente) affiche une baisse pour l'exercice 2011, avec un ratio de 1,23 %, contre 1,63 % pour l'exercice 2010. Selon les statistiques disponibles, le ratio de la marge bénéficiaire nette pour ce secteur d'activité est de 1,5 %, ce qui signifie que la performance d'Aux Quatre Vents inc. est inférieure à celle du marché en 2011 ;

7. Une analyse plus exhaustive inclurait des données de concurrents. L'utilisation d'une base de données serait aussi appropriée. Les informations publiées par l'entreprise ainsi que l'information financière publique pourraient compléter cette analyse.

- le rendement de l'actif (qui met en relation le résultat net réalisé par la société et les ressources dont elle dispose) a diminué de 2010 à 2011, passant de 6,46 % à 5,70 %. La diminution du ratio est attribuable en partie à la diminution du résultat net (3,6 %) et à l'augmentation de l'actif total (9,1 %). Toutefois, selon les informations sectorielles, le rendement d'Aux Quatre Vents inc. serait comparable à celui de ses concurrents;
- le ratio de rendement des capitaux propres (qui met en relation le résultat net et les capitaux propres) a lui aussi diminué, passant de 18,41 % en 2010 à 15,10 % en 2011. Toutefois, le rendement d'Aux Quatre Vents inc. est supérieur à celui de l'industrie (13,4 %).

Pour mieux comprendre la signification de ces indicateurs, examinons les ratios reliés à la gestion de l'exploitation.

B L'exploitation

Entamons cette analyse en examinant le tableau 9.5 (p. 217), en ce qui concerne les composantes du résultat.

Nous constatons que:

- les ventes ont augmenté de 27,2 %, alors que le résultat net a diminué de 3,6 %;
- comparés à l'augmentation des ventes, les coûts commerciaux et les charges administratives ont connu une hausse de seulement 15,0 %. Cela a contribué à maintenir la rentabilité, mais une hausse marquée du coût des ventes (30,4 %) a influé sur la marge brute, cette dernière étant passée de 16,6 % à 14,5 %.

L'analyse des secteurs opérationnels permet de mieux cerner des éléments explicatifs.

	2011	% / Produits	2010	% / Produits
Produits				
Marchandises	81 973	32,0 %	76 950	38,2 %
Carburant	174 194	68,0 %	124 507	61,8 %
	256 167	**100,0 %**	**201 457**	**100,0 %**
	2011	**% / Marge**	**2010**	**% / Marge**
Marge brute				
Marchandises	29 647	80,0 %	26 059	78,0 %
Carburant	7 412	20,0 %	7 350	22,0 %
	37 059	**100,0 %**	**33 409**	**100,0 %**

Ce tableau nous donne les informations suivantes:

- les ventes de carburant ont connu une augmentation relative, passant de 61,8 % à 68,0 % des ventes;

- la marge brute sur ce produit a baissé, passant de 5,9 % (7 350/124 507) à 4,3 % (7 412/174 194) ;
- les ventes de marchandises constituent 38,2 % du chiffre d'affaires en 2010 et 32,0 % en 2011, mais contribuent à 78,0 % de la marge brute en 2010 et à 80,0 % en 2011, avec un pourcentage de marge brute passant de 33,9 % (26 059/76 950) en 2010 à 36,1 % en 2011 (29 647/81 973).

Soulignons également que le ratio de rotation de l'actif (ventes par rapport aux actifs) a augmenté, passant de 3,97 à 4,63 (augmentation reliée à celle de l'actif, de 9,1 %, et à celle des ventes, de 27,2 %). La hausse de l'actif (4 626 $) concerne surtout l'actif courant (3 369 $ et 25,0 % par rapport à l'exercice précédent) et les immobilisations corporelles (1 278 $). Par conséquent, la gestion du fonds de roulement mérite qu'on s'y attarde ci-après.

C Le financement

L'analyse des passifs et des capitaux propres fait ressortir les aspects suivants :

- l'augmentation des passifs concerne principalement les passifs courants, qui augmentent de 9,5 % (voir, ci-dessous, la section sur la liquidité) ;
- la structure des dettes à long terme et des capitaux propres comporte les caractéristiques suivantes :

	2011	2010
Ratio d'endettement par rapport aux capitaux propres	0,67	0,81
Taux de rendement brut de l'actif total	6,90 %	7,45 %
Taux de rendement des capitaux propres	15,10 %	18,41 %

- le ratio d'endettement par rapport aux capitaux propres est passé de 0,81 en 2010 à 0,67 en 2011, ce qui indique une proportion moins grande de dettes par rapport aux capitaux propres. Notons toutefois que la dette non courante est demeurée sensiblement la même, la diminution de ce ratio provenant de l'augmentation des capitaux propres ;
- le calcul de l'effet de levier donne un résultat positif, le rendement des capitaux propres étant supérieur au taux de rendement brut de l'actif total.

D La liquidité-solvabilité

À ces constats, ajoutons quelques éléments sur la gestion des liquidités à l'aide des ratios suivants :

	2011	2010
Ratio de fonds de roulement (liquidité générale)	1,17	1,03
Ratio de liquidité relative	0,65	0,52
Ratio de liquidité immédiate	0,35	0,27
Délai d'écoulement des stocks	12 jours	14 jours
Délai de recouvrement des clients	6 jours	6 jours
Délai de paiement des fournisseurs	23 jours	27 jours

Il ressort qu'Aux Quatre Vents inc. se trouve dans la situation suivante :

- l'entreprise affiche un fonds de roulement positif, en augmentation par rapport à 2010 (passant de 349 à 2 466 $ en 2011), avec un ratio de fonds de roulement de 1,03 en 2010 et de 1,17 en 2011 ;
- elle maintient ainsi un niveau de liquidité à court terme comparable à la moyenne de l'industrie ;
- lorsqu'on examine l'état de la situation financière et le tableau des flux de trésorerie, l'analyse des postes du fonds de roulement montre une augmentation des clients de 26,5 %, des stocks de 16,3 % et des fournisseurs de 13,8 %. Toutefois, entre 2010 et 2011, on remarque que le délai d'écoulement des stocks baisse de deux jours et le délai de paiement des fournisseurs de quatre jours. Malgré ces faits, les délais de recouvrement des clients, d'écoulement des stocks et de paiement des fournisseurs contribuent positivement au fonds de roulement d'exploitation (de sept jours en 2010 et de cinq jours en 2011) ;
- de même, en se référant au tableau des flux de trésorerie, on constate que la trésorerie et les équivalents de trésorerie ont augmenté de 1 238 $ de 2010 à 2011, passant de 2 362 $ à 3 600 $. Les opérations d'exploitation de 2011 génèrent 5 917 $ de liquidités, ce qui permet de couvrir l'augmentation des éléments du fonds de roulement hors trésorerie liés à l'exploitation, les dépenses en immobilisations et les activités de financement.

E Les faits marquants de l'analyse

Les faits marquants de notre analyse du cas d'Aux Quatre Vents inc. se résument ainsi :

- baisse de la performance de l'entité ;
- augmentation des ventes associée à une baisse de rentabilité (marge brute) du carburant, mais également à une augmentation de la marge brute sur les ventes de marchandises se soldant par une marge totale en diminution ;
- structure de dettes permettant d'afficher un effet de levier positif ;
- indicateurs de liquidité positifs.

9.7 L'INCERTITUDE INHÉRENTE À L'ANALYSE DES ÉTATS FINANCIERS

9.7.1 Les limites de l'analyse

Comme nous l'avons déjà évoqué, la liste des ratios mentionnés dans ce chapitre est loin d'être exhaustive. Il est possible d'en calculer d'autres et de les interpréter en fonction des activités de l'entité et du secteur dans lequel elle est active.

À la lumière des pages qui précèdent, il ne serait pas surprenant que l'étude de l'analyse des états financiers suscite chez le lecteur une certaine appréhension, voire de la déception. Les attentes sont nombreuses et légitimes, sans aucun doute, mais il est impossible de les satisfaire pleinement. En effet, on doit utiliser toutes ces données en tenant compte de l'incertitude qui caractérise plusieurs d'entre elles ; de plus, on doit faire preuve de jugement lorsqu'on les interprète. Il est indispensable de recourir à des aspects qualitatifs complémentaires, ce qui signifie que l'analyse des ratios n'est pas nécessairement une recette infaillible, comme le confirment les limites inhérentes à la nature même des états financiers.

9.7.2 Les limites inhérentes aux états financiers

La démarche d'analyse que nous proposons doit être adaptée aux caractéristiques des entreprises et à leur contexte, et les objectifs de l'analyste doivent être pris en compte. Les données utilisées par ce modèle provenant dans une large mesure des états financiers, il faut également tenir compte des limites qui les caractérisent, qu'elles relèvent de la terminologie, du classement et du regroupement des données, du choix des conventions comptables, etc.

A La terminologie

La latitude laissée en matière de préparation et de présentation des états financiers entraîne inévitablement des différences dans la terminologie employée. Bien qu'on tende à standardiser le vocabulaire, il arrive que des expressions différentes soient utilisées pour désigner une même réalité.

B Le classement et le regroupement

On doit prêter une attention particulière au classement employé pour présenter les données financières. En général, les préparateurs d'états financiers recourent à des pratiques relativement uniformes. Toutefois, les normes comptables sont souvent muettes sur la question : il arrive donc que des entreprises d'un même secteur optent pour un classement « personnalisé ».

En conséquence, même si les conventions comptables utilisées sont identiques, la ventilation des postes dans les états financiers risque de nuire aux comparaisons lorsque les divergences portent sur des sommes importantes. Cela vaut surtout pour les postes du compte de résultat, notamment son poste Charges administratives, qui comporte un grand nombre de charges. De plus, comme nous l'avons vu au chapitre 6, deux entreprises d'un même secteur peuvent choisir de présenter la ventilation de leurs charges selon deux modèles différents : la nature des charges ou leur fonction.

Quant au problème de regroupement, il tient à l'usage qui est fait du concept d'importance relative tout au long du processus comptable. Ce concept, fondé sur le jugement, sert à éviter que les états financiers soient surchargés d'éléments secondaires. Ainsi, un poste jugé mineur est parfois regroupé avec d'autres postes de même nature. Le lecteur, tout en étant averti de ce fait, n'est généralement pas en mesure d'en connaître les modalités d'application.

C Les conventions comptables

Avant même de procéder à une analyse approfondie des états financiers d'une entreprise, on doit se pencher sur les conventions comptables en vigueur. Elles sont indiquées par voie de notes et comportent parfois des renvois aux postes auxquels elles se rapportent. Malgré l'uniformité, qui est de mise pour des entreprises d'un même secteur d'activité, il est toujours possible qu'une société fasse exception à la règle. Par conséquent, la comparaison entre des entreprises (ou avec les normes) d'un secteur donné n'est valide que si l'on s'assure au préalable de l'homogénéité des pratiques comptables appliquées.

L'interprétation des conventions comptables constitue un autre problème. Une compréhension différente de ces conventions conduit à présenter ou à omettre certains postes, ce qui peut modifier, voire fausser le jugement de l'analyste. Ainsi, dans le cas de contrats de location, on observe parfois ce qu'il est convenu d'appeler un « financement hors bilan », parce que l'entreprise comptabilise le contrat de location comme une location pure et simple, alors qu'une autre considère ce contrat comme une acquisition, avec un passif relatif à la somme impayée.

D Les ajustements apportés au résultat

Le lecteur des états financiers doit porter une attention particulière à la présence éventuelle d'ajustements concernant les exercices antérieurs, d'éléments inhabituels ou d'activités abandonnées. Si de tels éléments lui échappent, la comparaison avec les résultats d'exercices antérieurs ou avec les résultats d'autres sociétés en sera faussée. Ce problème n'est pas négligeable ; c'est pourquoi on procède parfois à des ajustements permettant d'obtenir une mesure « normalisée » du résultat, c'est-à-dire représentative des activités normales.

E L'inflation et les « valeurs marchandes »

Les fluctuations du pouvoir d'achat jouent un rôle notable. En effet, les éléments évalués au coût historique qui composent les états financiers sont sujets à caution lorsqu'on les envisage dans la durée. L'utilisateur des rapports comptables en tiendra compte pour établir des prévisions ou des projections, tout comme pour dégager des tendances ou effectuer des comparaisons.

La comptabilité suppose la plupart du temps d'enregistrer certains éléments d'actif, principalement les immobilisations corporelles, à un montant qui diffère généralement de leur valeur marchande. Une connaissance approfondie de l'entreprise observée est alors un atout.

F La nature des états financiers

Bien que les états financiers donnent parfois l'impression d'être complets et précis, ils ne le sont pas toujours autant qu'on le pense. En effet, les montants y figurent en chiffres, mais il appartient au lecteur de faire la part des choses, de faire intervenir sa subjectivité.

De plus, comme nous l'avons indiqué à propos de l'inflation, les postes sont exprimés en dollars de différentes périodes. Il faut également noter que les états financiers n'enregistrent pas certains éléments dont la valeur est difficilement quantifiable, comme le capital humain, la clientèle ou la qualité de la gestion.

Autre caractéristique des états financiers : leur précision n'est pas absolue. Ils comportent une marge d'erreur raisonnable, tant en raison du facteur de l'importance relative, déjà évoqué, que de la combinaison de faits et de jugements à laquelle ils font appel :

- les faits se rapportent aux postes pouvant être mesurés ;
- les jugements peuvent faire varier les résultats et la situation de l'entreprise (l'évaluation des stocks, la politique d'amortissement des immobilisations et le calcul de la provision pour créances douteuses, par exemple).

En définitive, est-il sage d'utiliser les états financiers pour porter un jugement éclairé sur une entreprise ? Selon nous, la réponse est affirmative, mais à condition de prendre certaines précautions. Il convient notamment de s'informer du contexte et de connaître les limites de l'information financière ainsi que l'influence d'autres éléments dans la formation du jugement de l'analyste. De plus, on ne doit pas uniquement s'arrêter aux montants absolus : il faut aussi s'intéresser aux taux et aux tendances, et ne comparer que des éléments qui sont en relation. Enfin, le milieu des affaires est en constante évolution et devient de plus en plus complexe. Il est donc indispensable de se tenir informé des grands sujets susceptibles d'influer sur les normes comptables et sur les décisions des préparateurs des états financiers.

CHAPITRE 10

LES NORMES POUR LES ENTREPRISES À CAPITAL FERMÉ

SOMMAIRE

Comme il a été mentionné dans le chapitre 1, le contexte d'affaires et les besoins des utilisateurs sont fort différents au sein d'entreprises qui appartiennent à des intérêts privés[1]. La nature des relations d'une entreprise à capital fermé avec ses parties prenantes implique que ces dernières n'ont pas besoin d'une information aussi détaillée que celle exigée selon les normes IFRS. En effet, les utilisateurs d'informations financières des entreprises à capital fermé sont essentiellement les propriétaires, souvent également dirigeants, et les créanciers.

C'est pour cette raison que l'Institut canadien des comptables agréés (ICCA), organisme responsable de la normalisation comptable, a développé des normes comptables canadiennes ne nécessitant pas le même niveau de détail que les IFRS. On les appelle « normes comptables pour les entreprises à capital fermé » (NCECF).

10.1 LA PERTINENCE DE L'INFORMATION FINANCIÈRE POUR LES ENTREPRISES À CAPITAL FERMÉ

Afin de développer cet ensemble de normes comptables, l'ICCA a d'abord entrepris un examen des besoins des utilisateurs d'états financiers. Le constat le plus important a été que les utilisateurs externes étaient en général conscients des problèmes que pose l'établissement d'états financiers conformes aux normes, du point de vue tant du coût que de la complexité. Il en est ressorti qu'un compromis coûts-avantages devait prévaloir dans l'élaboration des normes pour les entreprises à capital fermé.

Cet examen a de plus confirmé que les utilisateurs les plus fréquents des états financiers des entreprises à capital fermé ne sont pas les actionnaires minoritaires et les garants, mais les créanciers. Par conséquent, bien que l'ICCA ait tenu compte des besoins de ces autres utilisateurs, il a accordé davantage de poids à ceux des créanciers. Finalement, cet examen montre que les utilisateurs sont en mesure d'obtenir de l'entreprise, au besoin, davantage d'informations que ce qui est contenu dans les états financiers.

Bref, la prise en compte de tous ces éléments a permis d'établir des normes comptables moins complexes que les IFRS. Bien que les IFRS et les normes pour les entreprises à capital fermé soient semblables à plusieurs égards, c'est principalement sur le plan du choix de certaines conventions comptables ainsi que dans l'étendue des informations fournies par voie de notes que l'on constate de grandes différences. Ainsi, les informations présentées par voie de notes selon les NCECF pourraient être jusqu'à 50 % moindres par rapport aux exigences IFRS. L'adoption de ces normes

1. Selon l'Institut canadien des comptables agréés (ICCA), les entreprises qui appartiennent à des intérêts privés, appelées entreprises à capital fermé, sont essentiellement des entreprises à but lucratif n'ayant pas émis d'instruments de créances ou de capitaux propres négociés sur un marché public.

devrait également permettre aux entreprises de réduire le coût de préparation de leurs états financiers.

Comme le montre la **figure 10.1,** il existe actuellement au Canada deux ensembles de normes comptables, soit les normes internationales d'information financière (IFRS) et les normes comptables pour les entreprises à capital fermé (NCECF). Pour les sociétés cotées, les IFRS sont obligatoires. Quant aux sociétés à capital fermé, elles pourront décider lequel de ces deux référentiels comptables elles adopteront.

figure 10.1 Contexte comptable canadien

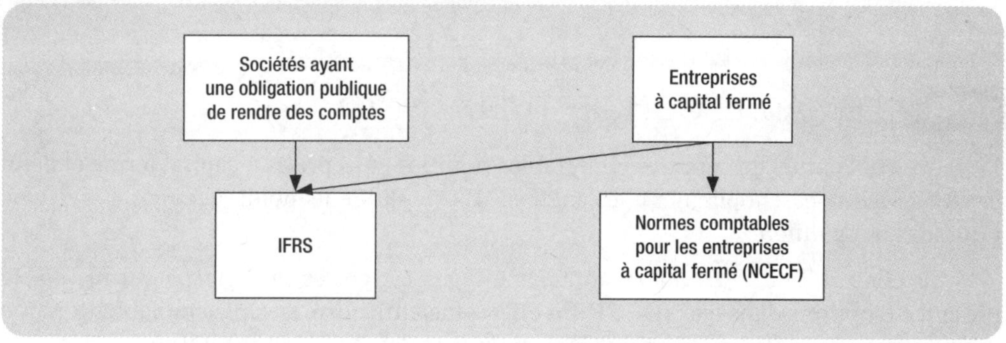

La question qui se pose pour les entreprises à capital fermé est donc la suivante : puisqu'elles ont le choix d'adopter les IFRS ou les NCECF, existe-t-il des raisons pour lesquelles elles devraient plutôt opter pour les premières ? La réponse est possiblement oui. Voici des exemples de circonstances qui pourraient faire en sorte qu'il serait préférable pour une entreprise d'opter pour les IFRS :

1) elle prévoit émettre des titres de capitaux propres par la voie d'un premier appel public à l'épargne ;
2) elle prévoit étendre ses activités à l'échelle internationale ;
3) elle a conclu des partenariats importants avec des partenaires étrangers ;
4) elle se livre à une concurrence pour avoir accès au crédit avec des sociétés dont les actions se transigent à la Bourse ;
5) les propriétaires projettent de vendre leur entreprise à une société ouverte ;
6) elle fait partie d'un groupe qui applique déjà les IFRS ;
7) elle prévoit emprunter à l'étranger ;
8) ses principaux concurrents sont des sociétés cotées.

Par ailleurs, le choix des NCECF s'impose si :

1) son information financière est relativement simple ;
2) elle a peu recours à des analyses comparatives ;
3) elle a un minimum de ressources à consacrer à la formation et à la conformité ;
4) elle prépare principalement son information financière pour les propriétaires, les prêteurs et les autorités fiscales ;
5) elle opte pour la simplicité et des coûts moins élevés.

Voyons maintenant les principales différences entre les NCECF et les IFRS.

10.2 LE CADRE CONCEPTUEL

Le cadre conceptuel des normes comptables pour les entreprises à capital fermé et celui des IFRS sont essentiellement les mêmes. C'est plutôt le poids accordé à certains principes qui y diffère.

La contrainte de l'équilibre coûts-avantages est certes le concept qui justifie la présence d'options dans les NCECF. En effet, plusieurs normes sont semblables lorsque l'on compare les IFRS et les NCECF ; cependant, les NCECF offrent aux entreprises des options afin de leur permettre de présenter des informations financières simplifiées répondant aux besoins des investisseurs et créanciers tout en minimisant les coûts. De la même façon, les NCECF sont beaucoup moins exigeantes sur le plan de la quantité d'informations à présenter par voie de notes aux états financiers.

La notion d'évaluation est le deuxième concept qui touche les informations présentées aux états financiers d'entreprises à capital fermé. Le cadre conceptuel des NCECF offre la possibilité d'établir les états financiers selon le coût historique au lieu de la juste valeur. C'est à cause des coûts nécessaires pour établir la juste valeur comme base de mesure que l'on a retenu la base du coût historique pour les NCECF.

10.3 LES ÉTATS FINANCIERS

Quoique ces deux cadres conceptuels ne présentent pas de différences majeures, il importe d'en faire ressortir quelques-unes qui concernent les éléments composant les états financiers. Les états financiers des entreprises à capital fermé se composent du bilan (état de la situation financière), de l'état des résultats (compte de résultat), de l'état des bénéfices non répartis, de l'état des flux de trésorerie (tableau des flux de trésorerie) et des notes aux états financiers. Et, selon que l'entreprise a adopté les IFRS ou les NCECF, on note des différences liées à l'état des résultats et aux capitaux propres.

10.3.1 L'état des résultats

Selon les IFRS, l'état du résultat global[2] fait apparaître deux catégories d'événements : la première de ces catégories présente le résultat de l'exploitation de l'entreprise (résultat net) et la deuxième, l'effet des transactions « non matérialisées[3] » au cours de la période. Dans le cas des NCECF, puisqu'on privilégie le coût historique comme base de mesure des transactions, les gains ou les pertes non matérialisés, qui sont le reflet des variations de juste valeur, n'apparaissent plus dans les états financiers. Par ailleurs, dans les cas où la juste valeur serait retenue (voir plus loin), les variations de cette juste valeur sont toutes enregistrées au résultat net. C'est pourquoi les entreprises à capital fermé présenteront uniquement un état des résultats.

10.3.2 Les capitaux propres

Dans le cas des entreprises à capital fermé, parce que les transactions sur les capitaux propres sont moins fréquentes, l'état des variations des capitaux propres perd de son importance. C'est pourquoi les NCECF obligent à la présentation d'un état des variations des bénéfices non répartis seulement. Toutefois, lorsque d'autres transactions ont un effet sur les capitaux propres, les NCECF obligent à leur présentation, soit par voie de notes, soit sous forme d'un état séparé qui est alors le même que selon les IFRS, à savoir un état des variations des capitaux propres.

Le **tableau 10.1** résume ces différences entre IFRS et NCECF.

tableau 10.1 Comparaison IFRS et NCECF

IFRS	NCECF
États financiers	**États financiers**
État de la situation financière	Bilan[4]
État du résultat global (compte de résultat et résultat global)	État des résultats (aucun résultat étendu)
État des variations des capitaux propres	État des bénéfices non répartis (mais la variation des autres éléments des capitaux propres doit être expliquée par voie de notes)
Tableau des flux de trésorerie	État des flux de trésorerie
Notes aux états financiers	Notes aux états financiers

2. L'état du résultat global se définit comme la variation des capitaux propres résultant de transactions ou d'autres événements qui se sont produits durant une période donnée, à l'exception des transactions avec les actionnaires (apports et dividendes).
3. Comme les variations de juste valeur sur les placements disponibles à la vente.
4. L'état de la situation financière et le bilan sont identiques, sauf pour la terminologie.

Illustrons ces différences à partir des états financiers de la société Aux Quatre Vents inc., qui ont été présentés au chapitre 9, portant sur l'analyse des états financiers, en posant maintenant l'hypothèse que cette société est une entreprise à capital fermé qui a opté pour les NCECF.

tableau 10.2 Illustration

AUX QUATRE VENTS INC.
Bilan consolidé au 31 mars
(en milliers de dollars canadiens)

	2011	2010
ACTIF		
À court terme		
Trésorerie et équivalents de trésorerie	3 600 $	2 362 $
Placements	595	570
Clients	4 195	3 317
Stocks	7 408	6 368
Frais payés d'avance	138	225
Total de l'actif à court terme	15 936 $	12 842 $
Immobilisations corporelles	29 138	27 860
Écart d'acquisition	6 710	6 710
Autres actifs à long terme	2 228	2 283
Impôts futurs	427	393
	54 439 $	50 088 $
PASSIF		
À court terme		
Fournisseurs et charges à payer	14 045 $	12 338 $
Impôts sur les bénéfices à payer	310	777
Tranche de la dette à long terme échéant à court terme	20	8
Total du passif à court terme	14 375 $	13 123 $
Dette à long terme	14 017	14 492
Autres éléments de passif à long terme	4 230	4 005
Impôts futurs	1 827	1 315
	34 449 $	32 935 $
CAPITAUX PROPRES		
Capital-actions	5 813	5 705
Bénéfices non répartis	14 177	11 448
Total des capitaux propres	19 990 $	17 153 $
	54 439 $	50 088 $

tableau 10.2 Illustration

AUX QUATRE VENTS INC.
ÉTATS CONSOLIDÉS DES BÉNÉFICES NON RÉPARTIS

Pour les exercices terminés le 31 mars
(en milliers de dollars canadiens)

Solde au 31 mars 2009	8 500 $
Bénéfice net	3 274
Dividendes sur actions ordinaires	(326)
Solde au 31 mars 2010	11 448
Bénéfice net	3 155
Dividendes sur actions ordinaires	(426)
Solde au 31 mars 2011	14 177 $

AUX QUATRE VENTS INC.
ÉTATS DES RÉSULTATS CONSOLIDÉS

Pour les exercices terminés le 31 mars
(en milliers de dollars canadiens)

	2011	**2010**
Chiffres d'affaires	256 167 $	201 457 $
Coût des ventes	219 108	168 048
Bénéfice brut	37 059	33 409
Coûts commerciaux et charges administratives	28 982	25 207
Amortissement des immobilisations	2 875	2 230
	31 857	27 437
Bénéfice d'exploitation	5 202	5 972
Frais financiers	910	800
Bénéfice net avant impôts	4 292	5 172
Impôts sur les bénéfices		
Impôts exigibles	659	1 820
Impôts futurs	478	78
Bénéfice net	3 155 $	3 274 $

tableau 10.2 Illustration

AUX QUATRE VENTS INC.
ÉTAT DES FLUX DE TRÉSORERIE CONSOLIDÉS
Pour les exercices terminés le 31 mars
(en milliers de dollars canadiens)

	2011	2010
Activités d'exploitation		
Bénéfice net	3 155 $	3 274 $
Éléments sans effet sur la trésorerie		
Amortissement	2 875	2 230
Impôts futurs	478	78
	6 508	5 582
Variation nette des éléments hors caisse du fonds de roulement liés à l'exploitation	(591)	(725)
Rentrées de fonds nettes liées aux activités d'exploitation	5 917	4 857
Activités d'investissement		
Acquisition d'immobilisations	(4 153)	(7 230)
Placements	(25)	162
Variation nette des autres actifs à long terme	55	140
Sorties de fonds nettes liées aux activités d'investissement	(4 123)	(6 928)
Activités de financement		
Produit de l'émission d'actions	108	-
Variation de la dette à long terme	(463)	(1 016)
Dividendes versés	(426)	(326)
Variation nette des autres passifs à long terme	225	250
Sorties de fonds nettes liées aux activités d'investissement	(556)	(1 092)
Variation nette de la trésorerie et des équivalents de trésorerie	1 238	(3 163)
Trésorerie et équivalents de trésorerie au début de l'exercice	2 362	5 525
Trésorerie et équivalents de trésorerie à la fin de l'exercice	3 600 $	2 362 $

Il est possible de constater que certaines différences sont d'ordre terminologique, par exemple : *Bilan* au lieu d'*État de la situation financière* ; *Actif et passif courant* au lieu d'*Actif et passif à court terme* ; *Écart d'acquisition* au lieu de *Goodwill* ; *Impôts futurs* au lieu d'*Impôts différés*. Quant à l'état des variations des capitaux propres, ces informations étant jugées moins pertinentes dans le contexte d'entreprises à capital fermé, elles peuvent être présentées par voie de notes (bien qu'un tel état puisse néanmoins être produit). Il est également possible de constater que l'état des flux de trésorerie est identique, qu'il soit présenté selon les IFRS ou les NCECF.

Finalement, soulignons que les normes internationales permettent aux entreprises de choisir le mode de présentation du compte de résultat. Deux possibilités existent: présentation selon la nature des charges ou selon la fonction des charges au sein de l'entreprise (voir le chapitre 6). Les NCECF ne préconisent quant à elles aucun format de présentation. Elles précisent[5] cependant les informations minimales que doit contenir un état des résultats, soit:

- les produits constatés (produits des activités ordinaires);
- le montant des stocks comptabilisé en charges dans la période (coût des ventes);
- les revenus de placements, en distinguant les revenus provenant:
  - des filiales exclues de la consolidation et des coentreprises pour lesquelles la méthode de la consolidation proportionnelle n'est pas appliquée;
  - de toutes les autres participations, en indiquant séparément:
    - les participations évaluées selon la méthode de comptabilisation à la valeur d'acquisition;
    - les participations évaluées selon la méthode de comptabilisation à la valeur de consolidation;
    - les participations évaluées à la juste valeur;
- l'amortissement des immobilisations corporelles;
- l'amortissement des actifs incorporels amortissables;
- le montant des pertes de valeur des actifs à long terme;
- le montant des pertes de valeur des écarts d'acquisition;
- le montant des pertes de valeur des actifs incorporels;
- le coût de rémunération total passé en charges pour les attributions de rémunérations à base d'actions aux salariés;
- le montant du gain ou de la perte de change pris en compte dans la détermination du résultat net;
- la charge d'intérêts, en séparant les intérêts sur les dettes contractées pour une période de plus d'un an des autres intérêts;
- les intérêts débiteurs relatifs aux obligations découlant de contrats de location-acquisition;
- les produits, les charges, les gains ou les pertes découlant d'opérations ou de faits qui ne sont pas susceptibles de se répéter fréquemment au cours des prochains exercices, ou qui ne sont pas typiques des activités normales de l'entité;
- les impôts sur les bénéfices;
- le bénéfice (ou la perte) avant activités abandonnées;
- les résultats afférents aux activités abandonnées;
- le bénéfice net (ou la perte nette) de la période.

5. *Manuel de l'ICCA*, chapitre 1520.04, État des résultats.

Complétons avec un commentaire sur les notes aux états financiers. Qu'une entreprise présente ses états financiers selon les IFRS ou selon les NCECF, des notes complémentaires les accompagnent afin de renseigner le lecteur sur un certain nombre de points ; il peut s'agir des principales conventions comptables adoptées par l'entreprise, de précisions sur certains postes, ou encore de renseignements pertinents pour la prise de décisions. C'est plutôt sur le plan de la quantité de renseignements qu'il y a une différence. En effet, les NCECF sont moins contraignantes en ce qui concerne la quantité d'informations requises et le niveau de détail à fournir aux utilisateurs d'états financiers, afin d'éviter aux entreprises à capital fermé une divulgation d'informations non requises et les coûts afférents. Tout en étant moins exigeantes, les NCECF[6] obligent les entités à fournir trois types de renseignements par voie de notes, à savoir :

1) les informations qu'il est nécessaire de connaître pour analyser les états financiers, telles que les méthodes comptables retenues par l'entité ;
2) des informations sur les risques et incertitudes pour évaluer la probabilité que l'entité satisfasse à ses besoins de trésorerie ;
3) des informations au sujet d'événements inhabituels pour comprendre les états financiers et les changements par rapport aux périodes antérieures.

Nous examinons dans les pages qui suivent les postes pour lesquels il existe des différences notables entre les IFRS et les NCECF.

10.4 LES POSTES PARTICULIERS

10.4.1 Les placements

Plusieurs catégories de placements ainsi que leur mode de comptabilisation ont été décrits au chapitre 4. Les règles de comptabilisation applicables aux entreprises à capital fermé diffèrent pour plusieurs catégories de placements.

A Les placements détenus dans le but de dégager un revenu d'intérêts ou de dividendes et/ou des gains en capital

La comptabilité des placements détenus dans le but de dégager un revenu d'intérêts ou de dividendes et/ou des gains en capital est plus simple avec les NCECF. Les

6. *Historique et fondement des conclusions – PCGR pour les entreprises à capital fermé*, exposé-sondage du CNC, juin 2009.

préparateurs d'états financiers selon les NCECF ont le choix de présenter ce type de placements en utilisant l'une ou l'autre des méthodes[7] suivantes :

- au coût ;
- à la juste valeur.

Ainsi, tous les instruments financiers peuvent être évalués au coût[8], sauf les placements en actions de sociétés cotées en Bourse qui sont évalués à la juste valeur. Toute variation de la juste valeur se reflète directement dans l'état des résultats.

Si on reprend le bilan de l'entreprise Aux Quatre Vents inc. (voir le chapitre 9) en posant les hypothèses qu'il s'agit d'une entreprise à capital fermé et que l'entreprise opte pour la méthode du coût, on remarquera que le poste Placements à l'actif à court terme est inscrit à 595 $ en 2011 (570 $ en 2010) plutôt qu'à 1 500 $ (voir la page 212). Cette différence vient du fait que, dans ce cas, selon les NCECF, ces placements détenus dans le but de dégager un revenu d'intérêts ou de dividendes et/ou des gains en capital sont évalués au coût et qu'aucune variation de juste valeur n'est constatée avant le moment de la vente d'un tel placement.

Si ce poste Placements avait été constitué d'actions de sociétés cotées, l'entreprise Aux Quatre Vents inc. aurait alors évalué ce poste à la juste valeur, soit à 1 500 $ en mars 2011 et à 1 200 $ en 2010, la variation de 300 $ étant composée d'une variation à la hausse de juste valeur de 275 $[9] et de l'acquisition de 25 $ de titres. Selon les NCECF, cette variation de juste valeur de 275 $ est présentée à titre d'élément de l'état des résultats, augmentant par le fait même le bénéfice net de l'entreprise, qui passerait de 3 155 $ à 3 430 $.

B Les placements détenus pour établir une relation d'affaires

B.1 Les filiales

Trois différents traitements sont permis pour comptabiliser divers types de placements détenus pour établir une relation d'affaires. L'entreprise doit opter pour l'un ou l'autre, soit :

- la consolidation ;
- la valeur de consolidation[10] ;
- le coût d'acquisition.

---

7. Précisons que ce choix peut être effectué pour tous les instruments financiers (actifs et passifs) et non seulement pour les actifs. Lorsque le coût est choisi, il faut cependant évaluer à la juste valeur les placements dans des sociétés cotées, ainsi que les instruments financiers dérivés.
8. Ou au coût amorti.
9. Ce montant est présenté à l'état consolidé des variations des capitaux propres au chapitre 9, p. 213, sous la rubrique Variation de la juste valeur des placements disponibles à la vente selon les IFRS.
10. Appelé « méthode de la mise en équivalence » selon les IFRS.

B.2 Les placements dans des entreprises sous influence notable, les «entités satellites»

Les placements dans des entreprises sous influence notable sont pour leur part comptabilisés selon, au choix :

- la méthode de la valeur de consolidation ;
- le coût historique.

B.3 Les coentreprises

Pour les placements dans des coentreprises, il est possible d'utiliser, au choix :

- la consolidation proportionnelle ;
- la valeur de consolidation ;
- le coût d'acquisition.

Le choix de l'une ou l'autre de ces méthodes (B.1, B.2 et B.3) a de grandes incidences sur la préparation et l'analyse des états financiers.

- Ainsi, si l'entreprise opte pour la consolidation ou la consolidation proportionnelle, toutes les activités du groupe se reflètent dans l'ensemble des états financiers. Tous les postes de tous les états financiers sont intégrés.
- Par ailleurs, si elle choisit la comptabilisation selon la méthode de la valeur de consolidation, l'état des résultats intégrera alors séparément et sur une seule ligne la quote-part du résultat net de la filiale. Le résultat net ainsi obtenu sera identique au résultat net obtenu avec la consolidation. Toutefois, on ne pourra alors repérer les activités totales du groupe puisque seule la quote-part du résultat net de la filiale paraît à l'état du résultat et seul le poste Placements dans la filiale apparaît au bilan.
- Finalement, si le coût est retenu, aucun des éléments des états financiers de la filiale n'est intégré. Pour cerner les activités de la filiale, il faut alors utiliser des états financiers séparés.

B.4 Les immeubles de placement

Aucune norme spécifique n'existe dans les NCECF pour les investissements dans des immeubles de placement. Ces placements, considérés comme détenus dans le but de dégager un gain de capital (voir la catégorie A), doivent alors être mesurés à leur valeur d'acquisition. En conséquence, les NCECF interdisent la comptabilisation à la juste valeur des immeubles de placement.

Il convient enfin de préciser que les NCECF indiquent que tous les placements d'une même catégorie doivent être comptabilisés selon la même méthode.

10.4.2 Les immobilisations

A Les immobilisations corporelles

Comme nous l'avons décrit au chapitre 4, les IFRS permettent à une société d'évaluer ses immobilisations selon le modèle du coût ou selon le modèle de la réévaluation. Ce dernier modèle permet ainsi aux sociétés de présenter à l'état de la situation financière un montant qui est proche de la juste valeur des immobilisations corporelles à toute date. Les NCECF ne permettent pas l'utilisation du modèle de la réévaluation.

B Les immobilisations incorporelles

Tout comme pour les immobilisations corporelles, les NCECF ne permettent pas l'utilisation du modèle de réévaluation pour mesurer les immobilisations incorporelles.

C La dépréciation d'actifs à long terme

Tant les IFRS que les NCECF exigent que les actifs à long terme fassent l'objet de tests de dépréciation.

Selon les deux référentiels, les immobilisations corporelles ainsi que les immobilisations incorporelles à durée d'utilité limitée doivent faire l'objet d'un test de dépréciation lorsqu'il existe des indices de dépréciation, c'est-à-dire lorsque des événements ou des changements de situation indiquent qu'il est possible qu'un actif ait perdu de sa valeur.

Pour les immobilisations incorporelles à durée d'utilité indéterminée et le goodwill, les IFRS exigent un test de dépréciation annuel, alors que les NCECF limitent le test aux situations dans lesquelles il existe des indices, comme pour les immobilisations corporelles et les immobilisations incorporelles à durée d'utilité limitée.

10.4.3 L'impôt sur le résultat

Comme il a été décrit dans le chapitre 7, selon les IFRS, la comptabilisation de la charge d'impôt ne se résume pas à l'inscription du montant à payer, appelé « impôt exigible ». Parce que les normes comptables diffèrent des règles fiscales, la comptabilisation de l'impôt sur le résultat se fait selon la méthode de l'impôt différé.

Pour des raisons de coûts et parce que certains utilisateurs de l'information financière d'entreprises[11] à capital fermé sont d'avis que l'information relative à l'impôt différé leur est peu utile, les NCECF permettent aux entreprises à capital fermé de choisir une autre façon de présenter l'impôt sur le résultat en optant pour la méthode

11. *Historique et fondement des conclusions – PCGR pour les entreprises à capital fermé*, exposé-sondage du CNC, juin 2009.

de l'impôt exigible. Dans un tel cas, le montant comptabilisé à titre d'impôt sur le résultat qu'on trouvera à l'état des résultats sera identique à l'impôt que l'entreprise doit payer pour un exercice donné.

Cependant, parce qu'une partie non négligeable des utilisateurs de l'information financière d'entreprises à capital fermé jugent au contraire que l'information donnée par les impôts différés permet de savoir si les paiements d'impôts connaîtront des changements significatifs dans l'avenir, les NCECF permettent également à une entreprise à capital fermé d'utiliser la méthode de l'impôt différé pour comptabiliser son impôt sur le résultat.

Il faut ajouter que les NCECF appellent « impôts futurs » les impôts différés.

10.4.4 Les contrats de location

Aux chapitres 3 et 7, nous mentionnons que, en vertu du principe de la prééminence de la substance économique sur la forme juridique, une location d'actif à long terme est, dans certaines circonstances, comptabilisée de la même façon qu'un achat d'actif à crédit. Une telle opération est appelée « contrat de location-financement ». Selon les NCECF, ce type d'opération se comptabilise de la même façon. Toutefois, on utilisera alors le terme « contrat de location-acquisition » pour le preneur et « contrat de location-financement » pour le bailleur. Cependant, les NCECF ajoutent des balises quantitatives afin d'encadrer l'application de cette norme. À titre d'exemple, selon les IFRS, une des conditions pouvant impliquer qu'un contrat de location soit classé comme contrat de location-financement (location-acquisition selon les NCECF) concerne la jouissance de quasi-totalité de la durée de vie économique du bien. Dans une telle situation, la durée du bail est telle que le preneur jouit de presque tous les avantages économiques du bien. Les NCECF précisent qu'on s'attend normalement à ce que le preneur retire presque tous les avantages économiques que peut procurer l'utilisation du bien lorsque le bail couvre une proportion considérable (habituellement 75 % ou plus) de la durée économique du bien. L'ajout de balises quantitatives implique que certains contrats pourraient être comptabilisés de façon différente selon le référentiel retenu.

De plus, lorsqu'un contrat de location ne se qualifie pas comme contrat de location-financement selon les IFRS, on utilise alors le terme « contrat de location simple ». En vertu des NCECF, on utilisera le terme « contrat de location-exploitation ».

10.4.5 Les avantages du personnel

Une grande majorité des entreprises à capital fermé n'offrent pas à l'ensemble de leurs salariés un régime de retraite à prestations déterminées. Cependant, depuis quelques années, on trouve de plus en plus, dans les entreprises à capital fermé, des régimes de retraite individuels (RRI) dont les bénéficiaires sont les propriétaires (souvent dirigeants) de l'entreprise. De plus, il n'est pas rare que d'autres parties, comme le personnel clé, soient également bénéficiaires de RRI. L'immense majorité des RRI sont en fait similaires à des régimes de retraite à prestations déterminées.

Quelle que soit la situation, les NCECF permettent deux méthodes de comptabilisation des régimes de retraite à prestations déterminées : la méthode du report et de l'amortissement et celle de la constatation immédiate. Dans cette dernière méthode, l'entreprise passe en charge immédiate toutes les variations retirées à ses obligations en vertu du régime, ce qui en fait une méthode simple par opposition à la méthode du report, qui implique que certains avantages consentis sont amortis.

10.4.6 Les frais de développement (actifs incorporels générés à l'interne)

Selon les normes IFRS, lorsqu'une entreprise remplit les conditions lui permettant de « capitaliser » ses frais de développement, elle présentera ces frais à titre d'actifs incorporels. Selon les NCECF, l'entreprise a le choix de considérer ces frais de développement soit comme un actif, soit comme une charge, et ce, même si les conditions de « capitalisation » requises sont respectées.

CONCLUSION

L'introduction d'un référentiel spécifique pour les entreprises à capital fermé provient d'une analyse de la pertinence de la divulgation de certains éléments ainsi que du rapport coûts-avantages. Lorsqu'une entreprise opte pour un tel référentiel, elle doit s'assurer que l'information produite sied bien aux utilisateurs de ses états financiers. Généralement, la production d'états financiers selon ce référentiel sera moins coûteuse qu'en vertu des IFRS. Toutefois, l'analyse des états financiers selon les NCECF requiert de porter une attention toute particulière aux choix de conventions comptables effectués par l'entreprise, car l'image des états financiers pourrait être substantiellement modifiée selon que l'on opte pour l'une ou l'autre des approches permises. Il se pourrait que l'analyste ait alors besoin d'informations additionnelles fournies directement par l'entreprise. Il faut cependant évaluer la flexibilité d'un tel modèle, qui permet à l'entreprise de produire des états financiers selon ses besoins.

APPENDICE

L'APPLICATION DE L'IDENTITÉ FONDAMENTALE : LES DÉBITS ET LES CRÉDITS

SOMMAIRE

On établit les états financiers à partir des renseignements consignés dans les registres comptables de l'entreprise, en particulier dans le « grand livre général », lequel contient les soldes de chacun des postes de l'actif, du passif et des capitaux propres, ainsi que de ceux des produits et des charges. Pour toute opération, on doit enregistrer l'augmentation ou la diminution de chacun des éléments de l'état de la situation financière ou de l'état du résultat global touché. Comment faut-il procéder et, surtout, comment préserver l'équilibre fondamental entre le total de l'actif et le total du passif et des capitaux propres ? Le présent appendice répond à ces questions.

Certains principes ont été conçus pour simplifier le travail d'enregistrement comptable. Notre système comptable a la particularité d'être un système en partie double, ce qui signifie que l'enregistrement d'une opération implique la modification de deux comptes au moins. Dans ce système, l'omission d'une partie de l'enregistrement se traduit par l'apparition d'une inégalité dans l'identité comptable fondamentale.

A.1 LES DEUX CONVENTIONS DE CONSIGNATION DES OPÉRATIONS

Au chapitre 2, les exemples de la section 2.2 montraient que la préparation d'un état de la situation financière après chaque opération permettait, par la même occasion, de vérifier l'équilibre de l'identité comptable fondamentale. Quoique correcte, cette façon de procéder n'est pas très efficace en raison du nombre important d'opérations qu'effectue une entreprise.

C'est pourquoi il doit exister un système permettant de suivre une à une les opérations, par ordre chronologique, et d'additionner leurs effets afin de rendre possible la présentation de la situation financière d'une entreprise à une date donnée. Ce système regroupe les opérations par éléments, appelés « comptes ». Chaque compte représente un élément de l'état de la situation financière ou de l'état du résultat global. Les opérations ont une incidence sur différents comptes, en augmentant leur solde respectif ou en le diminuant.

Pour consigner les opérations dans les comptes, deux conventions sont appliquées.

A.1.1 La première convention

Selon la première convention, l'équation fondamentale

ACTIF = CAPITAUX PROPRES + PASSIF

est complétée par l'égalité arithmétique

DÉBIT = CRÉDIT

À l'état de la situation financière, chaque compte de l'actif (Stocks, Clients, Trésorerie, etc.), du passif (Fournisseurs, Emprunt bancaire, etc.) et des capitaux propres (Capital-actions, Résultats non distribués, Autres éléments du résultat global, etc.) est représenté par un côté *débit,* situé à gauche, et un côté *crédit,* situé à droite.

D'où la formule suivante :

Actif = **Capitaux propres** + **Passif**

Actif		=	**Capitaux propres**		+	**Passif**	
Stocks			**Capital-actions**			**Fournisseurs**	
Débit	Crédit		Débit	Crédit		Débit	Crédit
+	–		–	+		–	+
Clients		=			+		
Débit	Crédit		Débit	Crédit		Débit	Crédit
+	–		–	+		–	+
Trésorerie			etc.			etc.	
Débit	Crédit						
+	–						
etc.							

Toutes les opérations de l'entreprise peuvent toucher divers comptes. À l'enregistrement de chaque opération, deux comptes, au moins, sont affectés par une augmentation ou une diminution. Les comptes doivent donc posséder au moins deux parties : une pour noter les augmentations, et une pour noter les diminutions. Ainsi, chaque compte représentant un élément de l'état de la situation financière ou de l'état du résultat global est représenté par deux colonnes : une colonne Débit et une colonne Crédit. L'identité comptable fondamentale permet de s'assurer que l'équilibre est maintenu après l'enregistrement des opérations.

A.1.2 La deuxième convention

La deuxième convention stipule que les comptes d'actif sont débiteurs, tandis que les comptes de passif et de capitaux propres sont créditeurs. Autrement dit, toute augmentation des comptes situés du côté gauche de l'identité comptable fondamentale se traduit par un débit, alors que toute augmentation des comptes situés du côté droit se traduit par un crédit.

Le total des comptes débiteurs *doit toujours être égal* au total des comptes créditeurs. Lors de l'enregistrement de chaque opération, il faut se demander si la somme des débits inscrits dans différents comptes est égale à la somme des crédits inscrits dans d'autres comptes. Une augmentation d'un compte de l'actif s'enregistre par un débit, et une diminution par un crédit. Inversement, une augmentation d'un compte du passif ou des capitaux propres s'enregistre par un crédit, et une diminution par un débit. Par conséquent, le solde d'un compte correspond à la différence entre les montants portés au débit du compte et les montants portés au crédit de ce compte.

Voici ce qu'on peut tirer de la notion de débit et de crédit et de l'identité comptable fondamentale :

ACTIF = CAPITAUX PROPRES + PASSIF

Si l'on décompose les capitaux propres, dans le contexte de la société par actions, on obtient la formule suivante :

$$\textbf{Actif} = \textbf{Capital-actions} + \textbf{Résultats non distribués à la fin} \pm \textbf{Autres éléments du résultat global} + \textbf{Passif}$$

Si l'on substitue aux résultats non distribués les éléments qui les font varier, on obtient :

$$\textbf{Actif} = \textbf{Capital-actions} + \textbf{Résultats non distribués au début} + \textbf{Résultat net} - \textbf{Dividendes} \pm \textbf{Autres éléments du résultat global} + \textbf{Passif}$$

En remplaçant le résultat net par les produits et les charges, l'identité se présente comme suit :

$$\textbf{Actif} = \textbf{Capital-actions} + \textbf{Résultats non distribués au début} + \textbf{Produits} - \textbf{Charges} - \textbf{Dividendes} \pm \textbf{Autres éléments du résultat global} + \textbf{Passif}$$

En reportant les charges et les dividendes[1] du côté gauche de l'équation, on obtient des signes identiques de chaque côté, ce qui permet d'en préserver l'égalité, tout en dégageant les débiteurs et les créditeurs :

Actif + Charges + Dividendes = Capital-actions + Résultats non distribués au début + Produits + Passif

Débit = Crédit

Comme nous l'avons mentionné précédemment, tous les postes situés à gauche de l'identité sont des postes débiteurs (ils augmentent au débit), alors que tous les postes situés à droite de l'identité sont créditeurs (ils augmentent au crédit). En outre, il faut souligner que, comme le compte des résultats non distribués est un compte créditeur, tous les postes qui auront pour effet de les augmenter auront un solde de même signe, soit créditeur ; inversement, tous les postes qui auront pour effet de les diminuer auront un solde de signe contraire, soit débiteur.

Maintenant que nous avons vu les notions de débit et de crédit, nous pouvons étudier la marche à suivre pour enregistrer toutes les écritures comptables nécessaires à la comptabilisation des opérations.

A.2 LE GRAND LIVRE GÉNÉRAL ET LE JOURNAL GÉNÉRAL

Tous les comptes de l'entreprise sont rassemblés dans un registre comptable appelé « grand livre général » (GLG). Le GLG comprend tous les comptes utilisés par l'entreprise. On y trouve un compte pour chaque élément d'actif, de passif, de capitaux propres, de produits et de charges. Dans ce registre comptable, un écran est consacré à chaque compte, où il est identifié par un intitulé et un numéro. De plus, les comptes suivent habituellement l'ordre de présentation des états financiers. L'ensemble de ces comptes constitue le plan comptable.

Un compte au GLG pourrait ressembler à ceci :

Nom :				**Compte ________**	
Date	**Réf.**	**Description**	**Débit**	**Crédit**	**Solde**

1. Les autres éléments du résultat global peuvent varier dans un sens ou dans l'autre. À titre d'exemple, comme nous l'avons vu au chapitre 2, section 2.2, exemple 8 (p. 34), une diminution de la juste valeur d'un placement disponible à la vente se traduira par l'enregistrement d'un débit dans le poste Perte latente sur placement disponible à la vente. Inversement, si la juste valeur avait augmenté de 1 000 $, l'enregistrement du gain se serait traduit par l'enregistrement d'une écriture au crédit.

L'enregistrement (ou la comptabilisation) d'une opération se traduit par une écriture dans les registres comptables de l'entreprise. L'enregistrement des opérations ne peut toutefois pas se faire seulement à l'aide du GLG. Par exemple, si une entreprise emprunte 5 000 $ à la banque, il faudra débiter (augmenter) le compte de trésorerie de 5 000 $ et créditer (augmenter) l'emprunt bancaire de 5 000 $. Si l'enregistrement se fait directement dans le GLG, toute l'opération sera comptabilisée, mais il sera presque impossible de la retrouver précisément parmi les nombreuses opérations de l'entreprise. Voilà pourquoi les entreprises ont besoin d'au moins un autre registre comptable, appelé « journal général » (JG). Le JG pourrait ressembler à ceci :

Journal général

				Page 1
Date	**Comptes et explications**	**Réf.**	**Débit**	**Crédit**

L'enregistrement d'une opération dans le JG se traduit par une écriture de journal. Voici les étapes à suivre pour faire une écriture au JG.

1. Inscrire la date de l'opération.
2. Dans la colonne Comptes et explications, inscrire le nom du compte à débiter, et le montant correspondant dans la colonne Débit.
3. Dans la colonne Comptes et explications, inscrire le nom du compte à créditer sur la ligne suivante (un peu en retrait), et le montant correspondant dans la colonne Crédit.
4. Faire suivre l'écriture d'une courte explication et des renvois à certains documents, le cas échéant.
5. Laisser un espace entre les écritures pour les distinguer.
6. Ne rien inscrire dans la colonne Référence (Réf.) tant qu'il n'y a pas report au GLG (numéro du compte).

Si nous reprenons les exemples de la section 2.2, après l'enregistrement des écritures, le JG sera représenté de la façon suivante (aux fins d'illustration, les dates ont été remplacées par des numéros).

Journal général Page 1

Date	Comptes et explications	Réf.	Débit	Crédit
1	Trésorerie		1 000	
	Mobilier		10 000	
	Emprunt bancaire			8 000
	Capital-actions			3 000
	(pour enregistrer l'acquisition du mobilier de bureau,			
	financée en partie par un emprunt bancaire)			
2	Trésorerie		20 000	
	Emprunt bancaire			20 000
	(pour enregistrer un emprunt bancaire additionnel)			
3	Matériel informatique		7 000	
	Trésorerie			7 000
	(pour enregistrer l'acquisition au comptant d'un ordinateur)			
4	Emprunt bancaire		5 000	
	Trésorerie			5 000
	(pour enregistrer le remboursement partiel			
	de l'emprunt bancaire)			
5	Trésorerie		30 000	
	Honoraires de consultation (produits)			30 000
	(pour enregistrer l'encaissement des honoraires			
	de consultation pour services rendus)			
6	Fournitures diverses		800	
	Intérêt bancaire		1 500	
	Salaire adjointe		1 000	
	Salaire président		3 800	
	Trésorerie			7 100
	(pour enregistrer le paiement de charges diverses)			
7	Placement disponible à la vente		5 000	
	Trésorerie			5 000
	(pour enregistrer l'acquisition du placement)			
8	Perte latente sur placement disponible à la vente		1 000	
	Placement disponible à la vente			1 000
	(pour enregistrer la perte de valeur boursière du placement)			
9	Dividendes		15 000	
	Trésorerie			15 000
	(pour enregistrer le paiement de dividendes à l'actionnaire)			

L'enregistrement des opérations au JG présente l'inconvénient de ne pas donner le solde des comptes après la comptabilisation des opérations. Pour connaître ce solde, il faut reporter ces écritures au GLG. À cette fin, on doit suivre les étapes suivantes, en commençant par les écritures de la colonne Débit.

1. Dans le GLG, localiser le compte où l'on reportera le débit de l'écriture de journal.
2. Inscrire la date de l'opération dans le compte du GLG.
3. Inscrire au débit du compte le montant qui figure dans la colonne Débit du JG et calculer le nouveau solde.
4. Inscrire dans la colonne Référence (Réf.) du GLG le nom du JG ou du journal auxiliaire (nous verrons ce point plus loin dans cet appendice) et le numéro de la page où se trouve l'écriture.
5. Revenir au JG et inscrire dans la colonne Référence (Réf.) le numéro du compte du GLG[2] dans lequel on a fait le report.

Il faut répéter les étapes 1 à 5 avec les écritures de la colonne Crédit.

Voici un extrait du GLG après les reports (les dates des opérations ont été remplacées par des numéros) :

Nom : Trésorerie				**Compte**	________
Date	**Réf.**	**Description**	**Débit**	**Crédit**	**Solde**
1	JG-1		1 000		1 000 dt
2	JG-1		20 000		21 000 dt
3	JG-1			7 000	14 000 dt
4	JG-1			5 000	9 000 dt
5	JG-1		30 000		39 000 dt
6	JG-1			7 100	31 900 dt
7	JG-1			5 000	26 900 dt
9	JG-1			15 000	11 900 dt

Nom : Mobilier				**Compte**	________
Date	**Réf.**	**Description**	**Débit**	**Crédit**	**Solde**
1	JG-1		10 000		10 000 dt

2. Le numéro de compte dépend du plan comptable qui, au Canada, n'est pas standardisé. C'est pourquoi aucun numéro de compte n'a été indiqué dans l'extrait du GLG après les reports présentés ci-après.

Nom : Matériel informatique					**Compte ________**
Date	**Réf.**	**Description**	**Débit**	**Crédit**	**Solde**
3	JG-1		7 000		7 000 dt

Nom : Placement disponible à la vente					**Compte ________**
Date	**Réf.**	**Description**	**Débit**	**Crédit**	**Solde**
7	JG-1		5 000		5 000 dt
8	JG-1			1 000	4 000 dt

Nom : Emprunt bancaire					**Compte ________**
Date	**Réf.**	**Description**	**Débit**	**Crédit**	**Solde**
1	JG-1			8 000	8 000 ct
2	JG-1			20 000	28 000 ct
4	JG-1		5 000		23 000 ct

Nom : Capital-actions					**Compte ________**
Date	**Réf.**	**Description**	**Débit**	**Crédit**	**Solde**
1	JG-1			3 000	3 000 ct

Nom : Honoraires de consultation (produits)					**Compte ________**
Date	**Réf.**	**Description**	**Débit**	**Crédit**	**Solde**
5	JG-1			30 000	30 000 ct

Nom : Fournitures diverses					**Compte ________**
Date	**Réf.**	**Description**	**Débit**	**Crédit**	**Solde**
6	JG-1		800		800 dt

Nom : Intérêt bancaire				Compte ________	
Date	**Réf.**	**Description**	**Débit**	**Crédit**	**Solde**
6	JG-1		1 500		1 500 dt

Nom : Salaire adjointe				Compte ________	
Date	**Réf.**	**Description**	**Débit**	**Crédit**	**Solde**
6	JG-1		1 000		1 000 dt

Nom : Salaire président				Compte ________	
Date	**Réf.**	**Description**	**Débit**	**Crédit**	**Solde**
6	JG-1		3 800		3 800 dt

Nom : Perte latente sur placement disponible à la vente				Compte ________	
Date	**Réf.**	**Description**	**Débit**	**Crédit**	**Solde**
8	JG-1		1 000		1 000 dt

Nom : Dividendes				Compte ________	
Date	**Réf.**	**Description**	**Débit**	**Crédit**	**Solde**
9	JG-1		15 000		15 000 dt

Après le report au GLG, il faut établir une balance de vérification (BV). Celle-ci, en deux colonnes, contient la liste complète des comptes de l'entreprise avec leur solde (souvent présentée dans l'ordre des numéros de comptes). Une colonne est attribuée aux soldes débiteurs et une autre aux soldes créditeurs. Le total de la colonne Débit doit être égal au total de la colonne Crédit. La BV permet de vérifier que l'équilibre de l'identité comptable fondamentale a été préservé au cours de l'enregistrement de toutes ces opérations. Il est inutile d'établir des états financiers si l'équilibre n'est pas préservé puisque, dans ce cas, il y a manifestement erreur.

Voici la balance de vérification de l'entreprise :

	Débit	Crédit
Placement disponible à la vente	4 000 $	
Mobilier	10 000 $	
Matériel informatique	7 000 $	
Trésorerie	11 900 $	
Capital-actions		3 000 $
Emprunt bancaire		23 000 $
Honoraires de consultation (produits)		30 000 $
Fournitures diverses (charge)	800 $	
Intérêt bancaire	1 500 $	
Salaire adjointe	1 000 $	
Salaire président	3 800 $	
Perte latente sur placement disponible à la vente	1 000 $	
Dividendes	15 000 $	–
Total	56 000 $	56 000 $

Si la BV est en équilibre, on peut préparer ensuite les états financiers. Notons que l'état de la situation financière figure à la section 2.2 du chapitre 2, et l'état du résultat global, à la section 2.3.

A.3 LES JOURNAUX SPÉCIALISÉS

Si les entreprises enregistraient toutes les opérations uniquement à l'aide du JG, le travail de tenue de livres serait long et fastidieux. Les entreprises possèdent donc d'autres registres comptables pour enregistrer les opérations récurrentes. Ce sont des journaux spécialisés (ou auxiliaires), généralement subdivisés en modules. Les logiciels comptables suivent la même logique, mais en utilisant des écrans de saisie qui reprennent essentiellement les mêmes informations, tout en les présentant différemment. Voici ces modules.

A.3.1 Le journal des ventes

Le journal des ventes regroupe toutes les opérations relatives à la vente et à la facturation des clients. On pourrait l'illustrer de la façon suivante :

Journal des ventes

Date	Nº de facture	Nom du client	Réf.	Banque Dt	Clients Dt	Ventes Ct	TPS à payer Ct	TVQ à payer Ct

Ainsi, l'écriture d'une vente à crédit serait enregistrée de la façon suivante dans le journal des ventes :

Journal des ventes

Date	Nº de facture	Nom du client	Réf.	Banque Dt	Clients Dt	Ventes Ct	TPS à payer Ct	TVQ à payer Ct
10-10-11	V-136	Jean Cousineau			113,93	100	5,00	8,93

Chaque ligne représente une écriture. Toutefois, dans ce type de journal, c'est l'intitulé de la colonne qui nous indique le débit et le crédit. À la fin du mois, il faut faire le total des colonnes et reporter chacun des totaux au GLG. On y inscrit la référence dans la colonne appropriée (JV-12, par exemple), tandis qu'on inscrit au journal des ventes le numéro de compte du GLG sous le total de la colonne où le report a été fait (système à double renvoi). Il faut s'assurer que le total des colonnes Débit est égal au total des colonnes Crédit. Avec un logiciel comptable, le mécanisme de report se fait automatiquement, ce qui permet de gagner du temps et d'éviter des erreurs de nature arithmétique.

A.3.2 Le journal des achats

Le journal des achats comprend les opérations d'achats de marchandises et d'autres opérations connexes. Ce journal pourrait être représenté comme suit :

Journal des achats

							DIVERS		
Date	Fournisseur	Réf.	Achats Dt	TPS à recevoir Dt	TVQ à recevoir Dt	Fournisseur Ct	Nom du compte	Réf.	Montant Ct ou Dt
10-10-11	Louis Faucher		100,00	5,00	8,93	113,93			
11-10-11	Mobilex			20,00	35,70	455,70	Mobilier		400,00 dt

Dans ce journal, on peut enregistrer des achats ne portant pas sur des marchandises : une colonne Divers permet d'indiquer le nom du compte affecté. Dans cet exemple, il s'agit de l'acquisition de mobilier de bureau faite à crédit le 11 octobre 2011. Nous ne pouvons faire le report en bloc du montant total de la colonne Divers au GLG puisqu'il s'agira de comptes différents. En revanche, pour les autres colonnes, le fonctionnement est le même que celui du journal des ventes. Les mêmes remarques s'appliquent lorsqu'un logiciel comptable est utilisé.

A.3.3 Le journal des encaissements

Le journal des encaissements (ou recettes) sert à comptabiliser toutes les opérations qui font augmenter le compte de trésorerie. En voici un exemple :

Journal des encaissements

					DIVERS		
Date	Nom du client	Réf.	Trésorerie Dt	Clients Ct	Nom du compte	Réf.	Montant Ct ou Dt
11-10-11	Yvon Dupuis	V-12	1 139,25	1 139,25			

Cette opération représente l'encaissement d'un compte client.

A.3.4 Le journal des décaissements

Les décaissements (ou débours) sont aussi des opérations récurrentes, pour lesquelles il existe un journal. On trouve dans le journal des décaissements toutes les opérations qui diminuent le compte de trésorerie, donc toutes les opérations pour lesquelles le compte Trésorerie est crédité. Ce journal est utilisé pour enregistrer le paiement des fournisseurs et tous les autres décaissements de l'entreprise. On peut l'illustrer de la façon suivante :

Journal des décaissements

					DIVERS		
Date	Nom du fournisseur	Nº du chèque	Trésorerie Ct	Fournisseurs Dt	Nom du compte	Réf.	Montant Ct ou Dt
10-10-11	Gilles Gagnon	035	113,98	113,98			
10-10-11	Po. Prio	036	455,70		Loyer		455,70 dt

Dans cet exemple, il s'agit du remboursement du fournisseur Gilles Gagnon et du paiement du loyer d'octobre à Po. Prio.

A.3.5 Le journal des salaires

Comme son nom l'indique, le journal des salaires réunit l'information relative aux salaires, aux retenues à la source ainsi qu'aux charges sociales[3] assumées par l'entreprise. Le journal des salaires pourrait être représenté de la façon suivante :

Journal des salaires

			RETENUES À LA SOURCE (ou Déductions À la Source – DAS)					
Période	Employé	Salaire brut Dt	Impôt fédéral à payer Ct	Impôt provincial à payer Ct	RRQ à payer Ct	A.E. à payer Ct	TOTAL DAS à payer	Salaire net à payer Ct

Les logiciels comptables compilent l'information ci-dessus et recensent également les heures, les taux horaires, etc. Habituellement, les retenues à la source y sont calculées automatiquement.

Les opérations qui ne sont pas spécifiquement couvertes par les journaux spécialisés qu'utilise l'entreprise sont comptabilisées dans le JG. On y trouve par exemple les écritures relatives à la vente d'immobilisations ou de placements, à la correction d'une opération mal enregistrée, ainsi que les écritures de régularisation de fin de période. L'entreprise qui utilise tous les journaux spécialisés décrits précédemment se sert uniquement du JG pour les écritures non récurrentes.

3. Dans un souci de simplification, les charges sociales ne figurent pas dans le modèle de journal des salaires présenté ci-après.

Les opérations sont d'abord comptabilisées dans un de ces journaux, puis reportées dans les comptes du GLG. À partir des soldes de chacun des comptes du GLG, une balance de vérification est établie. C'est d'après cette balance de vérification que sont ensuite établis les états financiers.

A.4 LES GRANDS LIVRES AUXILIAIRES

Outre le GLG, d'autres registres comptables facilitent la gestion de l'entreprise. Parmi les plus utilisés, on trouve le grand livre auxiliaire des clients et le grand livre auxiliaire des fournisseurs. Ces livres auxiliaires, qui renferment respectivement les comptes individuels des clients et ceux des fournisseurs d'une entité, correspondent aux comptes collectifs Clients et Fournisseurs du GLG.

A.4.1 Le grand livre auxiliaire des clients

Le grand livre auxiliaire des clients est un registre où figurent le compte individuel de chaque client, son nom et le montant qu'il doit. Ce registre est habituellement classé par ordre alphabétique des clients. Un numéro est attribué à chacun d'entre eux.

Au GLG figure le compte général ou collectif Clients. Ce compte correspond au total des comptes individuels des clients. Le solde de ce compte, qu'on retrouve dans la balance de vérification, est utilisé pour préparer l'état de la situation financière.

Le grand livre auxiliaire des clients est établi de la même façon que le compte Clients. Lorsque le client achète des marchandises à crédit, le poste Clients est débité. Dans le grand livre auxiliaire des clients, son compte est également débité, et le solde exigible est mis à jour. Lorsque le client règle son compte, le poste Clients est crédité. Son compte est alors crédité dans le grand livre auxiliaire des clients, et le solde y est mis à jour.

Le grand livre auxiliaire des clients sert donc à connaître le montant à recevoir de chaque client et permet d'établir les états de compte mensuels. Ce registre sert aussi de moyen de contrôle, car il permet d'établir mensuellement la liste des comptes clients, d'en faire le total et de vérifier si ce total correspond au solde figurant au GLG.

Voici à quoi ressemble le grand livre auxiliaire des clients :

Grand livre auxiliaire des clients

Nom du client : Marcel Faucher				Numéro : 180		
Date	Détails	Réf.	Débit	Crédit	Dt ou Ct	Solde
31-05-11					Dt	14 500,28
03-06-11	Facture nº 1080, 2/10, n/30	JV-6	8 300,23		Dt	22 800,51
14-06-11	Facture nº 1148, n/30	JV-6	2 400,00		Dt	25 200,51
26-06-11		JE-8		14 500,28	Dt	10 700,23
30-06-11	Facture nº 1184	JV-6	8 914,00		Dt	19 614,23

Notons que, quel que soit le livre comptable utilisé pour enregistrer les opérations, chaque fois qu'une opération touche le compte Clients, il faut immédiatement mettre à jour le compte du client en question dans le grand livre auxiliaire des clients.

A.4.2 Le grand livre auxiliaire des fournisseurs

Le grand livre auxiliaire des fournisseurs est un registre où figurent le compte individuel de chaque fournisseur, son nom et le montant qui lui est dû. Ce registre est habituellement classé par ordre alphabétique des fournisseurs. Un numéro est attribué à chacun d'entre eux.

Au GLG figure un compte général ou collectif Fournisseurs. Ce compte correspond au montant total des comptes individuels des fournisseurs. Le solde de ce compte, qu'on retrouve dans la balance de vérification, est utilisé pour préparer l'état de la situation financière.

Le grand livre auxiliaire des fournisseurs est établi de la même façon que le compte Fournisseurs. Quand l'entreprise achète des marchandises à crédit, le poste Fournisseurs est crédité. Dans le grand livre auxiliaire des fournisseurs, son compte est alors crédité, et le solde qu'on lui doit est mis à jour. Lorsque l'entreprise règle son compte, le poste Fournisseurs est débité. Son compte est alors débité dans le grand livre auxiliaire des fournisseurs, et le solde est mis à jour.

La mise à jour quotidienne des comptes individuels est nécessaire pour contrôler les montants payables aux fournisseurs et les dates de paiement. Les comptes individuels permettent de vérifier l'exactitude des relevés de comptes reçus des fournisseurs. La somme des comptes individuels correspond au total du solde du compte collectif figurant au GLG. Le grand livre auxiliaire des fournisseurs permet d'établir la liste des comptes fournisseurs. Voici un exemple de ce qu'on peut trouver dans ce registre :

Grand livre auxiliaire des fournisseurs

Nom du fournisseur : Louis Bélanger				Numéro : 50		
Date	Détails	Réf.	Débit	Crédit	Dt ou Ct	Solde
31-05-11					Ct	29 000,56
03-06-11		JA-6		16 600,46	Ct	45 601,02
14-06-11		JA-6		4 800,00	Ct	50 401,02
26-06-11		JD-8	29 000,56		Ct	21 400,46
30-06-11		JA-6		17 828,00	Ct	39 228,46

Comme dans le cas du grand livre auxiliaire des clients, quel que soit le livre comptable utilisé pour enregistrer les opérations, chaque fois qu'une opération touche le compte Fournisseurs, il faut immédiatement mettre à jour le compte du fournisseur en question dans le grand livre auxiliaire des fournisseurs.

INDEX

Note : une référence en italique correspond à un exemple.

A

B

C

D

E

F

G

H

I

J

L

M

N

O

P

Q

R

T

V